开篇语

亲爱的小伙伴们,你们好!

欢迎来到"数字财务"的丛林,我们将一起进行一次有趣而艰难的探究历程。

如果感觉越过了知识高峰,请记得给我们点赞;如果不小心陷入难解的迷雾之中,也记得给自己走下去的信念。

因为,

我们就在你的前方,

为你点亮那盏指路的智慧之灯!

数字财务

开篇语

亲爱的小伙伴们,你们好!

欢迎来到"数学森林"的丛林。我们将一起进行一次有趣而艰难的探险历程。

如果你觉得攀过了知识高峰,就记得替我们加油;如果不小心陷入难解的迷题之中,也记得替自己送上考验的信念。

因为,

我们就在你的前方,

为你点亮那盏指路的智慧之灯!

数学树人

数字决胜未来丛书

数字财务

彭 娟 陈 虎 王泽霞 胡仁昱 ◎著

清华大学出版社
北 京

内容简介

本书旨在探讨数字技术带来的财务革命，以"大智移云物链"等数字技术重塑企事业单位的财务职能和价值创造，以业务财务、战略财务、共享财务的"内通外联"来打造数字财务智能生态系统。全书共4篇22章，系统地阐述了数字财务理论到实践的运作过程，从数字技术对财务的影响分析，到对数字财务目标、职能和风险控制的思考，再到数字财务智能生态系统的创建，最后是数字财务的典型案例和实训平台呈现。

本书结构清晰、图文并茂，内容深入浅出，案例典型丰富，不仅适合作为正在转型中的财务人员和高校财会、金融类专业师生们的重要参考教材，同时也是商业精英人士了解数字技术和财务变革的一本有益读物。与本书配套的教学课件、教学软件以及网络课程正在制作中，敬请广大读者保持密切关注。

本书封面贴有清华大学出版社防伪标签，无标签者不得销售。
版权所有，侵权必究。举报：010-62782989，beiqinquan@tup.tsinghua.edu.cn。

图书在版编目（CIP）数据

数字财务 / 彭娟等著. —北京：清华大学出版社，2020.10（2024.8重印）
（数字决胜未来丛书）
ISBN 978-7-302-56293-1

Ⅰ.①数… Ⅱ.①彭… Ⅲ.①数字技术—应用—财务管理 Ⅳ.①F275

中国版本图书馆CIP数据核字（2020）第153390号

责任编辑：徐永杰　刘志彬
封面设计：徐　超
责任校对：王荣静
责任印制：沈　露

出版发行：清华大学出版社
　　　　网　　址：https://www.tup.com.cn，https://www.wqxuetang.com
　　　　地　　址：北京清华大学学研大厦A座　邮　编：100084
　　　　社 总 机：010-83470000　邮　购：010-62786544
　　　　投稿与读者服务：010-62776969，c-service@tup.tsinghua.edu.cn
　　　　质量反馈：010-62772015，zhiliang@tup.tsinghua.edu.cn
印 装 者：三河市君旺印务有限公司
经　　销：全国新华书店
开　　本：170mm×240mm　印　张：18.25　插　页：1　字　数：316千字
版　　次：2020年10月第1版　印　次：2024年8月第4次印刷
定　　价：98.00元

产品编号：089654-01

《数字财务》编委会

主任委员

彭 娟　陈 虎　王泽霞　胡仁昱

编委会成员

王云卿　朱 芸　程 川　颜 妍

孙榆思　刘佳鑫　闻峥拓　章 腾

雷铭杭　翟璐璐　程 鑫　Atif（巴基斯坦）

赵旖旎　郭 奕　郭佳妮　李 飞

序 一

世界正从IT时代进入DT时代。数字技术对人类社会的影响是方方面面的，数据和算力正在改变着各行各业。近年来，数字时代的会计变革引起了会计行业越来越多的关注和热议。学界和业界不得不思考，会计是否将被智能化的数字技术所替代？会计行业的未来将向何处去？会计的"变"是什么，"不变"又是什么？会计教育又将如何顺应时代发展的要求？

我原本主要关注和研究中国资本市场的会计和公司治理问题，尤其是其中的制度性问题，因而甚少关注数字技术带来的会计行业变革。2016年8月，受中国会计学会高等工科院校分会会长、杭州电子科技大学王泽霞教授邀请，我参加了中国会计学会高等工科院校分会在兰州举办的学术年会。会上，中兴通讯副总裁陈虎先生介绍了财务共享服务中心实践经验，王泽霞教授介绍了财务云服务平台模式创新与解决方案。这是我第一次近距离了解到数字技术已经给会计行业带来了深刻的影响。

这次会议之后，王泽霞教授继续以她对数字时代会计变革的学术研究和实践热情影响着我，希望我能积极地研究这些问题。我自知才疏学浅，还未学通会计，怎敢研究我一窍不通的数字技术对会计带来的影响，只好抱着从零开始学习的态度积极参与王教授组织的各种财务云和财务共享服务中心高峰论坛、云鼎大讲堂等研讨活动。虽多次聆听各方专家、学者的真知灼见，但因对于数字技术实属外行，总是"云里雾里"的感觉。

两年多的学习思考，勉强完成了一份"期中"作业。2019年4月，应上海国家会计学院邀请，我做了一次题为"数字时代的会计变革"的MPAcc会计名家公益大讲堂讲座。其中，最重要的体会是，数字时代来了，会计之"道"其实并未发生改变，变的只是会计之"术"。数字时代下，会计依然以解决经济活动中的信息与治理问题而存在、发展，会计的数字化之"术"将会更好地帮助会计实现其"道"。会计是天生观全局、处理经济活动数字的，数字时代自然也是会计的时代。随着人类经济活动在数字时代下越来越复杂、越来越多变、竞争越来越激烈，或许真正的变化是，每个人、每个家庭、每个组织都要学好会计、用好会计了。

在我自己学习思考的同时，我们上海交通大学安泰经济与管理学院会计系在上海交通大学行业研究院及上海市成本研究会的支持下，陆续组织了多次相关的研讨会，包括信息化与会计教学改革研讨会、财务云与财务共享服务研讨会等，邀请了中国会计学会副会长、东北财经大学刘永泽教授，教育部高等学校会计学专业教学指导委员会主任、全国 MPAcc 教育指导委员会副主任、上海财经大学副校长陈信元教授，中国会计学会内部控制专业委员会主任、南京大学会计与财务研究院院长杨雄胜教授，中国会计学会会计信息化专业委员会主任、上海国家会计学院副院长刘勤教授，深圳市中兴新云服务有限公司总裁陈虎先生（他从中兴通讯副总裁转任中兴通讯兄弟企业、专业提供财务共享咨询和信息化服务的中兴新云总裁），杭州电子科技大学中国财务云服务研究院负责人王泽霞教授等一大批专家、学者来安泰经济与管理学院传经送宝，带给我们会计系师生关于数字时代会计变革的前沿思考。

尤其值得欣慰的是，在过去的三年多时间里，王泽霞教授、陈虎先生、胡仁昱教授、我的同事彭娟老师和我一起，经常密切交流和探讨数字时代的会计变革问题，大家都深感高校的会计教育需要改革教材和培养体系。然而，知易行难。直到 2020 年新冠肺炎疫情期间，彭娟老师以她的勇气和行动力，组织了一个高效的写作团队，编写了这本《数字财务》。难能可贵的是，这本书全面介绍了各种新兴的数字化技术给会计带来的机遇和挑战，初步回答了会计的数字化之"术"将如何更好地帮助会计实现其"道"。诚然，作为一种探索，书中的观点未必完全准确，或者未必完全代表着会计未来演进的路径，但在我所知的范围内，其普及新兴前沿知识、抛砖引玉之功善莫大焉。

唯以此序，向所有积极推动会计行业更好地服务于经济和社会发展的人士致敬！

夏立军

上海交通大学安泰经济与管理学院教授、会计系主任

2020 年 7 月

序 二

今天,在全球新一轮技术革命的时代背景下,在大数据、云计算、人工智能、区块链等为代表的数字技术的支持下,越来越多的企业走上了数字化之路。数字技术以其"连接、分析、智能"的演进路径,改变着传统的时间和空间建设模式,不断地推动着企业的数字化转型,在改变企业运营方式的同时也在重塑世界经济面貌,带动人类社会生产方式变革、生产关系再造、经济结构重组和生活方式转变。各行各业的企业逐渐成为"数字原生代"中的一员,全球经济也将因此进入数字经济时代。数字技术使得人与人、人与物、物与物的互联互通得以实现,数据量呈现指数型增长,基于数据的新产品、新模式、新体验不断涌现,数据成为企业最重要的资产,成为数字经济时代的"石油"。

财务是衡量所有企业经营成果的重要方面,财务数字化一直被认为是企业数字化转型的重要突破口。中兴新云团队一直是财务数字化和财务转型的积极探索者和实践者。2005年,我们建立了中国第一个财务共享中心,实现了财务的工业化革命;2006年,我们首先提出"战略财务、业务财务、共享财务"的财经管理模式,这些专业名词为业界广泛接受。通过战略财务,用数据为管理层决策提供正确的"情报";通过业务财务,深度参与企业价值链的各个环节,多维度支持企业的经营发展;通过共享财务,实现财务的专业化、标准化、流程化和信息化。财务共享是财务转型的第一步,未来,财务部门还将不断地进行升级再造,从而实现财务的数字化。

财务部门作为组织中处理数据的主要部门,将不再局限于报表中的一个个冰冷的数字,而能够囊括诸如宏观经济、组织行为、供应商生产、消费者偏好等企业运营的所有数据;财务不再局限于传统的模块管理、人工决策和单向操作,而是一种数据分析、数据应用和财务价值提升的升级;财务人员不再仅仅专注于生成报告和信息,而是更侧重于使用现有数据来推动决策和业务支持。企业对财务管理的科学化、前瞻性和数据化处理要求越来越高,财务部门的下一个革新将是成为数据驱动的决策中心,一系列的数字技术不断地被应用到财务管理和业务经营领域,使得财务赋能业务与经营成为可能。

连接、开放、共享和生态成为财务转型、构建数字财务的关键词。数字经济时代,企业将向财务团队寻求最佳的管控、治理与战略决策之道,而财务牢牢把握机会的关键就在于明确数据价值,尝试新的技术应用,并且加强自身的研发、整合，将财务数字化融合为财务组织变革、财务人员综合化等更深层的领域，实现业财融合、数据驱动决策的终极目标。财务部门要能够发挥关键的领导作用，实现从传统的价值守护到价值创造，帮助企业适应数字浪潮带来的诸多变革与挑战，确保其更加高效、敏捷，更具竞争力。

基于此，本书聚焦云计算、大数据、人工智能、区块链等现代数字技术给财务领域带来的深刻变革，以及由此带来的传统财务向数字财务的转型升级，并试图探索创建数字财务智能生态体系。数字财务作为企业数字化发展的核心，将帮助企业进行更加有效的预算管控、资源配置和经营布局，为决策层提供更有力的决策支持，更好地发挥财务的管理职能，促进企业的良好、稳定运营。

我很欣慰地看到上海交通大学安泰经济与管理学院会计系的彭娟老师整合了业界和学界的前沿力量，带领本硕博团队经过很长时间的积累和锤炼，给我们呈现了这样一本既有理论知识体系又有典型实践操作的书。该书阐述全面、层次清晰、观点鲜明、由浅入深，不仅适用于大中专院校财会、金融类专业的师生，同时也可作为各企事业单位正在转型的财务人员有益的参考书。

因此，我诚挚地向大家推荐《数字财务》这本书，希望行业同人和学生们能从中有所学习和借鉴、有所感悟和提升，而我们中兴新云也会以此书的出版为契机，不断地促进与高校的产学研合作，开发共享财务、智能财务、数字财务的实训平台教学软件，成为高校和科研单位培养未来"财务信息工程师""业务流程设计师""经营管理分析师"的实训基地和创新平台教学基地。

最后，我衷心地希望本书的出版有助于学界和商界更好地融合，共同加快中国财务变革的步伐，能对中国企业数字化转型发展和跨界人才的培养作出更大的贡献。

孙彦丛

深圳市中兴新云服务有限公司高级副总裁兼合伙人

2020 年 7 月

前 言

随着现代信息技术的迅速发展，数字经济已经被视为撬动全球经济的新杠杆，引发了作为企业核心的财务数据系统产生了革命性的转变。可以说，历史上每一次信息科学技术的进步都会对财务领域产生重大的影响：第一次变革是计算机的出现，传统的手工记账转而借助计算机，逐步实现了电算化会计；第二次变革是互联网的出现，使得财务流程和组织模式发生了重大的变化，财务可以远程操作，促进了财务共享服务中心运作模式的产生，推进了企业流程再造、业财融合的发展；第三次变革则是随着移动互联网和数字技术的崛起，未来财务已进入到一个"大智移云物链"的时代，即大数据、人工智能、移动互联网、云计算、物联网、区块链和5G技术交融渗透，再加上财务机器人、财务云、电子发票云、税务云、资产云等各类相关云落地场景的大力推进，这些数字技术带来了财务的第三次飞跃，促使传统的财务模式即将被智能化的数字财务彻底颠覆。

据财政部会计司统计，中国财务会计从业人员达2 100万人，占适龄劳动人口的2%～3%；各类高校会计学相关专业的学生数量约为260万人，占全部大学生总数的10%。随着越来越多的财务基础工作被机器替代，企业原有组织框架下大量的基础财务人员将会被淘汰，即使高级财务人员也将受到数字技术的冲击。企业实际的财务管理工作也将面临数字技术带来的诸多挑战：管理制度烦琐复杂、管理成本高、财务部门和业务部门的联系不够紧密、财务部门缺少对企业核心业务的有效管理方法、财务功能从守护价值向创造股东财富价值转变等，这些都迫使我们深入思考：如何打造企业和自己的核心竞争力；如何不断学习、转变思维、把握机会、转型创新、直面挑战。

"春江水暖鸭先知"的业界对技术带来的变革感触最深，各大企业纷纷寻求并开始实践财务转型和创新之路，使得"专业+技术"型的财务云人才、区块链会计人才、金融科技人才极其紧俏，显然未来财务领域人才培养模式正在突变。传导到高校和研究机构中，我们不禁要问：传统的财务会计人才培养模式还能适应数字经济的发展吗？市场需要的是既懂财务又懂业务，既懂战略、经济分析又能掌握信息技术的跨界人才，反观目前高校各级行政院系，基本上仍以专业领域来划分，专业人才培养模式已经固化，打破跨学院、跨专业的束缚非常困难。虽然不少老师冲破专业束缚作出了很多卓有成效的跨界科研，但很难落实到基础的教学环节。也有一些学校尝试跨专业招生，但课程体系建设还未完善，尤其是对耗时、费力的教材编写工作重视不够，大量的会计、财务类教材还延续着多年不变的专业教学体系，脱离数字时代下企事业单位的实际财务场景，急需建设跨学科教学模式和业财融合的网络实训教学平台。

会计数据是财务管理的基础，利特尔顿在《会计理论结构》中提道："会计方法的本质是统计学，会计的实质是展示经济的真相。"从企业的角度来看，会计是一种商业语言，财务工作是数据和商业的完美融合；从技术的角度来看，技术伴随着财务的发展，每一次技术的革新，都极大地替代了财务会计诸多的工作环节，同时也伴随着理论界对财务会计"消亡论"和"创新论"的纷争。值得欣慰的是，全球的商业活动越发展、技术越进步，财务与技术的融合越重要，"数字+财务"就是"算法+算力"的完美融合。因此，作为商学院的财务会计专业老师和走在财务共享转型前沿的专家学者们，我们认为培养未来精通财务、擅长管理、熟悉IT、洞察业务、有战略远见的财务复合型一流人才是我们不可推卸的责任。为此，我们努力思考如何整合各自的专业所长，致力于编写一本汇总各大数字技术对财务领域的影响和变革，并用通俗、易懂的商业语言来描述"下一代财务"的可能景象，让大家能"看得懂、学得会、用得着"的实用教材，这就是我们编写《数字财务》的初衷和最重要的原动力。

前期调研中，我们还发现，政府决策和国有资产管理部门正在积极推动各大中型企业的财务转型升级工作，研究和出台各项政策。建立财务转型升级课题和财务人员培训方案，也需要第一手的、理论联系实际的、操作性强的培训教材，为此，上海交通大学安泰经济与管理学院会计系和上海交通大学成本研究会联合深圳市中兴新云服务有限公司、杭州电子科技大学中国财务云服务研究院、华东理工大学商学院会计系，共同成立了《数字财务》编委会，希望在各位专家带领下的本硕博学生团队和企业家团队精诚合作、共同努力，为中国财务领域的重大变革下的跨界人才培养作出我们微薄的智慧贡献。

《数字财务》的编写对我们来说是一个跨专业、跨行业的极大挑战，团队中财会专业和计算机专业的编委们相互学习、共同探讨，克服重重困难，编著了本书。诚然，随着各种数字技术的日新月异，企业数字化建设已成为国家的重大发展战略，数字财务作为企业数字化的核心本身也在不断地发展和创新中，尤其是底层财务元数据的基础建设，政府相关部门组织专业人士正在攻克，因此本书只是对于数字财务系统创建的一个初步探索，目的在于抛砖引玉，希望吸引更多有志于财务变革的学界和业界人士关注这一课题，把加快培养有跨界创新思维、共享融合思维、平台生态思维的新一代"财务工程师"作为使命，共同在数字财务的理论和实务领域不断创新探索，为我国的数字经济引领全球创建坚实的基础。

企业数字化乃至社会数字化是人类迈进智能社会的基石，当今全球的政治、经济也进入一个风云变化的时代，在这个数字世界的探索过程中还会遇到很多不确定性的因素，我们迈出了第一步，而后还会更加努力。

最后，由于编者的认知有限，肯定还存在许多不足和值得深究的地方，期待读者们的批评指正和宝贵建议，以便让我们探索的脚步走得更加扎实。

编者

2020 年 7 月

目 录

第 1 篇　数字技术与数字财务

第 1 章　数字技术、数字经济与财务变革 ········ 2
1.1　数字技术 ········ 2
　　1.1.1　数字技术的概念 ········ 2
　　1.1.2　数字技术的演进 ········ 3
　　1.1.3　数字技术的行业运用 ········ 5
1.2　数字经济 ········ 8
　　1.2.1　数字经济概述 ········ 8
　　1.2.2　数字经济的内涵与特征 ········ 8
　　1.2.3　数字经济发展 ········ 11
1.3　数字技术对财务颠覆性的变革 ········ 12
　　1.3.1　财务数据是核心商业语言 ········ 12
　　1.3.2　数字技术对传统财务的颠覆 ········ 13
　　1.3.3　数字财务的兴起 ········ 15

第 2 章　云计算及其对财务领域的影响 ········ 18
2.1　云计算概述 ········ 18
　　2.1.1　云计算的概念 ········ 18
　　2.1.2　云计算的特征 ········ 19
　　2.1.3　云计算产业的类型与发展 ········ 20
2.2　云计算对企业上云和财务的影响 ········ 27
　　2.2.1　企业上云的趋势与优势 ········ 27
　　2.2.2　云计算对财务的影响 ········ 29
2.3　云计算在财务领域的实践运用 ········ 30
　　2.3.1　云 ERP 的发展 ········ 30
　　2.3.2　财务云的发展 ········ 32
　　2.3.3　财务云典型应用 ········ 33

第3章 大数据及其对财务的影响 43

3.1 大数据概述 43
3.1.1 大数据的概念 43
3.1.2 大数据的类型 44
3.1.3 大数据的特征与精髓 45
3.1.4 大数据未来发展趋势 46

3.2 大数据对财务的影响 49
3.2.1 大数据对财务的积极作用 50
3.2.2 大数据给财务带来的挑战 51
3.2.3 大数据背景下的财务管理对策 52

3.3 大数据在财务领域的实践运用 53
3.3.1 企业财务共享大数据 53
3.3.2 金融业大数据 54
3.3.3 大数据应用中存在的风险 57

第4章 人工智能及其在财务领域的应用 59

4.1 人工智能概述 59
4.1.1 人工智能的概念 59
4.1.2 人工智能的分类 60
4.1.3 人工智能产业链分析 60

4.2 人工智能对财务的影响 63
4.2.1 降低财务工作强度 63
4.2.2 提高财务工作准确性 63
4.2.3 提高财务智能化水平 64

4.3 人工智能在财务领域的实践运用 64
4.3.1 财务方面的运用 65
4.3.2 金融科技方面的运用 66
4.3.3 人工智能运用风险及应对 68

4.4 财务机器人 68
4.4.1 财务机器人与人工智能的关系 69
4.4.2 财务机器人的产生和发展 70
4.4.3 财务机器人的功能和优劣势 71
4.4.4 财务机器人的应用 72

第 5 章　区块链及其对财务的影响 ··· 77

5.1　区块链概述 ··· 77
5.1.1　区块链的概念 ·· 77
5.1.2　区块链的原理和特征 ···································· 78
5.1.3　区块链的类型 ·· 80
5.1.4　区块链的发展历程和产业生态 ···························· 82

5.2　区块链对财务的影响 ·· 86
5.2.1　区块链对财务管理的影响 ································ 86
5.2.2　区块链对业务循环的影响 ································ 88
5.2.3　区块链对会计核算的影响 ································ 90

5.3　区块链在金融领域的实践运用 ···································· 92
5.3.1　央行数字货币 ·· 92
5.3.2　供应链金融 ·· 93
5.3.3　数字资产管理业务 ·· 95
5.3.4　跨境贸易支付与融资 ······································ 95

第 6 章　"大智移云物链"下的财务转型 ··································· 97

6.1　移动互联网 ··· 97
6.1.1　移动互联网的概念 ·· 97
6.1.2　移动互联网的特征 ·· 98
6.1.3　移动互联网的应用 ·· 99

6.2　物联网 ··· 100
6.2.1　物联网的概念 ·· 100
6.2.2　物联网的特征 ·· 100
6.2.3　物联网的应用 ·· 101

6.3　各大数字技术的有机融合 ·· 102
6.3.1　"大智移云物链"技术间的关联性 ························· 103
6.3.2　5G 助力数字经济 ··· 104
6.3.3　区块链技术的颠覆与融合 ································· 105

6.4　"大智移云物链"下的财务转型 ··································· 105
6.4.1　数字财务是企业财务转型的趋势 ··························· 106
6.4.2　数字财务是企业数字化生态建设的核心 ··················· 107

第 2 篇　数字财务的目标、职能、标准和风险控制

第 7 章　数字财务的目标和价值创造模式 ········ 110
7.1　财务目标 ········ 110
- 7.1.1　传统财务目标 ········ 111
- 7.1.2　数字财务目标 ········ 113

7.2　创造价值的数字财务管理模式 ········ 114
- 7.2.1　财务转型：为利益相关者创造价值 ········ 115
- 7.2.2　财务部门转型 ········ 117
- 7.2.3　财务工程师 ········ 119

第 8 章　数字财务的主体、职能和原则 ········ 121
8.1　数字财务的主体 ········ 121
- 8.1.1　财务的主体 ········ 121
- 8.1.2　财务主体的特征 ········ 122
- 8.1.3　数字财务的主体 ········ 122

8.2　数字财务的职能 ········ 123
- 8.2.1　财务职能及其影响因素 ········ 123
- 8.2.2　财务的职能 ········ 124
- 8.2.3　数字财务的职能 ········ 126

8.3　数字财务的原则 ········ 132
- 8.3.1　财务的原则 ········ 132
- 8.3.2　数字财务的原则 ········ 134

第 9 章　数字财务的标准和规范 ········ 137
9.1　数据标准 ········ 138
- 9.1.1　数据标准的含义 ········ 138
- 9.1.2　数据标准的分类 ········ 138
- 9.1.3　数据标准的作用 ········ 140

9.2　数据标准管理 ········ 141
- 9.2.1　数据标准管理的内容 ········ 141
- 9.2.2　数据标准管理的保障措施 ········ 145
- 9.2.3　数据标准管理的挑战与应对建议 ········ 146

9.3　数字财务的地基：财务元数据 ········ 147

	9.3.1	元数据的概念	148
	9.3.2	元数据的架构	149
	9.3.3	元数据的管理价值	150
	9.3.4	元数据在财务领域的运用	153

第 10 章　数字财务的风险控制 ⋯⋯ 155

10.1　数字化转型的风险及应对 ⋯⋯ 156

- 10.1.1　数字化转型的风险 ⋯⋯ 156
- 10.1.2　内部风险 ⋯⋯ 156
- 10.1.3　外部风险 ⋯⋯ 157
- 10.1.4　数字化转型风险应对 ⋯⋯ 157

10.2　传统财务风险 ⋯⋯ 158

- 10.2.1　传统财务岗位的风险 ⋯⋯ 158
- 10.2.2　传统财务管理的风险 ⋯⋯ 160

10.3　数字财务的功能和风险 ⋯⋯ 161

- 10.3.1　数字财务的功能 ⋯⋯ 161
- 10.3.2　数字财务的风险 ⋯⋯ 162

10.4　数字财务风险防控 ⋯⋯ 164

- 10.4.1　员工风险防控 ⋯⋯ 164
- 10.4.2　数据安全风险防控 ⋯⋯ 164
- 10.4.3　环境风险防控 ⋯⋯ 166

第 3 篇　数字财务的智能生态构建

第 11 章　现代企业的生态循环体系 ⋯⋯ 170

11.1　业务循环 ⋯⋯ 171

- 11.1.1　业务循环的概念 ⋯⋯ 171
- 11.1.2　业务循环的主要业务 ⋯⋯ 171
- 11.1.3　业务循环的重塑 ⋯⋯ 173

11.2　管理循环 ⋯⋯ 175

- 11.2.1　管理循环的概念 ⋯⋯ 175
- 11.2.2　PDCA 管理循环 ⋯⋯ 175
- 11.2.3　管理循环的新融入 ⋯⋯ 178

11.3 信息循环 ... 179
11.3.1 信息循环的概念 ... 179
11.3.2 信息循环的要素 ... 180
11.3.3 信息系统的开发与功能 ... 181
11.3.4 信息循环与数字生态 ... 182

第 12 章 财务信息循环 ... 184
12.1 财务信息循环概述 ... 184
12.1.1 财务信息系统的基本处理 ... 185
12.1.2 财务信息系统的特征 ... 185
12.2 财务信息系统的发展 ... 185
12.2.1 电子处理系统阶段 ... 186
12.2.2 部门内信息集成阶段 ... 186
12.2.3 企业内过程集成阶段 ... 187
12.2.4 企业间过程集成阶段 ... 189
12.3 财务信息循环的内部架构 ... 190
12.3.1 架构建设的原则 ... 190
12.3.2 财务信息系统的整体框架 ... 193
12.3.3 财务信息系统的核算层 ... 194
12.3.4 财务信息系统的管理层 ... 196
12.3.5 财务信息系统的决策层 ... 198

第 13 章 业务财务 ... 200
13.1 业务财务概述 ... 200
13.1.1 业务财务的概念 ... 200
13.1.2 业务财务的设计目标 ... 201
13.2 业务财务的框架与应用 ... 202
13.2.1 成本管理的指导 ... 202
13.2.2 人力资源的连接 ... 203
13.2.3 工程管理的统筹 ... 204
13.2.4 材料管理的统一 ... 204
13.3 业务财务的作用和未来发展方向 ... 205
13.3.1 业务财务的作用 ... 205
13.3.2 业务财务的未来发展方向 ... 205

- 13.3.3 业财融合措施 ... 206

第 14 章　战略财务 ... 208

- 14.1 战略财务概述 ... 209
  - 14.1.1 战略财务的基本特征 ... 209
  - 14.1.2 战略财务的内容 ... 210
- 14.2 战略财务的实施过程 ... 213
  - 14.2.1 战略财务的制定过程 ... 214
  - 14.2.2 战略财务的具体实施 ... 215
  - 14.2.3 战略财务的评价与控制 ... 215
- 14.3 战略财务的发展 ... 215
  - 14.3.1 战略财务管理计划 ... 216
  - 14.3.2 制度和机制建设 ... 216

第 15 章　共享财务 ... 218

- 15.1 从共享服务到共享财务 ... 218
  - 15.1.1 共享服务 ... 218
  - 15.1.2 共享财务服务的发展 ... 219
  - 15.1.3 共享财务服务的内涵与特点 ... 222
- 15.2 共享财务服务框架 ... 223
  - 15.2.1 共享财务服务框架的基本内容 ... 224
  - 15.2.2 共享财务服务标准 ... 225
  - 15.2.3 共享财务服务再造 ... 226
- 15.3 共享财务转型数字财务 ... 226
  - 15.3.1 共享财务转型的趋势 ... 226
  - 15.3.2 共享财务服务于数字财务 ... 228
  - 15.3.3 共享财务转型的关键任务 ... 231
  - 15.3.4 共享财务转型的实施路径 ... 232

第 16 章　数字财务的智能生态系统 ... 235

- 16.1 企业数字生态系统 ... 235
  - 16.1.1 企业数字化的生态特征 ... 236
  - 16.1.2 数字生态平台的整体架构 ... 238
- 16.2 以数字财务为核心的生态系统综合云 ... 239
  - 16.2.1 企业资产云服务平台 ... 239

目录

    16.2.2　政府资产云服务平台 242
    16.2.3　发票云与税务云 244
  16.3　数字财务智能生态系统 245
    16.3.1　智能生态系统的管理新模式：内通外联 245
    16.3.2　智能生态系统的业务新模式：生态协同 246
    16.3.3　智能化的主要环节 247
  16.4　数字智能生态系统的价值创造 249
    16.4.1　智能生态圈的动力机制 250
    16.4.2　智能生态系统的发展特征：黏性增长 251
    16.4.3　智能转型的企业价值与红利 252

第4篇　数字财务典型案例和仿真实训

第17章　云计算应用案例 256
  17.1　海尔集团：财务系统中的云计算应用 256
  17.2　中国建设银行：混合云应用 256
  17.3　哈密市商业银行：中小银行"上云"之路 256

第18章　大数据应用案例 257
  18.1　360金融：大数据金融反欺诈与风险控制 257
  18.2　医渡云：大数据助力医疗管理 257
  18.3　韩都衣舍：大数据预算管理 257

第19章　AI应用案例 258
  19.1　德勤的"小勤人"：记录 258
  19.2　中国工商银行的智能金库：管理 258
  19.3　美国银行的智能投资服务：决策 258

第20章　区块链应用案例 259
  20.1　腾讯金融科技：区块链电子发票 259
  20.2　微信智慧医院：区块链+医疗 259
  20.3　蚂蚁金融双链通：区块链征信 259

第21章　解密中兴：基于财务云的价值创造之路 260

第22章　数字财务仿真实训 261
  22.1　中兴新云仿真实训：智能财务云VR实操实验室 262

22.2 知链科技仿真实训···262
        22.2.1 大数据与金融：信贷风控······························262
        22.2.2 区块链与金融：跨境保理和信用结算··················262
        22.2.3 区块链会计：工业企业会计虚拟核算··················262
   22.3 百望公司仿真实训：云税务实训平台·······················262
参考文献···263
参考网站···267
计算机术语··268
后　　记··269

第1篇 CHAPTER 1

数字技术与数字财务

> 数据将成为一切行业当中决定胜负的根本因素，最终数据将成为人类至关重要的自然资源。
>
> ——IBM执行总裁罗睿兰

内容提要：数字技术引领下的数字经济浪潮，给传统财务带来了重大变革。本篇共分6章：在阐述了"大智移云物链"等数字信息技术的基础上，重点讨论了这些技术给财务领域带来的深远影响，以及数字技术在财务场景实践领域中不断创新运用而引发的企事业单位的财务工业革命，由此带来了传统财务向共享财务的转型，并试图探索创建数字财务智能生态系统。

第 1 章
数字技术、数字经济与财务变革

随着云计算、大数据、人工智能、区块链等数字技术的快速发展及应用，数字经济时代悄然来袭，数字技术和数据应用将成为未来商业的核心基础。在数字化大环境下，财务需要主动寻求职能转换，完成财务自动化、工业化、智能化、数字化的转变。

1.1 数字技术

1.1.1 数字技术的概念

数字技术（Digital Technology），广义上来说是一项与电子计算机紧密联系的现代技术，它将日常生活中可以接收到的信息，包括图片、文字、声音、视频等，通过一定的方式转化为计算机能够"读懂"的二进制编码，即以"0"和"1"的形式表现出来，再进行运算、加工、存储、传送、传播、还原，从而实现对信息的分析和利用。从这个角度来说，网络安全、通信技术、数控技术等都属于数字技术的范畴。

本书着重讨论其狭义上的概念，即由云计算、大数据、人工智能、区块链、物联网、移动互联网等为代表的新一代数字化革命所产生的数字技术。云计算能够提供更强大的网络服务；大数据在其中负责数据存储、处理分析和信息挖掘；区块链是分布式账本，负责数据记录与维护；物联网包含各种传感器，能够生产大量的数据并传输；移动互联网通过无线接入设备访问互联网，能实现移动终端之间的数据交换；人工智能技术则是数字智能。各大数字技术构成了一个相互融合又分别进步的有机生态整体。

各种数字技术之间有着密不可分的联系。人工智能三大决定因素，分别是大数据、算力和算法。其中大数据是人工智能存在和发展的最基础条件，算力是人工智能技术的重要平台，GPU/FPGA 的发展提升了云计算平台的计算能力，算力的提升是人工智能各种应用场景和解决方案的重要推动力，以人工神经网络为代表的深度学习算法使人工智能具备了深度学习能力，是应用落地的核心引擎。

物联网可以理解为"物物相连的互联网"，物联网的发展也在加速让人工智能成为现实，物联网与其他产生大量数据的设备和系统相结合，让人们开始有能力从海量数据中提取有价值的信息。物联网与人工智能是相辅相成的两类技术，人工智能相当于软件，需要物联网作为载体；而物联网是硬件，需要人工智能来驱动。

1.1.2　数字技术的演进

我们可以把数字技术的演进路径概括为连接（A）、分析（B）、智能（C）三个阶段。

如图 1-1 所示，在数字化进程的方方面面，数字技术的演进均遵循着上述三个过程。以优化决策为例，第一步，在"连接"阶段，出现了互联网、线上服务、移动应用等技术，实现了人与人、物体与物体的连接。第二步，在"分析"阶段，随着大数据、云计算等技术上线，相互连接的数据有了更好的工具进行处理和分析。第三步，在"智能"阶段，随着人工智能、财务机器人（RPA）技术的出现，数字技术开始具备自主分析数据的能力。

图 1-1　数字技术的演进
（资料来源：Kotlin 开发者社区）

曾鸣先生在《智能商业》中提出"三浪叠加"理论：因为全球市场发展在当代达到了绝无仅有的速度，所以经常会出现前后不同代际的商业模式并行发展的情况。以中国零售业为例，以大型零售商场为代表的 1.0 模式，以国美、苏宁等平台为代表的 2.0 模式，以淘宝、京东等电商平台为代表的 3.0 模式在中国市场上互相交织、共同发展，形成"三浪叠加"的现象。

与此类似，如图 1-2 所示，数字技术变革或许同样在经历"多浪叠加"的过程。从产业链上游计算机硬件的更新换代，到基础通信技术的不断升级，到人工智能、区块链等一系列新概念的提出和成熟。多线并行中，在浪潮前端的数字技术已经在不知不觉间，开始在社会各方面崭露头角。

目前，我们可以直观看到的大数据、云计算、区块链和人工智能等，在四五年前对于普通人还是较为陌生的词汇，短时间内已经席卷而来，从整体上看，数字技术足以改变传统的时间和空间建设模式，开启并推动时代的转型，变革人类社会生产方式和生产关系。

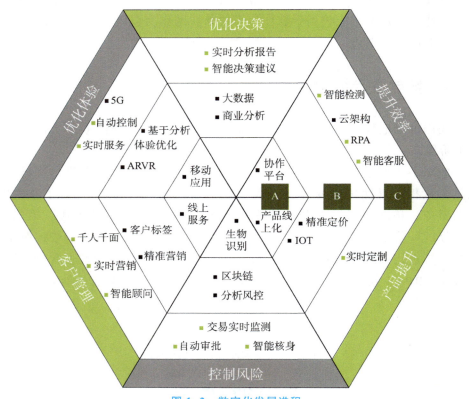

图 1-2 数字化发展进程
（资料来源：Kotlin 开发者社区）

宏观上来说，数字技术对社会带来的变革可以体现在以下三个方面。

（1）数字技术降低了社会对自然资源和历史基础的依赖。数字技术能够帮助地区超越地理区位，重构区域经济体系，而这将为落后地区在新经济发展方面与先进地区并行甚至领行提供了条件与机会。例如，贵州省就是通过率先发展大数据技术，实现了弯道超车，找到了后发赶超的路径。2015—2019年，贵州 GDP 增速保持在 8.3% 以上，已经在新常态的发展上与相对发达地区实现了并跑，甚至在某些方面做到了领跑。

(2) *数字技术有助于打造更全面和精准的数据系统。*数字技术使信息掌握更全面具体，目标设定更恰当务实，措施实施更加精准有效。以抗击新冠肺炎疫情为例，在政策支持方面，利用大数据技术，政府可以搭建起串联交通部门、医疗机构、基层社区、居民个体等环节的一体化疫情防控平台，实现诸如密切接触者管理、确诊者行动路径查询、居民健康情况统计、人员整体去向分析和疫情预警等功能，让政府能游刃有余地进行数据分析和顶层决策。

(3) *数字技术有助于资源的跨区域利用。*在全信息环境和融合发展的模式下，数字技术有助于提高各个地区之间资源配置的效率，有利于将各地区的比较优势拓展为竞争力。据了解，我国有不少地区并不产出某种原材料，但是相关产业却能发展得红红火火，甚至在世界上都占有很高的地位。例如，河北省的清河县，不产羊，但却是全国最大的毛绒集散地，它形成了从原绒收集、纺纱到制成品环环相扣的完善的产业链条，享有"世界羊绒看中国，中国羊绒看清河"的美誉。有关资料显示，全世界 40% 的羊绒产品均在此处交易，该地区更可以通过数字系统在全世界配置资源，使产业再创辉煌。

从以上三方面可以看出，宏观上数字技术给我们带来的变化是巨大的。分具体行业来看，数字技术同样正在为单个行业带来巨大的变革。

1.1.3 数字技术的行业运用

通过近些年的高速发展，数据技术正在重塑各行各业，逐渐成为新一代科技革命和产业变革的生力军，也成为企业高质量发展的重要推动力，例如，物流行业中的自动分拣和无人机配送、零售行业的移动支付和智慧导购等。下面以智慧餐饮、智慧农业、智慧银行等为例进行具体分析。

1.1.3.1 智慧餐饮

得益于美团点评等平台型企业，如图 1-3 所示的智慧收银系统已经广泛应用于大型餐饮企业。智慧餐饮系统以收银系统中心，以收银和订单数据为起点，结合原料采购、库存以及餐厅翻台率、坪效等运营数据进行一体化分析，让商家更了解自己的企业。接着，系统进一步结合美团等平台上的客户端数据，了解相关消费者的偏好、消费能力等，实现店铺选址、营销、定价等活动的

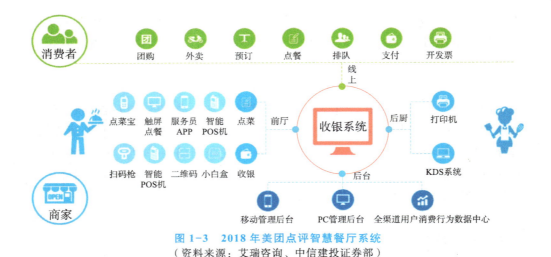

图 1-3　2018 年美团点评智慧餐厅系统
（资料来源：艾瑞咨询、中信建投证券部）

精确化。商家和客户两端数据的收集、分析和应用实现了餐饮行业的数字化和智慧化。

1.1.3.2　智慧农业

传统农业主要涉及育种、灌溉、施肥、饲养、疾病防治、加工、销售等环节，过去各环节中的判断和决策大多依靠农民的经验进行，这直接导致了生产效率低、供给和需求波动不同步、农产品质量和食品安全等问题，如图 1-4 所示。而在智慧农业模式下，凭借湿度温度自动调节、土壤监控、自动喂食等生产技术，和预测产品需求的大数据和人工智能分析工具的支持，能够大幅提高农业全产业链的运行效率和供需双向匹配的精确度。

1.1.3.3　智慧银行

自 2017 年以来，随着数字技术的高速发展，传统银行网点受到一定的冲击，各大商业银行均在积极地向智慧银行转型升级，其中具备互动化、场景化特征的智慧银行网点是当今银行数字化转型的主要业态之一。

智慧银行网点在理财、信贷、对公、对私等不同的功能分区内，使用自动智能设备及道具，为客户提供生动创意的场景化金融业务体验，提高客户在网点内的业务办理效率，改善客户的交易体验感受。如图 1-5 所示，智慧银行网点的智能机器人能够完成包括公共服务咨询、业务分流与取号、手机银行 App 下载与使用指导、银行业务预处理、精准营销等多个功能。

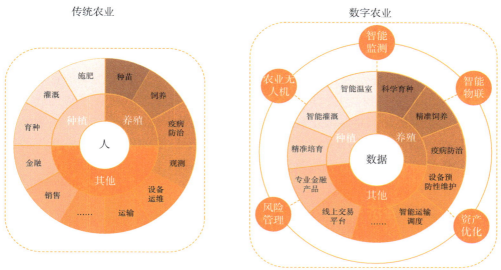

图 1-4　传统农业与数字农业
（资料来源：天风证券研究所）

除了上述三个行业，诸如智慧物流、智慧交通、智慧零售、智慧发电等行业同样在如火如荼地发展。随着区块链技术在数字货币、资产管理、征信、溯源等方面的飞速发展，数字技术不久将席卷社会各行各业，带给我们一个全新的数字世界。

图 1-5　银行智能机器人
（资料来源：环球网）

1.2 数字经济

"内通外连"是当今数字技术时代的主要特征之一，当把组织的管理、经营等行为由线下搬到线上，再把各组织相同的经营管理活动合并和连通，企业行为就变得更加高效，并走向智能，从而构成数字化生态系统。

目前，越来越多的互联网企业正在构建属于自己的生态链，随着数字技术与实体经济的深度融合，数字经济时代已经来临。

1.2.1 数字经济概述

云计算、大数据、人工智能、区块链等新一代信息技术的融合发展，正对世界经济和社会发展产生重大而深远的影响。通过建立有别于传统平面式架构的、立体的、折叠的、交互式的结构，能够实现更直接的点对点、端对端的交互式连接，从而省去中间节点，大幅提高社会经济运行效率，带动社会迅速发展，重塑全球经济，开创数字经济时代。

数字经济是以可编码可解析的数据、知识和信息为关键生产要素，以数字技术变革为核心生产力，以现代互联网络为主要载体，将数字技术与实体经济相互融合，不断提高传统产业数字化和智能化水平的新型经济形态。数字经济可以从两个方面理解：①数字产业化，即信息产业化，具体包括电信行业、电子信息制造业、软件和信息技术服务业等。②产业数字化，即传统行业的数字化革新，通过将数字技术运用于各行各业从而实现生产质量和运行效率的提升。

如图1-6所示，数字经济的两个方面相辅相成、缺一不可。数字产业化是数字经济的重要基础，没有数字产业的发展，就无法实现产业数字化，更不会形成数字经济。产业数字化是数字经济的核心动力和目标，通过数字技术在传统行业上的具体应用来推动行业发展。数字经济的最终目的就是通过产业数字化实现社会效率的提高，让数字技术为经济发展服务。十九届四中全会第一次把"数据"归为参与分配的生产要素，象征着以数据为关键要素的数字经济即将进入产业化阶段。

1.2.2 数字经济的内涵与特征

随着数字技术的发展，数字技术已经实现了对社会经济生活的全方位渗

图 1-6 数字产业化和产业数字化规模对比图
（资料来源：中国信息通信研究院）

透，并成为经济增长的新型驱动力。为了抢占数字经济时代的先发优势，世界各国相继颁布了相关政策和方案，促进经济社会的数字化变革。众多企业面对数字经济发展的浪潮，开始主动向数字化平台企业转型，但转型存在风险，有不少企业也因此陷入困境如美国通用电气公司即因为转型不顺利而决定出售其工业互联网平台。

面对着数字化转型的趋势，虽然传统产业寻求数字化的发展机会是大势所趋，但我们必须认识到，数字化仅仅是手段或工具，而不是目的，数字技术应与实体经济有效结合起来，才能更好地发挥作用，否则可能会出现实体经济被反噬的现象，甚至带来实体经济空心化的风险，对经济发展与社会稳定产生不利的影响。

1.2.2.1 数字经济的内涵

当前去实体化倾向的存在，主要原因系缺乏对数字经济内涵的把握。要有效避免这种风险，我们可以从其定义和历史两个角度来解读数字经济的内涵。

一方面，前文提到数字经济的定义时强调数字经济是将数字技术与实体经济相互融合，不断提高传统产业数字化和智能化水平的新型经济形态。可以看出，数字经济在本质上只是发展经济的方式或道路之一，因此片面地脱离实体经济，激进地追求数字化，是与数字经济的内涵相悖的。

另一方面，从历史出发，数字经济在以下4个方面有别于传统的农业和工业经济。

（1）算力。算力主要包括运算速度和存储量，这是数字经济时代出现的新特征之一。近年来，包括云计算、大数据、人工智能和区块链等在内的数字技术的发展,实现了人类能力范围内算力的几何式增长,推动了经济的数字化转型,提升了经济的运行效率。

(2) 安全力。农业经济和工业经济时代虽然也存在经济安全问题,但考虑到当时人类对技术的依赖性不强,安全问题的波及范围有限。然而,随着经济对技术的依赖程度越来越高,经济安全的重要性也在不断提高,安全问题可能给人类文明带来致命打击。数字经济时代,人类应该关注经济安全问题,谨防技术在发展过程中带来的安全风险。

(3) 创造力。数字经济下,人类同时生活在物理空间和数字虚拟空间,并且随着数字经济更深、更广的发展,虚拟空间将有可能取代物理空间,成为人类主要生活的空间。虚拟空间会给人类的生物感知带来新体验,人类的想象力和创造力将会得到最大程度的释放,并且依靠这种创造力创造财富。因此,数字经济模式如何通过创新激发人在虚拟空间中的创造力至关重要。

(4) 管理力。数字经济时代的算力、安全力和创造力,能否有效发挥并共同服务于高质量的经济增长和生活品质,最终取决于管理力的高低。数字时代的管理力是指整合算力、安全力和创造力并协同发挥作用的能力,其重要作用是有效地串联数字虚拟空间和物理空间,使普通个体能够认知虚拟世界,在其中获得认同,并创造和实现价值,尽量避免数字经济发展的成果在技术精英人群和普通人中分配不均。

1.2.2.2 数字经济的特征

(1) 数据成为数字经济时代新的生产要素。类似于土地和劳动之于农业经济,资本和技术之于工业经济,在数字经济时代,经济发展依靠的关键生产要素变成了数据。不同于农业经济和工业经济时代下生产要素都被数量所限制,数据作为一种关键的生产要素。具有可复制和共享的特征,从源头上打破了稀缺性的制约,成为保障数字经济持续发展的根本要素。

(2) 数字经济时代基础设施的形态发生改变。在数字经济时代,数据成为新的关键生产要素,基础设施的形态也随之发生改变。因此,当下需要对传统的基础设施进行数字化改造,并加大基础设施建设的资金投入,普及和推广云计算、5G、移动互联网等基础设施建设,同时需要加强对群众信息素养的教育和培养。

(3) 供给侧与需求侧走向融合。供给侧与需求侧在传统的经济形态下始终处于相互分离的状态。工业化早期物质比较稀缺,人类的需求基本上取决于供给,即便是经济发展到一定的阶段,供给不足的问题基本解决,按需供给在效率和技术层面也不可行，供给侧与需求侧分离的关系并未改善。但是，随着数字经济时代来临，数字技术的发展推动供给侧与需求侧逐渐走向融合，供给与需求的动态匹配开始成为可能。

综合考虑数字经济的发展优势和风险，未来仍需要在法律制定、社会治理、道德伦理等角度作出调整和变革，以实现数字经济时代治理的社会化和法治化，规避数字技术带来的风险，推动经济和社会发展，增进人类福祉。

1.2.3 数字经济发展

由数字技术衍生而来的数字经济作为一种新的经济形态，有助于经济增长和高质量的发展转型，也正在成为全球产业变革的核心要素。华为和牛津经济研究院发表的《数字溢出：衡量数字经济真正影响力》中讲道，过去30年中，每投资于数字技术1美元，GDP平均可以增加20美元，杠杆达到了20倍之多；对比来看，投资于非数字技术1美元，仅能推动GDP增加3美元，数字技术投资的平均回报是非数字技术投资的6.7倍。因此，数字技术将成为经济增长的重要推动力。

根据中国信息通信研究院的测算，我国2018年数字经济规模已经达到了31.3万亿元，在国内生产总值中占比高达34.80%。据毕马威预测，2030年数字经济占中国国内生产总值将达到77%。数字经济将成为中国整体经济的重要组成部分。

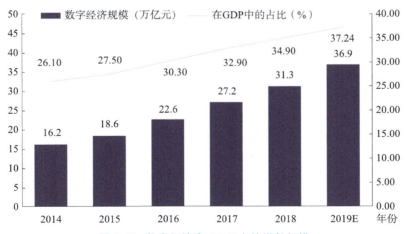

图1-7 数字经济在GDP中的增长规模
（资料来源：中国信息通信研究院）

数字经济规模增长速度十分迅速，2018年我国数字经济同比增长20.90%，比GDP名义增速高11.20%左右，2014—2018年年复合增长率达17.90%，根据复合增长率预计，2019年数字经济规模将达到36.90万亿元。数字经济已成为中国经济增长的动力引擎。

1.3　数字技术对财务颠覆性的变革

追溯财务的发展历程，技术进步引发了财务的数次变革。会计电算化用小型数据库和简单的计算机软件取代了部分人工核算工作，实现了计算能力和存储能力的巨大飞跃。ERP的诞生和计算机网络的普及，把封闭、分散的财务集中起来，通过流程再造和专业化分工实现了财务共享。借助信息化手段，企业实现了对财务信息的快速处理和实时共享，财务管理逐步从核算型向管理型转变。数字技术进一步革新了财务的技术工具，悄然改变着财务的工作模式，传统财务将逐步向自动化、数字化和智能化转型。

1.3.1　财务数据是核心商业语言

数据是数字经济下的重要资源。随着数字技术的发展，数据采集、储存、输送、分析等能力在大大提升，数据正变得越来越有价值。古希腊数学家、哲学家毕达哥拉斯曾指出"万物皆数"，数据正在成为人类认识世界、改造世界的工具，也是企业在商业世界中决策的重要依据。

财务数据对于企业至关重要。在众多的数据类型中，财务数据不仅体量庞大，而且已经发展出了成熟的规则和逻辑体系。因此，对财务变革走向的研究对企业和经济来说有重要意义。财务部门是目前企业最大的数据部门，随着所掌握数据愈加丰富，会对企业决策起到更强的支持作用。财务工作者也将继续利用财务数据的优势，为企业管理和发展寻求最佳的解决方案。

财务数据将体现出更高的价值。一方面，在数字经济时代，财务数据不再仅局限于报表中的一个个冰冷的数字，而能够囊括诸如宏观经济、组织行为、供应商生产、消费者偏好等企业运营的全部数据。有了这样一个全面的数据体系，财务数据除了衡量企业历史业绩之外，能够为企业决策提供更大的支持。另一方面，产生财务数据的财务工作更在发生变革，财务工作的自动化、智能化、数字化将赋予财务数据更旺盛的生命力。

1.3.2 数字技术对传统财务的颠覆

会计作为最古老的行业之一，从会计分录到财务报表、从手工借贷到会计电算化、从 ERP 系统到财务共享服务，财务工作从未停止过变革。

1.3.2.1 财务流程再造

传统财务一般包括确认、计量、记录、报告 4 个环节，财务流程就是财务人员在经济业务发生后，根据原始凭证编制记账凭证，之后进行账簿登记和报表编制的过程。但是，财务信息系统的应用实现了财务的流程再造，降低了数据处理的成本和复杂性，实现了某些环节的自动化。利用云计算技术，实现开放系统间的集成，通过应用程序编程接口（Application Programming Interface，API）技术实现各系统之间的对接，如银企互联系统（见图 1-8），该系统通过 API 接口，对外可与商业银行系统对接，自动获取对账单、交易明细等，对内可与会计核算、资金管理等系统对接，实现收款、付款、对账等流程的自动处理。

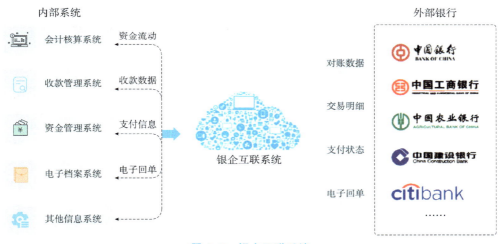

图 1-8　银企互联系统
（资料来源：中兴新云财务云）

1.3.2.2 财务范围扩展

过去的财务工作，只是聚焦于从原始凭证、会计科目中提取的小数据，充当企业的"倒车镜"，起到帮助企业回顾和总结历史经营情况的功能。但在数字经济的背景下，财务的范围得到了大幅度扩展，数字技术使得财务部门能够搜集企业内部各业务部门和企业外部供应商、竞争对手等的数据信息，充当企业的"导航仪"，使企业能够评估市场的未来趋势，制定合理的战略决策，包括新市场开拓、供应商选择、产品定价、流动性管理等。财务能够为企业提供深入价值链的业务支持，这也是数字化财务转型的重要方向。

1.3.2.3　财务职能转换

传统财务的主要职能是数据的记录，包含大量的凭证审核处理等低价值的重复性工作（见图1-9）。这些基础工作不仅占用大量的财务人力资源，并且难以激发财务人员的积极性，工作附加值极低。而对于这些重复性工作，如处理发票等格式高度标准化的财务凭证来说，建立财务共享服务中心并大规模利用数字技术是一个效率较高的解决方案。

利用人工智能的光学视觉识别技术，可以轻易地对大量的发票、合同等文件中的信息进行提取并智能审核（见图1-10），以提高准确度和效率。

图1-9　视觉识别：发票信息提取
（资料来源：中兴新云财务云）

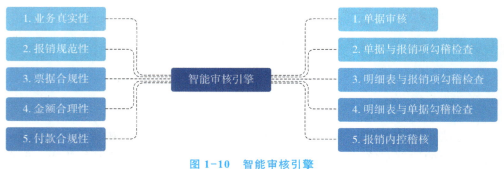

图1-10　智能审核引擎
（资料来源：中兴新云财务云）

而凭借数字技术节省出来的财务人力资源，就直接能够利用处理好的信息，进行业务层面和战略层面的数据分析。财务在企业中的职能也将从记录和简单分析，转化为业务管理者和战略决策者。

1.3.3 数字财务的兴起

财务形式的演变是随着技术变革而逐步发生的，而数字财务的兴起同样是一个基于数字技术下财务革命的过程，从信息化到工业化的再造，再到自动化、智能化转型提升，最后形成数字化生态价值系统，层层递进。数字财务首先需要完成财务体系的改造，创建财务元数据，逐步做到财务数字化。财务数字化是企业数字化的基础，没有财务部门的数字化，企业的数字化也无从谈起。概括起来，数字财务的演变主要有以下三个阶段。

1. 财务共享——财务一体化、信息化、共享化

财务共享是一种将分散于各业务单位、重复性高、易于标准化的财务业务进行流程再造与标准化，并集中到财务共享服务中心统一进行处理，达到降低成本、提升客户满意度、改进服务质量、提升业务处理效率等目的的作业管理模式。财务共享服务中心一般具有专门的管理部门，可以作为独立的实体在市场上与其他企业公开竞争，如中兴新云、浪潮集团等，财务共享所实现的流程再造也是财务机器人的基础之一。因此，财务共享实现了财务的一体化和信息化，是数字财务兴起的起点。

2. 财务云——财务联网化、工业化、平台化

财务云将企业财务共享的作业管理模式与云计算、大数据、移动互联网等数字技术有效融合，实现财务共享服务、财务管理、资金管理三合一，建立集中、统一的企业财务云中心，支持多终端接入模式，实现"核算、报账、资金、决策"在全集团内的协同应用。财务云将作为企业的大数据中心，对企业内外部大量、多结构、多来源的数据进行挖掘、处理与分析，释放数据价值，为财务实现联网化、工业化、平台化打下基础，推动企业走向数字化时代。

3. 数字财务——财务数字化、智能化、生态化

数字财务是将分散于各地的基础财务业务集中起来，进行专业分工和流程再造，实现对财务信息的快速处理和实时共享的财务工业化，使用工作流引擎构建系统内自动化、API 构建开放系统间集成，以及财务机器人等自动化工具构建封闭异构系统的连接，实现财务自动化。数字财务利用云计算、大数据等技术，为财务提供场景化的智能应用，提升财务相关工作的效率，将企业内部的小数据集转化为大数据中心，再借助业务分析、风险预警的相关模型和工具，为管理者提供前瞻性的战略支持、深入价值链的业务支持以及高效的企业风险预警体系，进而形成以财务云"数字神经系统"为核心的生态系统，实现财务数字的智能化场景。数字财务是一种新型的财务管理模式，它基于先进的财务管理理论和方法，利用真实、完整、实时的数据作为基础，通过人和机器的有机合作形成的智能系统，辅助企业的财务管理活动，不断扩大可应用的范围，逐步取代部分人类财务专家的活动。

当今世界正处在数字化的进程中，数据被称为新时代的"石油"。企业对数据的渴望，对数字化转型的期待，为财务转型开辟了新的空间，财务不再局限于"会计科目+复式记账法"这样简单的算法，而是基于企业经营管理和社会经济运行，挖掘、汇聚、分析与经营相关的数据，帮助企业洞察、预测，并基于"数据+算法"构建一套新的决策机制，实现更高效、科学、精准、及时的决策。因而，数字财务是数据、规则、算法和算力的融合，是财务的未来。

中兴新云的财务与技术的演进过程（见图1-11）带我们领略了跨越历史和未来的三大过程：从过去的算盘和账本到会计电算化，实现了从0到1的

图1-11　财务与技术的演进过程

（资料来源：中兴新云财务云）

突破，从电算化到 ERP，实现了从 1 到 N 的累积，而从 ERP 到财务云，实现了从 N 到无穷大的飞跃，财务随着科技的进步迈入了数据平台的未来智能世界。

★ 本章知识点回顾 ★

概念掌握：数字技术、数字经济、财务共享、数字财务

问题思考：

（1）数字技术和数字经济的范畴以及未来的发展趋势？

（2）数字技术对传统财务领域的颠覆主要表现在哪几个方面？

（3）数字财务智能生态系统创建的要素有哪些？

实训平台：

知链科技区块链数字经济案例，两大类 42 个区块链钱包与电子发票的知识点，通过网上实践操作保理过程，掌握电子发票业务的全流程，培养读者具备区块链思维，理解区块链与税务等相关行业的结合。

第 2 章
云计算及其对财务领域的影响

> 云计算给整个 IT 行业带来变革，云计算未来将像水、电、煤一样成为大 IT 行业的基础设施，为公众提供运算服务，从"企业云"逐步向"个人云"演进。
>
> ——中国移动通信研究院院长　黄晓庆

2.1　云计算概述

2.1.1　云计算的概念

2006 年，谷歌首席执行官埃里克·施密特（Eric Schmidt）在搜索引擎大会上首次正式提出"云计算"的概念，同年亚马逊推出了弹性计算云服务 EC2，云计算随之步入公众视野，现如今已成为定义信息技术变革大潮的名称之一。

根据中国信息通信研究院 2012 年发布的《云计算发展白皮书》，云计算是一种通过网络统一组织和灵活调用各种 ICT 信息资源（包括计算与存储、应用运行平台、软件等），实现大规模计算的信息处理方式。云计算利用虚拟资源管理以及分布式计算等技术，通过互联网将分散的 ICT 信息资源集中起来形成共享的资源池，并动态地根据用户需要，以可度量的方式提供服务。用户可以在各种终端（包括但不限于个人计算机、平板电脑、智能手机甚至智能电视等）上，通过任意的网络连接获取 ICT 资源服务。

同年，美国国家标准与技术研究院（NIST）认为，云计算是一种模型，这种模型使得用户可以方便地通过网络按需访问一个可配置计算资源（如网络、服务器、存储、应用和服务）的共享池，并且他们对这些资源的需求可以迅速得到满足，实现管理成本和服务供应商干预的最小化。

此后，ISO/IEC标准化组织在2014年发布的 *Cloud Computing-Overview and Vocabulary* 提出，云计算是一种以网络方式接入某个可扩展的、弹性的、共享的物理或虚拟资源池的服务模式，用户可以通过自助的方式按需购买。云计算用户不需要与服务商进行过多的交互，就能够迅速完成计算资源的扩展和释放。

本书认为，云计算就是通过互联网把所有的计算应用和信息资源连接起来，供多用户随时访问、分享、管理和使用的一种IT资源的交付形式。它通过网络"云"将庞大的数据计算处理程序分解成无数个小程序，然后，通过多部服务器组成的系统处理和分析，再把得到的结果返回给用户，通过这项技术，可以在短到几秒的时间内，完成对数以万计的数据的处理，从而提供强大的网络服务。

相对于传统软件交付模式来说，云计算模式更具优越性，因为用户无须搭建机房、采购服务器，有效地降低了初期采购成本；后期也只要按需付费，不用自行承担软件的维护成本，大大降低了企业信息化的门槛。

2.1.2 云计算的特征

（1）虚拟化。云计算通过资源抽象特性来实现云的灵活性和应用的广泛支持，这一特性的实现主要依靠虚拟化技术。用户所使用的计算资源来自于"云"，而不是物理上有形的实体。应用在"云"端运行，用户不需要知道支持应用运行的物理资源在何处，就可以在任意位置、任何时间通过各种终端设备获取相应的服务。

（2）弹性伸缩。云计算具有分布式计算、分布式存储、并行计算等功能，它通过网络对计算资源进行整合，以服务的形式对外提供，并且可以根据用户需求，增减计算资源，使得计算资源的规模可以动态伸缩，满足应用和用户规模变化的需要。在这种模式下，云计算服务的提供者和使用者是分离的，使用者无须获得计算资源的所有权，资源部署更加弹性化。

（3）快速部署。云计算模式适用于各式各样的应用程序的开发和部署阶段，具有极大的灵活性。云计算服务的提供者可以根据用户的需要及时部署资源，从理论上来讲，这种能力是随需的、无限的，可以在任何时间以量化的方式购买。传统的IT服务模式下，资源的交付时间以天为单位，而云计算模式可以实现对服务需求的迅速响应。

(4) 资源可量化。云计算服务提供者通过租用网络运营商的带宽，按照资源的使用量或者使用时间向用户收取相应的费用，如包年、包月或者按小时计费等多种方式。这种即付即用（Pay-as-you-go）的模式已经广泛应用于存储和网络宽带技术，大大降低了传统IT部署模式之下资源的闲置成本。

(5) 按需自助服务。规模化、多用户、高安全性是云计算的特征。"云"是一个庞大的计算资源池，用户在网络上按需自助购买，无须和服务提供商进行交互就可以自动地得到计算资源能力，如网络存储等。除了购买，用户还可以自助使用、管理甚至注销所获得的资源，操作简洁明了，不需要经过专业的IT培训。

2.1.3 云计算产业的类型与发展

广义的云计算产业由云计算制造业、基础设施服务业、云计算服务业和支持产业等组成，如图2-1所示。

(1) 云计算制造业包括云计算相关的硬件产业、软件产业和系统集成产业。其中，软件厂商包括基础软件、中间服务以及应用软件的提供商，主要提供云计算操作系统和云计算解决方案；硬件厂商包含服务器、网络设备、终端设备、存储设备、元器件等用具的制造商。通常情况下，软硬件制造商可以通过并购或合作等方式成为新的云计算系统集成商，如IBM、惠普等，但传

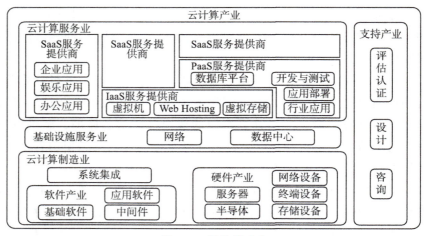

图 2-1 云计算产业

（资料来源：中国信通院）

统的系统集成商也活跃在该领域中。

(2) 基础设施服务业主要由为云计算提供承载服务的数据中心（IDC）和网络提供商组成。数据中心既包括由传统电信运营商和数据中心服务商提供的租用式数据中心，也包括云计算服务提供商自行搭建的数据中心。网络提供商目前主要是传统的电信运营商，同时谷歌等云服务提供商也在建立自己的全球性传输网络。

(3) 云计算服务业包括基础设施即服务（IaaS）、平台即服务（PaaS）和软件即服务（SaaS）三大细分类别。

(4) 云计算支持产业主要包括云计算咨询、设计和评估认证等服务机构。传统的 IT 咨询、设计和评估机构，如 Uptime、LEED、Breeam 等，都已经不同程度地踏入了云计算领域。下面就前三个类型做具体阐述。

2.1.3.1 云计算制造业

云计算的快速发展推动了互联网企业对数据中心（IDC）的大规模建设需求，而 IDC 正是由大量的服务器实体构建而成的。服务器是云计算的硬件支撑和虚拟化资源来源。云计算是对基础计算资源（包括计算资源、存储资源、网络资源等）的虚拟化，云计算平台的背后需要大量的服务器群集作为硬件支持，可以是单台服务器的群集，也可以是机柜形态服务器的群集。如果将云计算机看作是发电厂，那么单台服务器就等效于发电机。虚拟化技术是云计算中至关重要的一项技术，它可以将单台服务器的资源划分为几十台甚至是数百台虚拟机，从而向更多的用户提供计算资源。可以说，服务器是云计算虚拟 IT 资源的基础支持和来源，也是云计算中最基本的单元。

根据 Gartner 的数据，受益于全球云计算市场的迅速增长，全球服务器出货量自 2017 年第一季度起开始加速。具体来看，主要是全球公有云市场的快速发展拉动了对服务器的需求增长。在这轮增长当中，中国服务器市场的发展速度快于全球，出货量的增速大概是全球服务器市场增速的 2 ~ 3 倍。这也使得中国服务器的出货占全球服务器的出货量的比重持续上升，由 2013 年的 13% 上升至 2019 年前三季度的 30% 左右。

2.1.3.2 基础设施服务业

IDC 是由大量的服务器实体构建而成的基础设施，它为计算机系统安全、稳定的运行提供了良好的基础。IDC 是海量数据的承载实体，也是互联网流量计算、存储及吞吐的核心资源，可以把它形象地理解为一座将数据集中存储和处理的"数据图书馆"。IDC 空间一般包含以下基础设施：建筑物、电力电气系统、制冷系统、监控管理系统、安防系统等。随着云计算技术的发展，IDC 逐渐走向虚拟化、综合化，云计算与 5G 技术的发展将成为大型数据中心增长的核心驱动力。协同类云办公产品类型，如图 2-2 所示。

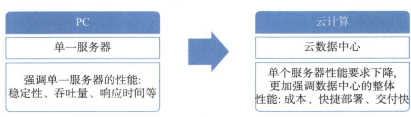

图 2-2　协同类云办公产品类型
（资料来源：CCID）

目前，全球数据中心的市场规模整体呈现平稳增长态势，增速基本稳定在 10% 左右。从行业应用来看，仍以金融、云计算、互联网等行业为主。相比而言，我国数据中心的市场规模的整体增速要高于全球平均水平，且增长潜力十足，随着 5G 技术商业化的加速推进，以及云计算和边缘计算需求的增加，将产生大量的数据中心建设需求。

根据 Gartner 的数据，2017 年全球数据中心数量为 44.4 万个，预计 2020 年将会减少至 42.2 万个。虽然总数呈逐年递减的态势，但机架数量反而保持稳健增长。这是因为：随着云计算产业的发展，产生了大量大型数据中心的建设需求，超大型数据中心的数量正在不断增加。根据 2015 年 Synergy 的预测，超大规模数据中心数量将从 2015 年的 259 个增加至 2020 年的 485 个，份额将从 2015 年的 21% 增长到 2020 年的 47%，如图 2-3 所示。从目前发展态势来看，我国在超大数据中心建设方面也较为领先，市场份额正在逐步增长。

图 2-3　全球数据中心及机架数量统计及预测
（资料来源：Gartner）

2.1.3.3 云计算服务业

云计算中，最核心的是云计算服务业。按照云计算服务提供的资源所在的层次进行划分，云计算服务业可以分为IaaS（基础设施即服务）、PaaS（平台即服务）和SaaS（软件即服务）等。而按照云计算服务的部署模式，又可分为面向机构内部提供服务的私有云、面向公众使用的公共云以及二者相结合的混合云等。

（1）按照云计算服务提供的资源所在的层次分类。

1）IaaS：强势扩张的基础设施环节，全称是Infrastructure-as-a-Service。它是一种对硬件资源进行虚拟化，将计算基础设施等以租用的方式提供给企业的服务模式。在此种模式下，企业不拥有云计算基础设施的管理或控制权，但能控制操作系统的选择、存储空间、部署的应用，也有可能获得有限制的网络组件（如路由器、防火墙、负载均衡器等）的部分控制权。全球主要服务商代表有亚马逊、微软、IBM等公司，典型的IaaS服务有AWS、阿里云提供的弹性主机服务。

IaaS将成为未来互联网和信息产业发展的重要基石。互联网乃至其他云计算服务的部署和应用将会带来对IaaS需求的增长，进而促进IaaS的发展；同时，对海量数据存储和计算的需求，也会带动IaaS的迅速发展。IaaS也是一种"重资产"的服务模式，需要较大的基础设施投入和长期运营经验的积累，单纯出租资源的IaaS服务盈利能力比较有限。

近年来，IaaS市场保持快速增长。2018年全球IaaS市场规模达325亿美元，增长率为28.46%，未来几年，市场平均增长率预计将超过26%，到2022年市场规模将增长至815亿美元。其中，计算类服务占据了超过90%的市场份额。

IaaS具备较强的资本壁垒，产业集中效应十分明显。IaaS市场竞争包括三个关键要素：拥有IDC资源的规模和质量、产品和解决方案成熟度以及客户服务体系的搭建能力。当前，中国IaaS市场主要的参与者类型有：互联网企业（如阿里巴巴、腾讯、金山等）、创业企业、IDC/CDN厂商、电信运营商（如中国电信）、硬件厂商（如华为、浪潮）、国际厂商以及从事云安全、云存储、云管理（如MSP）的专业型厂商。2018年中国公有云IaaS市场份额中，阿里巴巴占36.00%，远高于腾讯、中国电信、金山等企业，如图2-4所示。

2）PaaS：上下游打通的生态建设环节，全称是Platform-as-a-Service。它是由云计算服务提供商搭建云计算资源服务平台，并将平台能力以开发、运

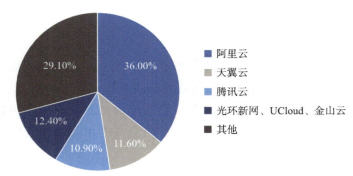

图 2-4 2018 年国内公有云 IaaS 市场份额占比
（资料来源：中国信通院）

行环境的方式提供给企业进行程序的编码、开发、部署和管理的服务模式。企业不必拥有或控制开发环境，就能控制其中开发和部署的应用程序。全球主要服务商有亚马逊、微软、Salesforce、Oracle 等，典型的 PaaS 服务，如 Google 提供的 Google App Engine 平台服务、Microsoft 提供的 Windows Azure 等。

PaaS 服务对象包括企业的 IT 部门（To Business）和软件开发商（To Developer）。很多大中型企业在 IaaS 采取混合云架构或者多云架构，又不满足于 SaaS 标准化服务，对效率、协作、打通的要求逐渐增长，纷纷向 PaaS 延伸。PaaS 平台不仅可以管理和调配多样化底层 IaaS 资源，还能够打通上层应用，最大化各项应用的效率和协作效率。

PaaS 服务被誉为未来互联网的"操作系统"，也是当前云计算技术和应用创新最活跃的领域，与 IaaS 服务相比，PaaS 服务对应用程序的开发人员来说将形成更强的业务黏性，因此 PaaS 服务的重点并不在于直接的经济效益，而更着重于构建和形成紧密的产业生态。

尽管 PaaS 市场近年来增长稳定，但数据库管理系统需求增长较快。2018 年全球 PaaS 市场规模达 167 亿美元，增长率为 22.79%，预计未来几年的年复合增长率将保持在 20% 以上。其中，数据库管理系统虽然市场份额相对较低，但随着大数据应用的发展，用户需求明显增加，预计未来几年市场规模将保持较高的增长率，到 2022 年市场规模将达到 126 亿美元。

目前国际领先的云计算厂商几乎都具有 PaaS 能力，如阿里云、腾讯云、浪潮云、华为云等，均联合产业链上下游企业，打造开放云生态。2018 年，阿里云、腾讯云、百度云位于国内公有云 PaaS 市场前三。对比 AWS、Oracle、Microsoft、IBM 等厂家，阿里云虽然在体量和技术上还有一定的差距，但其凭借在中国公有云 IaaS 市场的高占有率，已经成为中国 PaaS 市场份额最大的厂商。

3）SaaS：最具丰富性的上层应用环节，全称是 Software-as-a-Service。云计算服务提供商通过互联网向企业提供软件应用能力，并根据订购服务量和时长向企业收取费用。云计算服务提供商先把软件安装在自己的服务器或者 IaaS 上，企业只需通过互联网接入，无须耗费磁盘以及服务器空间等资源。全球主要服务商有 Salesforce、微软、Adobe、Box 等，典型的 SaaS 服务如 Salesforce 公司的 CRM、Workday 公司的 HRM、用友公司的云 ERP。

SaaS 服务对象包括个人（To Customer）与企业（To Business）两大类。面向个人的 SaaS 产品有在线文档编辑、表格制作、账务管理、文件管理、日程计划、照片管理、联系人管理等。面向企业的 SaaS 产品主要是 ERP（企业资源计划管理）、CRM（客户关系管理）、HRM（人力资源管理）、OA（办公系统）、财务管理等。SaaS 服务是发展最为成熟的一类云服务。传统软件产业以售卖拷贝为主要商业模式，SaaS 服务采用 Web 技术和 SOA 架构，通过互联网向用户提供多租户、可定制的应用能力，大大缩短了软件产业的渠道链条，使软件提供商从软件产品的生产者转变为应用服务的运营者。

在经历了前期迅猛的发展势头之后，SaaS 市场增长有所减缓，各服务类型占比趋于稳定。2018 年全球 SaaS 市场规模达 871 亿美元，增长率为 21.14%，预计 2022 年增长率将降低至 13% 左右。其中，ERP、CRM、办公套件仍是 SaaS 的主要服务类型，占据 75% 的市场份额，商务智能应用、项目组合管理等服务增速较快，但整体规模较小，未来几年 SaaS 服务的市场格局预计不会发生明显的变化。目前，全球 SaaS 细分服务市场占比，如图 2-5 所示。

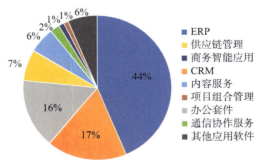

图 2-5　全球 SaaS 细分服务市场占比
（资料来源：Gartner）

（2）按照云计算服务的部属模式分类。

1）公有云。基础设施由某一组织所拥有，面向公众或某一行业提供云计算服务的部署模式。目前大部分互联网企业提供的云服务都属于公有云。公有云具有强大的可拓展性以及规模共享的经济性。但总体来讲，公有云还需要加强对用户数据安全的保护，提高访问性能以及对已有系统的集成能力。

2）私有云。通常是由企业或政府在自己的数据中心建立的，或是由运营商建设托管的，仅限内部用户通过内网获取服务。私有云在数据的安全性上得到保证，但可拓展性、规模效益相较公有云还存在一定的劣势。

3）混合云。同时部署公有云和私有云的云计算模式。公有云和私有云相互独立，但在内部又相互结合，可以发挥所混合的云计算模式各自的优势。既可以把敏感数据保存在私有云上，提高数据的安全性，又能充分利用公共云的低成本以及可扩展性优势。目前云服务提供商和设备厂商也采用托管云、虚拟私有云等方式进军混合云市场，提供多种混合云解决方案，预计未来几年内混合云市场仍将快速发展，如图2-6所示。

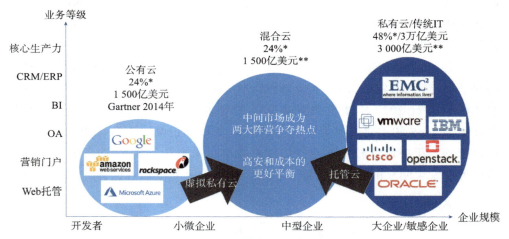

* 数据：企业对于云计算上的投资比例，来源于2014年451Research对全球1 400多家企业的调查。
** 数据：根据比例，以公有云服务产值外推的估算值。私有云可能有较大的偏差。

图2-6 混合云市场发展趋势
（资料来源：中国信息通信研究院）

公有云、私有云和混合云的区别，见表2-1。

近年来，我国公有云市场维持高速增长。2018年我国云计算整体市场规模达到962.8亿美元，同比增长了39.2%。其中，公有云市场规模为437亿美元，同比增长65.2%，预计未来三年仍将处于快速增长阶段，到2022年市场规模有望达到1 731亿美元；私有云市场规模达525亿美元，同比增长23.1%，预计未来几年将保持稳定增长，到2022年市场规模有望达到1 172亿美元，如图2-7所示。

表 2-1 公有云、私有云和混合云的区别

项目	公有云	私有云	混合云
服务对象	所有用户	某一企业内部用户	部署了私有云,同时对公有云有需求的用户
提供商	互联网企业、IT企业、电信运营商	IT企业、电信运营商	互联网企业、IT企业、电信运营商
主要客户	中小型企业、开发者、个人消费者	大中型政企机构	高校、医院、政府、企业
供应商举例	AWS、阿里云、腾讯、浪潮	Vmware、华为	IBM、ZStack、中国电信

资料来源：亿欧智库。

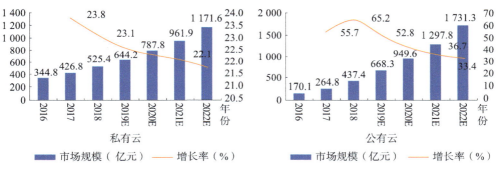

图 2-7 我国私有云、公有云市场规模及增速

（资料来源：中国信息通信研究院）

2.2　云计算对企业上云和财务的影响

在互联网与云计算的推动下，游戏、电商、视频等行业都实现了广泛的用户触达，业务快速增长。而以金融、医疗、教育、制造、物流、零售等为代表的传统行业的数字化转型却受到挑战。近年来，越来越多的传统企业选择云计算模式作为核心的计算资源。

2.2.1　企业上云的趋势与优势

2.2.1.1　新冠疫情刺激企业上云需求

2020年春节，新冠肺炎疫情爆发，受此影响，各地政府和企业鼓励短期内以远程办公等方式复工，开启全民居家在线模式。这一号召极大地刺激了对云办公应用的需求，同时从中长期来看，让企业主意识到"在线云"办公

能力将是未来的竞争优势之一，主观上推动了企业业务上云的进度。

在线复工第一天，曾经仅作为办公辅助工具的钉钉、企业微信、腾讯会议等在线办公软件上升为企业刚需，超过1 000万家企业使用钉钉在家"云办公"。由于业务用量迅速增长，瞬时流量过大，超出服务器冗余、卡顿、闪退情况频出，钉钉、金山在线文档、企业微信等软件均紧急扩容，利用弹性计算资源编排服务新增进而部署大量的云服务器以满足需求。

2.2.1.2　企业上云的优势

传统企业IT系统以本地部署或第三方托管模式为主，从服务器、存储器等基础设施，到操作系统、中间件、数据库配套、应用软件开发，都在本地或委托第三方进行专门的部署和开发，存在成本高、灵活性差以及可拓展性差的缺陷。

相比传统IT架构，云计算平台架构（见图2-8）具有成本低、配置灵活、资源共享的优势。云计算服务提供商将存储、计算、网络等IT资源虚拟云化，形成资源池。在资源池内，不同的物理设备和虚拟资源都可根据用户的需求进行动态调配，快速地部署或是释放。随着用户基数的扩大，云服务提供商的边际成本递减，每增加一个用户的边际成本趋于零。因此，云计算的服务成本要显著低于传统IT架构，实现了规模效应。

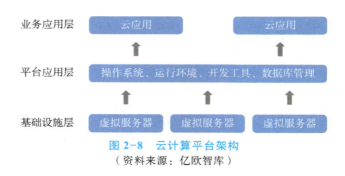

图2-8　云计算平台架构
（资料来源：亿欧智库）

对企业来说，将业务搭载在云端，随时随地接入云服务。既可以省去本地部署的前期投入和后续运维、扩展的费用，还可根据业务需要按需付费、随取随用，在业务峰值及时调配IT资源，在低谷时又释放资源以节约成本，更加经济、便捷地控制IT成本支出。同时，云服务平台搭载的大数据挖掘和分析、人工智能、物联网、区块链等功能，可以让企业从无到有，直接在平台上调用这些技术，促使其业务以较低的成本迅速开展。

越来越多的企业认识到,"上云"是实现企业数字化转型的重要路径。云计算与本地部署模式相比,可以免去自己购买服务器、存储器等基础设施的成本。同时,依托于云计算虚拟资源池的共享机制,企业购买的云资源可以实现弹性扩张,有效地解决了企业不同时期业务量波动性强的问题,降低了企业运营成本,优化了运营管理流程。

2.2.2 云计算对财务的影响

(1) 拓宽信息来源,实现信息共享。信息技术的发展推动着会计核算和财务管理工具的进步。会计电算化时代,管理层可以获得相对及时的财务数据,更好地对预算进行控制。云计算的出现,对会计的数据采集环境、采集工具以及采集模式产生了颠覆性的影响。

原有的会计数据采集是由内而外的,这既是由于外部数据的可获得性低,也受限于企业内部的会计系统。如今,把财务系统架构在云端,企业就可以向合作方、供应商、客户实时共享并索取数据,通过更多维度的数据,更好地对交易进行记录,提高会计处理的效率。在企业内部,也可以实时记录并传输业务数据,打通业务与财务的壁垒。

可以说,云计算在会计领域的应用,为企业搭建了一个分享信息资源、加强业财交流的平台,实现了财务信息的实时共享。在外部,上下游企业间得以实现更多维度的数据交流;在内部,业务与财务部门可以进行资源共享,丰富财务信息的内涵,提升会计信息的价值。

(2) 消除物理限制,节约财务管理成本。早期的会计信息是通过手工处理的,在此过程中会产生大量的纸质原始凭证、账本,信息的使用者需要重复性地对这些纸质资料进行核对、验证、处理、记录。既占用物理存储空间,又不便于对信息进行标准化的存储和归类。会计电算化之后,这一问题有所改善,会计凭证逐渐被电子化,分门别类地存储在各企业、部门内部的服务器上。但这仍然受到存储空间的限制,很难实现部门或企业之间的信息共享,无法做到数据实时同步。

更现实的问题在于,企业搭建这一财务管理系统的成本很高,不仅需要采购服务器、做好配套的机房建设,还要购买成套的财务软件,支付后期的维护、更新费用。这大大提高了中小企业进行财务管理的门槛与成本。

云计算时代,财务软件也得以"云"化。企业只需按年支付软件的订阅费用,即可享受简单、高效、便捷、安全的会计信息服务。同时,在这种模式下，对软件进行维护的不再是企业雇用的专业技术人员，而是云财务软件的提供商，有效降低了企业前期构建系统以及后期维护管理的成本。

(3) **重设财务流程，提高数据质量**。信息技术的发展还改变了业务与财务部门的处理流程。在传统的财务处理流程中，采购部门向供应商下订单的同时，要把订单复印件送到财务部门；质监部门要在采购物资验收合格之后，将验收报告送到财务部门；同时，财务部门还要验证并保存供应商开具的发票。只有当采购订单、验收单、发票三张原始凭证齐全无误之后，财务部门才向供应商支付货款。

云计算的应用重设了财务处理流程，把原本需要多次线下沟通的工作，搬到线上进行标准化。如此一来，企业的采购业务、销售业务、合同签订业务、货物验收业务、财务处理业务都可以在线上完成，原始的文件和票据也可以进行方便的传输和备份。更便捷的是，多个业务汇总的财务数据，会自动依据设定好的运算规则，生成阶段性的报表和实时的图表，管理人员可以随时根据这些信息调整各项决策。云计算有效地帮助企业重设了财务流程，实现对数据和信息的实时归集和整理，降低沟通成本的同时有效提高了财务数据的质量。

(4) **助力协同工作，让远程办公成为可能**。在纸质会计时代，手工账本难以备份，财务人员只能在办公室内完成工作，并且不能同时使用一份原始资料，一定程度上降低了财务工作的效率。在电算化会计时代，虽然把数据进行了标准化的归集，但这些数据仅存储于若干台特定的计算机。如需使用，仍需费时、费力地进行拷贝，极大地限制了财务工作的灵活性。而对云财务系统来说，财务数据实时备份，并且对终端没有限制：无论是 PC 端，还是移动端，都可以通过账号、密码，登录企业的财务系统。从而消除了财务工作的时间和空间限制。

2.3 云计算在财务领域的实践运用

2.3.1 云 ERP 的发展

全球 ERP 市场近年来维持着小幅增长，2011—2018 年复合增速仅为 2.9%，其中的规模增量主要来自云 ERP 而非传统 ERP，云 ERP 在 ERP 整体市场规模的占比由 2011 年的 34.8% 提升至 2018 年的 43.1%，有望逐步占领主导地位。

相比于美国，中国云ERP市场仍处于发展初期，渗透率偏低，但也预示着存在较大的提升空间。在"企业上云"氛围的整体推动下，国内企业信息化需求进一步激发，驱动中国ERP市场快速成长，2010—2018年市场规模复合增速达15.5%，远高于全球2.9%的增速。

在软件国产化的趋势下，国产ERP软件厂商逐步挤压海外厂商份额，占据了主导地位。如今，面对企业灵活部署、数据互联互通的需求，ERP向云端转型已成为大势所趋，国产ERP厂商通过及早转型有望继续维持优势：①政府以及企业用户的信息安全意识增强，加速了国产化替代进程。②国内厂商的技术及服务能力与海外厂商的差异减小，且具备更低成本、更快实施的特点；此外，国内厂商专注本地市场，其系统构架及应用更符合国内企业定制化的需求。

目前，用友、金蝶、浪潮在中国ERP市场合计占有超过60%的份额，也是云ERP厂商的主要代表。这三家企业实施云转型战略的时间点和进展虽然存在差异，但目前均已相继建立了覆盖大、中、小微企业的云产品体系它们的产品对比见表2-2。

表2-2 浪潮、用友和金蝶产品对比

类型		浪潮国际	金蝶国际	用友网络
传统ERP	大型企业	GS	EAS	NC
	中型企业	PS	K/3	U8
	小微企业	无	KIS	畅捷通T
云服务	大型企业	GS Cloud	苍穹云	NC Cloud
	中型企业	PS/GS Cloud	星空云	U8 Cloud
	小微企业	易云在线、云会计	精斗云	好会计、易代账

金蝶云业务从中小企业市场发展而来，其针对中小企业发布星空云，提供财务、会计、供应链等模块，同时针对小微企业提供精斗云。2017年，金蝶正式发布苍穹云服务，开始发力大型企业市场。

用友网络于2012年首次发布包括协同、财税、支付、营销在内的4款SaaS产品；而后又针对大型企业客户推出NC Cloud，针对中型企业推出云U8 Cloud，横向与纵向相结合，不断拓展SaaS产品线。

浪潮针对大型企业推出GS Cloud，配合人力云、差旅云、电子采购云、税管云等应用；针对中型企业市场，与Odoo合资，依托双方在市场和技术方面的多重优势共同打造 PS Cloud 平台；而针对小微企业，则推出云会计，提供票、财、税、金融、业务一体化的云 ERP 服务。

2.3.2 财务云的发展

在"2019 年影响中国会计从业人员的十大信息技术"评选中，财务云以 72.1% 的支持率蝉联第一名。这说明，基于云计算等数字技术的财务云，已得到会计从业人员的广泛认可。2019 年影响会计人员的 10 项技术，如图 2-9 所示。

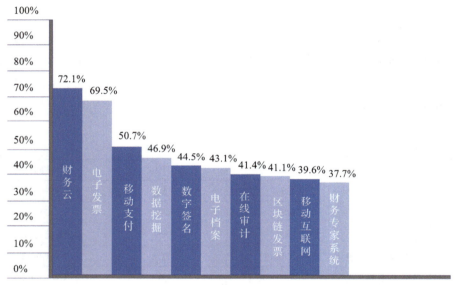

图 2-9　2019 年影响会计人员的 10 项技术
（资料来源：上海国家会计学院）

财务云一词最早由中兴财务云于 2011 年正式提出。中兴通讯作为全球领先的综合性通信制造业上市企业之一，自 2002 年开始着手筹备并于 2005 年正式成立了国内第一家财务共享服务中心。2010 年，在一次预判云计算技术发展趋势的研讨会中，中兴通讯财务共享服务团队提出，云计算将对未来的会计工作产生重大的影响，财务共享服务的下一步将走向云端，实现随时随地任意接入。2011 年，中兴通讯财务共享服务中心正式更名为财务云，并提出了"5A"服务理念，即任何时间（Anytime）、任何地点（Anywhere）、任何人（Anyone）都可以通过任何工具（Any Device）来获得财务服务（Anything），这就是财务云概念的首次正式提出。

某种意义上来说，财务云是云化的财务共享服务。财务共享服务中心的建立是财务转型的第一步，这一步实现了财务组织与职能的再造。企业能够在共享中心的基础上，建立"三分天下"的财务管理体系，即战略财务、业务财务、共享财务。战略财务从集团层面发挥控制和管理职能，负责计划和政策的制订，为企业的经营管理提供决策支持；业务财务深入业务单位，成为一支深入价值链的财务团队，对业务单位提供业务管理支持；共享财务则处理企业的基础核算业务，将分散、重复、大量的财务核算业务进行集中处理，实现标准化、专业化和流程化，为战略财务和业务财务提供支持。

随着数据量的膨胀，架构在集团内部的财务共享服务中心面临容量有限、灵活性差等问题，而依托于云计算技术，将财务信息系统部署在云端形成财务云，就能解决这一问题。除了自建私有云，企业还可直接按需向第三方云服务商订阅标准化的财务云系统，大大降低了中小企业财务转型的门槛，省去了自行部署的成本。

当然，财务云也不仅仅是简单地把财务共享服务云化，它更是新兴数字技术在财务领域的应用集合。财务云融合了云计算、大数据、人工智能、移动互联网、物联网等信息技术的功能，有望成为企业的大数据中心，帮助企业建立财务与业务的广泛连接，将企业经营过程中记录的海量数据，进行采集、处理与挖掘，转化成信息、沉淀为知识、凝结成智慧。为管理层提供经营决策支持，为实现企业数字化赋能。

2.3.3 财务云典型应用

随着越来越多的传统 ERP 服务商向云端转型，以及新兴的财务共享服务商出现，财务云市场的 SaaS 服务也开始表现出差异化。

2.3.3.1 中兴新云：以共享服务为起点，实现财务数字化转型

中兴新云 FOL 财务云信息系统（见图 2-10），基于中兴新云团队多年沉淀的财务共享服务管理理念以及信息化建设经验形成，是企业建设财务共享服务、推动数字化转型的重要工具。FOL 财务云信息系统以财务共享为核心，集合费用、采购、销售、核算、资金和税务六大体系，采用成熟、主流的 IT 技术框架，通过各个系统的互联互通，实现了业务数据的自动采集与财务处理的智能高效，以帮助企业发挥数据价值。

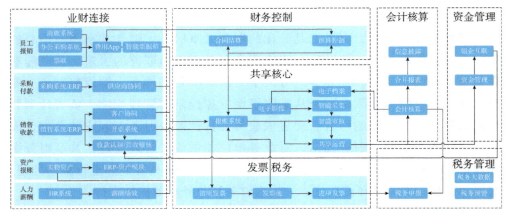

图 2-10 中兴新云财务云信息系统

(1) 智能采集模块。票联系统：电子发票通过微信、支付宝卡包获取、纸质发票混合拍照识别等方式采集各类票据信息。对接税局系统自动验真、验重，并可对旅客运输服务发票自动算税，为企业客户提供发票归集和验真、验重解决方案。

电子影像系统：实现电子信息采集、影像传输、集中存储和调阅管理，系统可扩展支持各类影像（如合同、财务报表和银行回单）的采集、管理和调阅，配合报账系统搭建基于影像的电子审核模式。

智能采集系统：基于机器学习，为各类影像建立分类模型，利用 OCR 技术将单据影像转换为结构化数据，辅之以自定义的手工录入模板数据，实现全方位电子信息采集、全单据价值数据整合。

(2) 报销&报账模块。费用 App：集事前申请、发票归集、费用报销、业务审批、费用分析等功能于一体，打通业务财务壁垒，为员工提供个人费用移动报销的全流程服务。

智能票据箱：票据收集的远程自助服务终端，打通了移动智能报销中实物单据流转的断点。员工融合使用票联系统、费用 App 与智能票据箱，即可通过一部手机轻松完成发票采集、在线填单、单据投递的报销全流程。

报账系统：员工费用、供应商、客户、资产、总账、税金、薪酬等财务报账业务一体化处理平台；可结合基础数据平台、数据中台、预算控制系统，加强财务对各类开支的合理合规性管控，提高业务流程的效率。

(3) 财务控制模块。合同结算系统：统一管理合同收付款计划，实时全面监控合同执行阶段的收支情况、发票进度等，关联合同数据与业务数据，帮助企业高效安排收支计划，防范管控资金风险。

预算控制系统：支持预算执行过程管控，保证业务部门各项开支均在预算范围内进行。主要功能包含预算模板定义、预算导入、预算复核、预算调整、控制规则、预算分析等。

(4) 资金共享模块。银企互联系统：支持银行账户的集中管理、资金不落地支付以及银企自动对账。对接企业财务信息系统和外部银行，减少支付和对账的手工工作量，降低差错率，提高资金支付和管理效率。

资金管理系统：资金计划、调度、结算和投融资管理等的平台，支持企业财务部门、财务公司等多种应用模式，实现集团层面的资金集中、提高企业资金流使用效率、降低资金风险。

(5) 税务共享模块。发票池：对企业生产经营过程中涉及的全类型发票进行集中管理，基于汇集的全票面信息、发票状态、报账信息、合同及关联信息等，深度挖掘发票价值，实现发票管理的便捷化、智能化，辅助企业经营决策。

进项发票管理系统：一站式解决企业进项发票的采集、签收、验真、报账、认证、抵扣、监控等全流程电子化管理，实现自动化和数字化的进项发票管理。

销项发票管理系统：通过管理平台或数据接口，获取开票数据，实现自动开票、生成报税数据、完成增值税调节表等，彻底消除发票流程中的重复工作，保证数据的一致性，将数据的效用最大化。

(6) 财务运营模块。共享运营系统：共享运营系统是共享中心作业平台、财务业务统一处理平台、共享中心运营管理平台。系统内置任务调度机制、绩效管理机制、运营监控机制及统一会计引擎等，使得共享中心运营更为高效。

智能审核系统：基于获取的结构化数据，依据审核规则智能校验数据逻辑的一致性、合规性，推动从报账到审核、支付、记账的全流程智能处理，极大地减少了财务人工作业，防范人工审核的遗漏和失误，降低财务运行成本，提高审核效率与质量。

电子档案系统：基于安全性、实用性和开放性原则，将财务与业务相关系统产生的各类信息、纸质单据转化为电子档案，减少实物档案的邮寄成本和保管成本。对电子档案的归档、借阅、销毁全流程进行规范管理，并实现了会计档案的电子、实物借阅管理，提升档案管理效率，保障档案管理的安全。

(7) 采购共享模块。采购共享—智能应付云：采购共享—智能应付云以采购的应付管理为聚焦点,以贯穿采购交易的结算/开票、对账/付款、认证/报税全流程为主脉络,以供应链上下游企业围绕支付的线上智能协同为手段,重点解决集团企业客户的采购和财务业务部门面临的结算难、开票难、付款难以及支付数据管理难等一系列问题,并有效提升应付管理效率、管控涉税合规风险等。

(8)营收共享模块。收款认领/营收稽核系统:聚焦企业收款环节,对银行收款流水及票据进行清分认领,根据对账规则自动进行银企对账。同时,对采集的营收数据进行匹配复核及稽核,进行差异处理,提高企业财务核查能力,确保收入及时准确地认领、入账。

2.3.3.2 金蝶财务云:全价值链财务服务

金蝶财务云结合了金蝶云多年来在"三多"财务(多组织、多核算、多账簿)、阿米巴、资金管理、全面预算、共享财务、人人费用等领域的积累,采用SaaS模式,深度利用RPA技术、语音识别、图像识别、大数据、云计算等技术,通过引入财务机器人自动化地处理财务相关业务,推动企业智能财务的应用,进一步释放财务核算,使企业财务管理进入一个更高的层次,同时能更及时、准确地收集企业运营信息,对企业绩效进行反馈监督,以便及时调整管理策略,体现信息的使用价值,如图2-11所示。

图2-11 金蝶财务云支持场景

(1) **智能收款**。金蝶财务云实现销售收款驱动收款单自动生成,或通过移动端轻应用销售收款直接生成财务云的收款单;设置相应规则后,定时自动接收关联网银的收款信息,同时自动匹配生成对应客户的收款单,实时自动完成收款核销操作,提高收款效率。

(2) **智能付款**。金蝶财务云通过银企互联技术,程序化企业原有付款流程,同时结合大数据分析技术,让企业付款业务更智能、更安全、更快捷。供应商应付款自动根据发票、入库、订单等信息智能匹配,完成付款审核并自动提交付款。员工费用报销付款,自动根据发票和报销单匹配的一致性,参考员工信用档案,完成付款审核并提交付款。

(3) **智能对账**。金蝶财务云智能对账功能可大大减轻出纳的工作,支持自动下载银行电子对账单,智能匹配企业方相关记录,并自动进行日记账与银行账的勾兑工作,同时发送余额调节表给出纳进行核对,也支持与总账的自动对账及自动生成对账报告。

(4) **智能预警**。通过金蝶财务云监控平台设置费用、应付、应收、发票、成本等监控方案,采用比率分析、比较分析、因素分析及多种分析方法,对企业的经营活动、财务活动等进行分析、预测、预警,以发现企业在经营管理活动中潜在的经营和财务风险,并在危机发生前发出警告,督促企业相关管理部门采取有效措施,避免潜在风险演变成损失,实现财务关键数据智能预警,为改进经营决策和有效配置资源提供了可靠依据。

(5) **智能报告**。金蝶财务云通过成本云巡检主动发现问题并出具"智能云报告",高效拉通运营平台、客户服务、研发相互协作机制,快速、智能地解决客户问题。对于应用问题,根据云报告出具的优化方案,客户或者伙伴可以自行处理,也可以接入"在线客服";对于数据问题,可以通过云报告快速生成数据问题并提交问题;对于核算中断问题,可以批量接收云报告异常信息,主动修复问题。

(6) **智能结账**。金蝶财务云采用智能的月末结账处理方式,出纳、应收和应付业务系统结账时支持将未审核的单据自动挪到下一期间。总账结账所有凭证自动与业务进行核对,系统根据核对结果发出核对报告,并且可将重复的凭证生成模板,每月可定期生成记账凭证;对于期末调汇、折旧计提及损益结转等自动处理,无须人工操作,大大缩短了结账时间。

(7) **智能记账**。金蝶财务云通过智能会计平台可批量自动生成所有业务所对应的凭证,根据设定的规则自动匹配现金流量项目,无须人工进行干预,保证了财务与业务数据的一致性和及时性。金蝶财务云支持发票扫描记账功能，即通过扫描发票自动生成凭证，大大减少了财务记账的工作量，让财务工作更加简单、高效。

（8）智能核算。金蝶财务云可以定制各种核算规则，设置核算范围、方式以及核算步骤，并可设置定时自动完成所有的成本核算，同时发送相应的合法性检查报告、成本核算报告、成本异常监控和预警，同时通过业务云巡检，进行数据库的自我修复和优化，发送相应的巡检结果。此外，还引用智能机器人，帮助企业从时间、范围等多个维度实现更快速、更智能的全面成本管理。

（9）智能收票。金蝶云财务机器人直接连接金税系统，每天自动进行收票、验证、认证，获取后自动完成应收单匹配核销；自动发起付款申请，无缝连接后端银企支付系统；普票可以通过拍照、扫描方式进行数据的自动采集，如图2-12所示。

在发票认证方面，机器人可以快速解析电子发票内容，自动连接税务系统和电子发票平台服务商，识别电子发票的真伪，更新最新报销入账情况，杜绝假发票、重复入账发票。

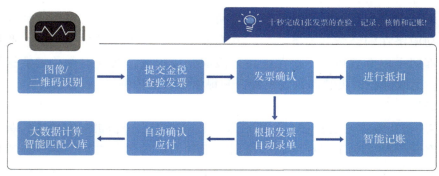

图2-12　金蝶财务云智能收票示例
（资料来源：算力智库）

（10）智能开票。金蝶云财务机器人在收款完成后自动触发开票流程，通过与金税系统的连接，实时开票和打印发票。在发货完成后，系统自动完成对应应收单开票核销，此外还可以通过客户对账单自动完成开票操作。

2.3.3.3　用友财务云：实时会计、智能财务

用友云财务服务基于前沿的云计算、大数据、人工智能等技术，基于事项法会计理论、基于社会化商业新范式，为企业提供以智能报账、智能核算、智能影像、电子会计档案为核心的财务服务，帮助企业建立具有连接、融合、

实时、智能新特性的财务云应用。用友智能报账服务平台如图 2-13 所示。

(1) 智能报账服务。需经过事前申请、服务预订、自动报账、对账开票、付款结算、自动核算、报告分析几大步骤，提供端到端的一站式报账服务与连接服务，打通申请、审批、交易、报账、支付、核算、报告所有环节，无缝对接主流财务软件，实现会计凭证、业务单据自动生成实时联查，减少财务操作。用友智能报账服务的特点有：①消费记录随时、随地、随手记录。②第三方平台数据自动导入，透明合规。③自动匹配报账类型，去除冗余报账内容。④实时分摊，费用准确归属。⑤碎片化审批，高效便捷。

(2) 智能核算服务。用友财务云内嵌多种会计业务机器人，如凭证机器人、记账机器人和月结机器人等，实现会计处理的自动化，告别低效率重复劳动，释放财务生产力至管理会计和战略会计；融合业务云、ERP 业务系统，通过智能会计平台机器人自动实时生成凭证，为企业提供自动化实时核算服务；借助业财融合一体化及核算自动化，实现数据实时更新、账表实时生成功能，利润趋势、收入趋势、费用趋势、经营情况、杜邦比率和关键指标等数据一目了然、及时把控。

(3) 电子会计档案与智能影像服务（见图 2-14）。提供会计档案的电子归档、存档、查阅等服务，诸如凭证、账簿、财务报表、原始凭证影像、电子发票等资料都可直接电子归档。除了单纯的归档外，还具备管理、调用、统计分析等档案管理标准功能，充分实现会计无纸化功能。智能影像服务主要提供影像采集、影像处理、影像存储和影像查阅等服务。

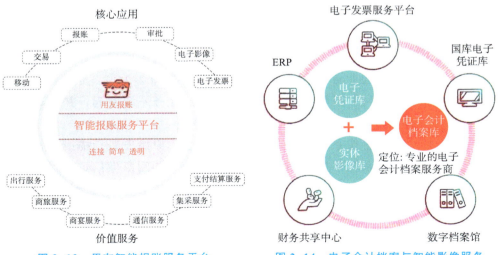

图 2-13　用友智能报账服务平台　　图 2-14　电子会计档案与智能影像服务

2.3.3.4 浪潮财务云：柔性共享，精细管控

浪潮认为，财务云是财务共享管理模式与云计算、移动互联网、大数据等技术有机融合的结果，建立集中、统一的企业财务云中心，可实现财务共享服务、财务管理、资金管理三中心合一，支持多终端接入模式，实现"核算、报账、资金、决策"在全集团内的协同应用。

浪潮财务云信息系统（见图2-15）包括财务共享云、税管云、报账云。财务共享云注重业财融合，支持网上报账、预算管理、集成商旅管理、电子发票、税务管理、电子影像、资金管理等全面财务管理内容，结合企业管理及信息化应用现状，与财务共享五级成熟度模型相匹配，为不同的企业量身打造财务共享云。

图2-15 浪潮财务云信息系统

浪潮财务云实现了业财资税一体化，为企业夯实了横向管控基础。浪潮财务云通过横向打通业务系统与财务共享平台（见图2-16），实现业务同源入口。也就是说，网上报账业务单据直接来源于业务系统发起，并且通过建立联查追溯机制，能够提供全价值链财务管理支持。

浪潮财务云将影像系统与报账系统紧密结合，原始发票扫描或者拍照传入影像系统，保障系统单据流转的每个节点可随时调阅影像信息，解决共享模式下跨地域业务处理的难题，实现票据影像与实务统一管理，打通全电子化、可视化的财务共享中心业务流程。

此外，浪潮还结合多个行业税制改革实施细则和政策的管理要求，沉淀业财资税一体化业务需求，构筑了全面税务管理解决方案（见图2-17）。帮

图 2-16　浪潮财务云横向打通业务系统与财务共享平台

图 2-17　浪潮财务云构筑全面税务管理解决方案

助企业建立税务风险控制体系，实现合规、准确的纳税，提供税务风险预警。同时完善了发票管理体系，规范了税务管理流程，全面提升税务管理自动化程度，发票一点认证、纳税一点申报。

通过上文介绍，浪潮财务云具备以下六大特征。

(1) 管理集约化。通过推进制度、流程的建设及持续优化,实现系统集成、业务集中、人员集中的服务模式,提高工作效率、提升服务质量。

(2) 核算自动化。与 ERP 系统对接，即 ERP 业务完成自动推送核算信息到财务云生成凭证；与资金系统对接，即付款指令发送、付款完成后生成会计核算凭证；与税控系统对接，即影像系统对接实现发票数据提取、进行发票认证、登记发票信息、生成核算凭证。

(3) 业务标准化。利用 ERP 作为主数据的统一入口，通过规范化的作业流程、直连互通的 IT 系统等手段，提供标准化的财务与经营数据，支撑财务核算和经营分析。

(4) 监管可视化。财务共享中心内部拥有工作任务、异常流程的监控和管理功能，能够实时监控各岗位待办任务，各岗位、各员工工作完成情况，实时监控和分析平台内各流程异常情况等，绩效看板实时展示共享中心运营情况，为共享中心持续运营提供大数据分析支撑。

（5）个性开发。在标准产品的基础上，增加符合ERP实际运营的个性化需求，优化共享中心运营。相比传统产品来说，更具有灵活性与适应性。

（6）数据运用。借助大数据等技术，构建多维数据分析体系，搭建分析模型，提升共享中心运营与数据输出能力，更好地提升财务工作的价值，让数据为决策赋能。

★ 本章知识点回顾 ★

概念掌握：云计算、ERP、财务云

问题思考：

（1）云计算模式和传统模式下的IT架构有哪些不同？

（2）企业上云已是大势所趋，请你谈谈企业上云的优势有哪些？

（3）以上几种典型财务云服务的异同点是什么？

实训平台：基于百望云端数字化——DBTP—云税务实训系统

平台模拟从初办企业发行到发票发售、从发票领购到发票填开、从进项发票认证到纳税申报等企业办税的各个环节。学生通过这套高仿真系统的操作训练，掌握云上企业办税的各个流程。

第 3 章
大数据及其对财务的影响

> 云计算和大数据是一个硬币的两面，云计算是大数据的 IT 基础，而大数据是云计算的一个杀手级应用。
>
> ——张亚勤

2015 年，国务院印发《促进大数据发展行动纲要》，从国家层面宣布了数据是中国基础性的国家战略资源，首次将大数据行业定位到国家战略层面，大数据成为推动经济转型发展的新动力，成为重塑国家竞争优势的新机遇，成为提升国民经济发展和政府治理能力的新途径。目前我国在互联网、电信、金融等各大行业领域，都已采用大数据、人工智能、区块链等新技术和应用解决方案，行业价值和市场发展空间巨大。数据类型和来源的拓展之于财务数据来说，一方面提高了财务数据的附加值，使其在企业管理决策中能够发挥更大的预测作用；另一方面，产生财务数据的过程会发生变革，财务数据的准确度和时效性将大幅提升。大数据技术将推动财务数据成为企业最具价值的资产之一。

3.1 大数据概述

3.1.1 大数据的概念

"大数据"这一概念最早公开出现于 1998 年，美国科学家约翰·马西在一次国际会议中指出，随着数据量的快速增长，未来将出现难理解、难获取、难处理和难组织 4 个数据方面的难题，并用"Big Data"来描述这一挑战，并引发了计算领域的思考。大数据权威研究机构 Gartner 认为：大数据是指无法在一定时间范围内用常规软件工具进行捕捉、管理和处理的数据集合，是需要新处理模式才能具有更强的决策力、洞察发现力和流程优化能力的海量、高增长率和多样化的信息资产。

麦肯锡全球研究所给出的定义是：大数据是一种规模大到在获取、存储、管理、分析方面大大超出了传统数据库软件工具能力范围的数据集合，具有海量的数据规模、快速的数据流转、多样的数据类型和价值密度低四大特征。

国际数据公司（IDC）的定义是：大数据是用来描述和定义信息化社会所产生的海量数据，所设计的新架构和技术，并进行技术发展与创新，目的是为了更经济、有效地从高频率、大容量、不同类型和结构的数据中获取相关价值。

综合以上观点，本书认为大数据就是随着数字技术的不断进步所产生的可储存、可分析、可应用的一种数据，是无法通过常规工具在短时间内进行获取、存储、管理和处理的数据集合，具有体量庞大、类型丰富、更新速度快等特征。通过大数据技术，人们得以收集到海量数据，并发现其中的规律或者潜在联系，进而提取出有效的信息。

3.1.2 大数据的类型

3.1.2.1 按数据结构类型划分

按数据结构类型划分，大数据可以分为结构化、半结构化和非结构化数据，见表 3-1。

（1）结构化数据也称作行数据，是由二维表结构来逻辑表达和实现的数据，简单地说就是数据库。这一类数据以行为单位，一行数据表示一个实体的信息，每一行数据的属性是相同的。结构化数据严格遵循数据格式与长度规范，扩展性较差。诸如企业所用的 ERP 系统就属于结构化数据的范畴。

（2）半结构化数据仍属于结构化数据的范畴，但是其结构变化很大，无法仅通过一个二维表来完整描述，也不能简单地将其看作非结构化数据而储存为一个文件，否则会造成信息缺失。企业的财务报表即属于半结构化数据，既具备结构化数据较为规整的特征，又含有一定的信息量，不能单纯地用一个二维表表达。

（3）非结构化数据就是没有固定结构的数据。各种文档、图片、视频、音频等都属于非结构化数据。非结构化数据也是财务数字化转型中新增加的主要部分。随着数字技术的应用,财务部门所处理分析的不再仅是单薄的报表数字,而会包括如竞争对手年度报告中文字部分所表达的情绪、用户产生内容(UGC)所代表的消费者偏好等,以帮助企业更好地进行战略决策。据IDC的调查报告显示,80%的企业数据都是非结构化数据,而这些数据每年都按指数增长60%,海量的非结构化数据将成为数字财务的重要资源之一。

3.1.2.2 按数据来源划分

按数据来源划分,大数据可以分为以下三类。

(1) 来源于机器和传感器的数据。主要包括设备自发产生的数据。

(2) 来源于计算机的数据。包括企业ERP系统、财务信息系统、销售管理系统、客户管理系统、订单系统等产生的数据。

(3) 人为数据。包括邮件、音频、文字、视频以及通过浏览器、社交平台、电商平台等产生的数据。

3.1.3 大数据的特征与精髓

3.1.3.1 大数据的特征

(1) 海量性(Volume)。数据的规模已经从GB级增加到TB级,再增加到PB级,近年来,数据量甚至开始以EB和ZB来计算。2018年全球新产生的数据量为33ZB,一年的大数据体量已经超过了人类上千年印刷材料的数据总量。形象地说,百度首页导航每天需要提供的数据约为1PB至5PB,打印出来会超过5 000亿张A4纸。

(2) 多样性(Variety)。传统IT产业产生和处理的数据大部分是结构化数据,比较单一。而大数据中占比最大的是半结构化和非结构化数据,从XML、博客、邮件、即时消息到视频、照片,均属于大数据的范畴。

(3) 时效性(Velocity)。大数据的产生、处理和分析的速度正在持续变快,如今数据搜集和处理的大趋势是实时化。业界对大数据的处理能力有一个称谓——"1秒定律",也就是说仅需要1秒钟就能够从海量大数据中快速获得具有价值的信息。大数据的实效性和快速处理能力充分表现出它与传统数据处理技术的根本区别。

(4) 准确性(Veracity)。虽然大数据类型繁杂,但是大数据具有关联性,每份数据之间都存在千丝万缕的联系。从不同主体、不同渠道收集的信息可以互相验证、互相辅佐,数据的准确性和可信赖度大幅提高,从而在处理过程中能够更好地提取更具价值的信息，以提高决策的效率。

（5）价值密度低（Value）。数字经济时代，信息感知和搜集无处不在，海量的数据和信息间接导致了价值密度较低的特性，如何结合业务逻辑并通过强大的机器算法来挖掘数据价值，是大数据时代最需要解决的问题。

3.1.3.2 大数据的精髓

（1）大数据包括的是全部数据，而不是随机采样。利用大数据技术，我们有能力分析更多的数据，有时候甚至可以处理研究某个问题所需的所有数据，而不再依赖于随机采样，过往我们通常把随机采样设计看成是理所应当的方案，但不断进步的数字技术让我们意识到，这其实是一种人为限制。而在大数据时代，我们能够突破这种限制，实现数据的全面覆盖和研究。

（2）大数据追求的是大体方向，而不是精确制导。大数据技术发展之前，因为可分析的样本量较小，所以必须尽可能将数据处理精确化，以得到更准确的分析结果。但随着可获得数据规模的扩大，我们对精确度的追求将大大减弱。拥有了大数据，我们不再需要对一个现象刨根问底，而应转向对事物发展方向的判断和分析，适当忽略微观层面上的精确度，会在宏观层面拥有更好的洞察力。

（3）大数据之间是相关关系，而不是因果关系。大数据时代，我们不需要关注于事物之间的因果关系，而可以尝试着探寻事物之间的相关关系。在很多时候，相关关系分析比因果分析更有效率。因果分析通常需要通过耗时、耗力的严格实验来验证因果关系，在传统数据时代，因为样本量不足，我们需要利用因果关系，通过收集和分析数据来验证假设，但有了大数据之后，我们有能力通过改变思维方式，利用相关关系实现更有效率的思考，带来更多新的深刻见解。

3.1.4 大数据未来发展趋势

根据 IDC 发布的《数字化世界——从边缘到核心》白皮书，2018—2025 年全球数据圈将增长 5 倍以上。IDC 预测，全球数据圈将从 2018 年的 33ZB 增至 2025 年的 175ZB，如图 3-1 所示。

继 1998 年大数据这一概念被提出之后，大数据于 2012 年、2013 年达到其宣传高潮，2014 年后概念体系逐渐成形，对其认知亦趋于理性。大数据相关的技术、产品和应用不断发展进步，逐渐形成了包括数据资源与 API、开源平台与工具、数据基础设施、数据分析、数据应用等板块构成的大数据生态系统，行业内的发展热点也从技术逐步向应用、再向治理的方向逐渐推进。下面将从应用、共享、治理三个方面对大数据未来的发展趋势进行梳理。

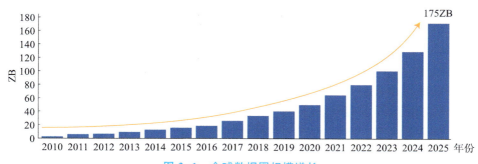

图 3-1　全球数据圈规模增长

（资料来源：数据时代 2025、IDC）

3.1.4.1　大数据的未来——应用

首先，在应用方面，虽然已经有众多成功的大数据应用落地，但就其效果和深度而言，当前应用水平仍然处于初级阶段，大数据未来的发展重点将是能够预测未来并指导实践的深度应用。中国科学院院士、中国人民解放军军事科学院副院长梅宏认为，可以将大数据应用按照数据开发应用深入程度的不同分为三个层次：①描述性分析应用，是指利用大数据总结、抽取相关的信息和知识，帮助人们分析发生了什么，并呈现事物的发展历程。例如，电商平台利用所掌握的客户数据信息，分析不同个体的当下需求、消费能力和消费偏好等。②预测性分析应用，是指从大数据中分析事物之间的关联关系、发展模式等，并据此对事物发展的趋势进行预测。例如，微软纽约研究院经济学家 David Rothschild 通过收集和分析民意调查结果、社交媒体言论等大量的公开数据，建立统计模型，在 2012 年的美国总统大选中，正确预测了 51 个选区中 50 个地区的投票结果，达到了 98% 的准确率。③指导性分析应用，是指在前两个层次的基础上，进一步分析不同的选择将导致的后果，并指导决策进行优化。例如，在自动驾驶技术中，通过分析预设地图数据和雷达、摄像头等传感器的海量实时感应数据，系统能够对车辆不同驾驶行为的后果进行预判，并根据结果来指导车辆的驾驶操作。

当前，在大数据应用的实践中，大多还处于描述性分析应用上，预测性、决策指导性等更深层次的分析应用偏少。随着产业技术的发展和生态的完善，具有更大实践价值的预测性和指导性分析应用将是未来大数据技术发展的重点。

3.1.4.2 大数据的未来——共享

数据开发共享对于大数据的发展来说至关重要。海量、高质量的数据资源是数字经济时代的重要生产要素，而对于单一企业或组织而言，仅仅依靠内部积累很难汇集足够多的数据样本。目前，大数据行业存在现有的大数据平台易用性差，不同行业的数据共享涉及领域内专有知识难以融合以及信息保密的问题，数据平台之间缺少交叉融合，失去了从不同角度观察、认知事物的全方位视角，不利于大数据价值的发挥。因此，未来需要继续向共享开放平台和数据跨域流通方向发展。并且，未来的大数据发展绝不仅仅局限于大数据自身的共享，更多的是与其他数字技术和学科的融合发展。跨学科领域的交叉数据分析与应用将成为今后大数据技术发展的重要趋势。

3.1.4.3 大数据的未来——治理

随着大数据作为战略资源的地位日益凸显，大数据发展中的短板逐渐凸显，如数据治理体系尚未形成，数据的流通、管控和保护面临挑战；数据壁垒广泛存在，阻碍了数据的共享和开放；法律法规发展滞后，导致大数据应用存在安全与隐私风险等。这些治理方面的欠缺严重制约了大数据价值的发挥。一方面，数据的流通和共享是大数据价值发挥的必要条件。另一方面，数据的无序流通与共享，可能导致隐私保护和数据安全方面的重大风险，必须对其加以规范和限制。一些发达国家已经出台了规范大数据治理的法规条例。例如，在欧洲，针对部分互联网企业对个人数据的不当利用而引发的隐私安全问题，欧盟制定了堪称"史上最严格的"《通用数据保护条例》，并在2018年5月开始实施。依据此条例，谷歌和脸书等互联网企业开始被指控胁迫用户允许共享个人数据而面临高额罚金。在美国，2020年1月1日《加利福尼亚消费者隐私法案》正式生效，该法案加强了对于消费者隐私权和数据安全的保护力度，提高了美国保护隐私的标准，是美国目前最具代表性的隐私保护规定。在这种立法的大趋势下，互联网平台型企业利用技术优势搜集用户私人数据，传统互联网商业模式将面临重大挑战。

类似地，我国也已经开始在个人信息保护方面开展工作，针对互联网环境下的个人信息和隐私保护问题，我国出台了《消费者权益保护法》《全国人民代表大会常务委员会关于加强网络信息保护的决定》《电信和互联网用户个人信息保护规定》《全国人民代表大会常务委员会关于维护互联网安全的决定》等相关法律文件。2016年11月通过的《中华人民共和国网络安全法》规定了对公民个人信息收集、使用及保护的要求，并明确了个人对其互联网上的个人信息具有更正或删除的权力。中共中央网信办于 2019 年发布了《数据安全管理办法（征求意见稿）》，向社会就相关数据管理问题公开征求意见，我国也在立法和行政法规方面不断完善个人信息和隐私的保护和治理问题。

一方面，完善的监管措施有利于大数据的健康发展，但另一方面，这些法律法规也不可避免地会增加数据流通、共享和利用的成本，对大数据使用过程中的效率有不利影响。因此，我们需要思考如何平衡效率和安全两者之间的关系，在降低风险的同时，不因噎废食，不对大数据的挖掘和共享造成过多的负面影响，是当前全球在数据治理中所面对的共有课题。

3.2 大数据对财务的影响

大数据时代给社会各个领域或行业都带来了一定冲击，财务部门作为处在企业内部连接各个业务部门的关键节点，所要面对的是更加海量、复杂和多变的数据内容，传统的财务管理方式需要发生变革以适应大数据时代下的标准。陈冬华教授指出："财务部门一直是组织中处理数据的部门，随着其所掌握数据量的爆发，将自然成长为企业的数据部门；财务领导者也将凭借独到优势，为企业经营和发展提供专业洞见。"

为了有效地应对挑战，企业的财务管理模式必须进行变革和创新。

(1) 大数据能够促进财务部门的职能发生转变。传统的财务部门把财务人员的职责定位为整理凭证、管理账目、制作报表、归档等工作。但在大数据时代，财务部门作为企业的数据中心，财务核算不再是工作的重点，挖掘数据、分析数据的技能渐渐成为财务人员的必修课。利用大数据核算业绩、监察内控、管理预算、计划激励、管理投资等管理类工作将成为新的工作重点。另外，不同于过往只能依靠历史的、结构化的报表数据，大量非结构化、碎片化的外部数据将成为会计决策的基础数据来源，尤其是与管理决策密切相关的宏观经济环境变化、行业发展动向、消费者偏好及倾向、员工行为特征变化等非财务数据，将有效提升管理决策的反应速度和效率。

(2) 大数据逐渐模糊了财务部门和业务部门的界限。在大数据技术的应用下，企业各职能部门之间的信息孤岛将被打破，从而建立起互联互通的内部数据共享中心。企业将拥有更多样、更全面的数据来源，未来财务人员将更熟悉企业业务运营情况。一方面，财务的成本核算数据、消费者调查数据、竞争对手分析数据等可以支撑业务更好地发展；另一方面，了解业务部门的商业逻辑和生产、销售的具体流程，也有助于财务更好地为企业战略管理服务。

（3）财务部门将从相对滞后的后端走到企业前端。 传统财务在企业中主要起到的是总结作用。在经营结束后，将企业过去一年的利润情况和年底的资产负债情况作出盘点和分析，这大多是出于解决信息不对称的要求，对于企业发展来说作用并不显著。但是，当财务数据变得更广泛、更及时时，财务部门开始逐渐向企业这台"机器"的前方移动，开始成为"探照灯"，用大数据为企业洞察、预测未来，支持战略层面的管理决策。

3.2.1 大数据对财务的积极作用

3.2.1.1 提升财务数据质量

我们知道，会计计量上有多种方法可以选择，如历史成本、公允价值、重置成本等。但由于谨慎性原则的存在，会计准则在计量上的规定一般是比较保守的，大部分采用历史成本计量，或者只允许下调固定资产等科目的价值，在没有明晰证据的条件下，极少允许上调资产价值。市场瞬息万变，导致了财务报表有时与企业真实的经营情况偏差较大，财务数据无法反映真实情况，失去了应有的价值。

但是，在大数据时代下，企业财务部门和审计人员均可以收到市场上多方面来源的不同信息，通过它们的相互验证，公允价值等数据会变得越来越准确化、透明化、公开化，从整体上提高了会计计量数据来源的可信度。大数据的普及也会对会计准则规定产生一定的影响，有助于财务报表在遵守谨慎性原则的同时变得更加公允。

3.2.1.2 提高财务管理效率

在传统模式下，财务人员通常按月汇总一次会计记录，并整理出具报表，在缺乏技术支持的条件下，难以实现财务数据的实时统计和分析。而通过大数据技术，财务管理能够实现实时一体化汇总企业决策所需信息，如库存数据、生产数据、销售数据、资金运转数据等，管理层可以通过这些数据准确判断企业业务的现时运转情况，及时进行调整。

大数据技术有效地保证了财务管理工作的实时性、准确性以及安全性，给企业的财务决断带来更高效的数据支持，提高了财务管理工作的效率。

3.2.1.3 提高财务管理维度

财务管理以会计信息作为基础。会计信息一般是指对企业财务状况、经营成果和资金变动等信息所做的记录，是经过各部门信息处理之后所产生的间接信息。传统模式下，会计信息所强调的仅仅是企业经营的结果，在依据会计信息做决策的时候难免出现信息滞后等状况。在大数据的背景下，财务部门的信息来源不再局限于企业内部的经营记录，而完全可以掌握企业生产经营的各个环节的资料以及外部相关信息。所以，财务人员可以利用更广泛、更精准的财务信息发挥财务部门更大的价值，大数据在财务领域的应用能够提高企业对成本的掌控能力，进一步改善财务管理状况，为企业的重大决策和效益经营提供全面的信息保障，实现财务管理维度的提升。

3.2.1.4 降低财务风险

要做好财务管理工作，不但要了解企业内部的经营情况，更要关注宏观环境、外部市场和竞争对手的动向。按现阶段的信息收集能力来看，要及时、准确掌握同行的状况是比较困难的。而大数据的应用可以为财务工作提供及时、准确的信息支持，有助于应对内外部可能发生的变化，确保把财务风险降到最低。

3.2.2 大数据给财务带来的挑战

3.2.2.1 对财务人员能力提出更高要求

在大数据时代背景下，各类业务数据都能及时地在网上更新，财务人员必须通过互联网、智能系统或云端等提取数据，对员工的专业知识和信息技术提出了更高的要求。技术进步和大数据的普遍使用增加了财务分析的难度，给财务人员带来了新的挑战，财务人员需要不断提高自身硬实力，增强数据采集和分析的准确性。

3.2.2.2 增加信息保密难度

随着大数据应用范围的不断增加，财务信息安全问题日益突出。由于蚁群算法的固有缺陷，大数据技术在数据集成的拓扑领域面临着保密性的挑战。当前数据的控制一般依靠各类交易密码，而这些密码实质上也是数据的组合，在数据的非线性组合和线路的真空组装模式下，任何密码都只是阻挡"盗窃"

的暂时性举动，是没有超出技术本身的惰性存在。当黑客掌握了源代码的介质性接洽技术后，剩下的就只是数据搜集工作，信息安全将面临极大风险。

3.2.2.3 为财务管理安全带来考验

目前，我国数字财务软件还处于发展阶段，大多数软件商着重于功能的开发，较少顾及软件安全问题。从外部来说，财务软件面临黑客攻击和病毒侵袭的问题，可能会出现系统瘫痪、数据丢失等财务管理的风险。从内部来说，操作软件的财务人员能力参差不齐，任何一个环节的失误都会对企业财务安全造成威胁。并且，随着大数据的应用，企业需要不断调整以适应财务转型，变革的过程中很可能存在内部控制的漏洞，企业内控存在失效的可能性。

3.2.3 大数据背景下的财务管理对策

3.2.3.1 建立完善的财务管理信息化制度

在大数据时代背景下，企业可获得的数据体量呈几何式增长，企业必须不断地提高自己的对数据的管理能力才能适应越来越激烈的市场环境。首先，企业需要对财务管理理念进行更新，坚定财务改革的信心。其次，为了充分利用大数据技术来及时把控业务情况并了解外部环境变化，企业及早制定适合自身实际情况的财务管理信息化制度是必要的。最后，企业需要优化内部网络环境，构建财务管理信息数据平台，并完善相关程序执行和内部控制制度，尽可能降低操作风险，保证财务信息的完整性和安全性，为大数据在企业财务部门的应用建立制度基础。

3.2.3.2 加强企业内部大数据技术应用的建设

企业需要了解大数据的优势并明确自己应用大数据的目的，结合所处行业和主营业务特点，加强与企业实际相契合的大数据应用的建设。在大部分企业的内部财务系统相对落后的情况下，大数据相关应用的升级迫在眉睫。强化企业内部的信息系统建设，实现企业内部各部门数据与财务信息系统的完美对接是大数据应用于企业财务管理的必要条件。

3.2.3.3 提高企业财务管理人员的信息处理能力

大数据时代最大的优势在于企业对于数据的全面迅速掌握，通过财务部门对数据信息及时的处理，把数据中的潜在价值充分发掘出来，有利于科学决策。因此，企业高层必须重视对财务管理人员数据综合能力的培养，加强对管理人员的财务技能、计算机水平、战略管理知识的培训活动，确保管理人员具备足够的知识和能力来对数据进行挖掘和分析，能够实时获知企业内外部情况并发现经营过程中出现的问题，为企业管理层的战略决策提供全面、有效的信息支持。

3.2.3.4　积极建立数据信息风险防范体系

在大数据时代，企业必须重视保密工作，特别是对涉及商业机密的数据和信息的保护至关重要。因此，在企业进行信息化建设、享受大数据技术便利的同时，需要加强内部控制，明确各岗位职责和授权审批权限，提高全体员工的数据信息风险的预防意识。为有效规避网络风险，企业还应当建立一套完整的网络防御体系，防止恶意盗取和攻击。在实际操作中，要加强对财务人员的培训，如财务人员管理企业内部数据的过程中，要进行定期备份操作，以免计算机系统出现故障等给企业带来无可挽回的损失。

综上所述，大数据时代财务领域的机遇与挑战并行，企业应当与时俱进，善于利用大数据技术带来的强大助力，让财务管理工作变得更加科学、高效。通过财务管理意识的转变，不断完善企业财务管理制度，加快财务管理信息化的脚步，培养出适应大数据时代的财务管理人才，促进企业财务转型，从而实现更健康的企业发展。

3.3　大数据在财务领域的实践运用

大数据技术在新兴数字技术中属于应用落地范围较广的技术之一。从电商平台的"猜你喜欢"，到抗击疫情、城市建设，大数据遍布我们生活的方方面面。大数据与云计算、区块链、人工智能等技术结合，发挥出更大的功能。下面从企业财务管理和金融两个方面介绍大数据在财务领域的应用。

3.3.1　企业财务共享大数据

在会计工作中应用大数据思维与技术，首先要明确需要搜集什么样的数据，通过什么渠道来搜集数据；其次，要解决如何分析、搜集、整理数据的问题；最后，要思考如何利用这些数据提高会计服务能力。

现阶段，建设财务共享服务中心是广泛搜集生产经营和财务数据的一种重要方式。在现行的财务会计核算方式下，业务数据与财务数据的记录、储存和分析是分开的。财会人员目前处理的是会计核算系统中记录和储存的数据，对业务部门的数据了解不多，更不会去进行深入分析，所以财会人员与业务部门是相互独立的。而通过财务共享服务中心，财会人员能够得到全面、系统的各种数据，使财务与业务的联系更加密切，逐步形成财务与业务一体化的格局，为企业提供及时的财务分析、高效的管理控制和全面的决策支持。因此，财务共享服务中心是企业利用大数据技术的基础。

大数据与其他数字技术结合，可以实现更精确的客户信用评估、供应商管理、预算管理等功能，但目前大部分企业财务的大数据应用发展阶段还停留在数据搜集阶段，数据分析和提高会计服务的能力还需进一步研究和普及。

3.3.2　金融业大数据

金融大数据应用已经成为行业热点趋势，金融的核心就是风险控制，金融机构的风控水平直接影响其净利润和生存能力，而风控是以数据为基础的，大数据应用水平正在成为金融业的核心竞争力之一。

因为数据越关联越共享越有价值，随着数据共享带来的社会效益和商业价值逐渐被意识到，金融行业的数据整合、共享和开放成为趋势。目前，欧美等发达国家和地区的政府已经开放了大量的公共事业数据，在数据共享上作出了表率。中国政府也正在着力推动数据开放，早在2015年国务院《促进大数据发展行动纲要》中即提出，中央政府层面要将金税、金关、金财、金审、金盾、金宏、金保、金土、金农、金水、金质等信息系统通过统一平台实现数据的共享和交换。

大数据目前已经在银行、证券、保险等金融的各个领域落地实施，有助于提高金融机构的风控水平、营销能力和运营效率。

3.3.2.1　银行业

比较典型的银行大数据应用场景主要集中在精准营销、信贷审核、数据风控、产品设计等方面。

在银行的贷款业务中，大数据主要应用在信贷风险评估方面。搜集客户信息的成本和数据来源限制使得传统的金融机构对客户的风险控制能力较弱，为了更好地控制自身的业务风险，目前大部分的金融机构更倾向于向一些国有企业或地方政府支持的项目等具有主体信用的客户提供贷款，但当面对经营情况更为复杂、信用评估更为困难的民营企业时，银行往往表现出"不敢贷"的心理。这既限制了普通中小企业获取资金支持的机会，也限制了金融机构的盈利能力。一个更有效的信用数据搜集处理方式将可以更好地控制贷款逾期率，也能够更好地监控客户的信用状况。

银行可通过将企业的生产、销售、财务、投资等相关信息与大数据挖掘方法相结合的方式进行贷款风险分析，从而对企业的信用额度进行精准量化。借助从外部获取的中国人民银行征信信息、客户社会评价信息、行政处罚信息、收支消费信息、社会关系信息等，通过交叉检验技术辅以第三方验证确认客户信息的真实性，大大降低了银行面临的信用风险。

另外，利用大数据技术，银行可以根据企业之间的借贷、买卖、担保、控参股以及股东间的关系，形成联系各方企业的关系图谱，利于对关联企业进行整体分析及风险控制。知识图谱通过建立数据之间的关联链接，将碎片化的数据有机地组织起来，让数据更加容易被人和机器理解和处理，并为搜索、挖掘、分析等提供便利。银行能够以核心企业为切入点，将供应链上的多个关键企业作为一个整体，评估相关企业供应链的健康度，并为企业信贷审核提供参考依据。

在企业吸收存款和对客理财业务方面，大数据可以帮助银行进行客户画像，从而实行精准营销，提高对不同客户的吸引力，如图3-2所示。例如，银行可以通过参考客户乘坐头等舱的次数、出境游的消费金额、奢侈品消费记录等来发现潜在的高净值客户。通过获得客户在社交媒体上的行为数据、在电商平台上的消费数据，分析人口统计学特征、消费能力、兴趣、风险偏好等指标，可以更有针对性地进行信用卡、理财产品的营销工作。

图 3-2　客户画像与精准营销

3.3.2.2　证券业

证券业的主要业务包括经纪业务、资产管理、投资银行、自营资产投资、财富管理等。大数据的应用主要体现在财富管理和自营业务上。

在自营资产投资方面，大数据可以辅助投资经理获得更广泛的可处理数据资源，构建更多元的量化因子，完善预测模型，帮助投资经理更精准地判断市场行情。例如，大数据技术可以通过挖掘、分析社交网络如微博、专业论坛等渠道上的结构化和非结构化数据，了解市场对特定企业的观感，使得某一个股的市场情绪感知成为可能。另外，券商可以应用大数据技术对数据库内海量的个人投资者样本进行持续性跟踪监测，对单个账户的个股持仓变化、资金流向等指标进行统计和分析，通过了解个体投资者交易行为的变化、投资信心的状态、对市场未来的预期等判断行情走向，从而实现对市场趋势进行更准确的预测。

在财富管理方面，大数据的应用主要体现在智能投顾（见图3-3）上。智能投顾是近年证券公司应用大数据及人工智能等其他数字技术来匹配客户多样化理财需求的新应用之一，智能投顾能够基于客户的风险偏好、交易行为等个性化数据，为客户提供低门槛、低费率的个性化财富管理方案。智能投顾在客户资料的收集、风险偏好的评估、投资方案的制定、方案的执行以及后续跟踪调整等步骤上均采用智能系统自动化完成，降低了人工成本，能够为更多的零售客户提供财富管理服务，拓宽了证券公司业务的市场范围。

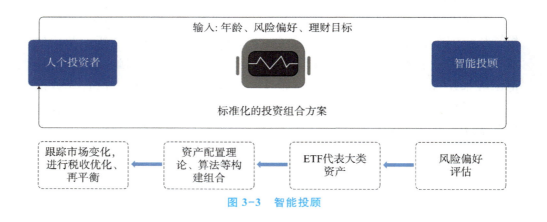

图3-3 智能投顾

3.3.2.3 保险业

保险公司与客户之间通过保险代理人相连接，存在显著的信息不对称问题。现有保险公司的典型模式是在人身险方向上谨慎地与高龄客户签约，对身体健康情况不佳的客户收取较高的保费以平衡风险；在财产险如车险领域，当客户上一期的赔付金额较高时则提高其下一期的保费金额。但这种筛选客户和定价方式终究是滞后的,通过大数据与其他数字技术的应用,保险公司可以更精准地分析客户,进行智能风险定价和骗保识别等,将数字技术嵌入保险业务全流程中。大数据在保险业务中的应用,如图 3-4 所示。

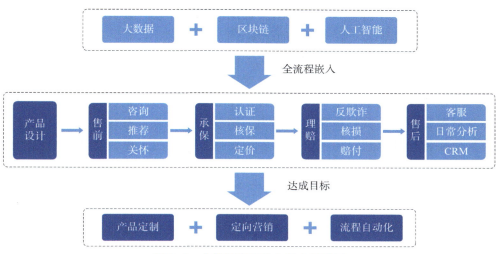

图 3-4　大数据在保险业务中的应用

在承保阶段,通过大数据技术的应用,保险公司有望解决现有的风险控制问题。以车险业务为例,企业可以共享交通监管部门的数据,通过智能监控装置收集投保人的驾驶行为数据,如出行频率、驾驶速度、急刹车频率等;通过社交媒体渠道搜集驾驶者的言论和行为数据,来判断投保人的暴躁程度及性格情况等。以这些数据为出发点,如果一位客户开车频率不高,并且开车十分谨慎的话,那么他可能节省 30%～40% 的保费,这将大大地提高保险产品的竞争力。相反,如果客户脾气较为暴躁,驾驶过程中极易发生剐蹭或追尾等事故,保险公司可以谨慎与其签约或提高相应保费,以降低承保风险。

在骗保识别方面,借助大数据手段,保险公司能够有效识别犯罪分子的诈骗记录,显著提升骗保识别的准确性与及时性。保险公司可以通过建设保险欺诈识别模型,大规模地识别近年来发生的所有赔付事件。通过筛选,从海量赔付信息中挑出疑似诈骗索赔,实现对骗保风险的规避。

3.3.3　大数据应用中存在的风险

毋庸置疑,大数据在财务领域拥有着广阔的发展前景。但是,随着运用越来越广泛，大数据逐渐成为企业重要资产的同时，也让企业或个人仿佛生存在"玻璃房"中，如果数据缺乏有效管理，就有泄露和被有心人利用的风险。

目前，我们面临着数据资产管理水平不足、行业标准缺失、法规政策保障不完善等一系列制约因素。数据具有高价值、无限复制、可流动等特性，一旦系统被恶意攻击，集中储存的大数据泄露，带来的就是企业机密和个人隐私被窃取，甚至引发基于数据的诈骗等犯罪行为。

为推动大数据的发展应用，首先，需要进一步提升数据管理能力，全社会需要建立统一的数据流通闭环，针对各个数据储存节点加强技术保护。企业内部也要完善内部控制和风险管理，保护客户隐私和企业核心数据，不断强化财务领域的大数据应用基础能力，持续完善产业生态环境。其次，行业内要加快标准规范建设，国家需要加快数据安全立法工作，对各类数据的隐私等级进行明确划分。最后，需要在全社会普及数据安全教育，提高客户的数据风险意识和企业使用大数据的安全意识，形成防范大数据风险的社会氛围。

★ 本章知识点回顾 ★

概念掌握： 大数据、非结构化数据、结构化数据、半结构化数据

问题思考：

（1）大数据有哪些特征？

（2）大数据对财务的影响表现在哪几个方面？

（3）大数据在银行业中的应用体现在哪些业务上？如何改进？

（4）大数据在应用中有哪些风险？如何应对？

实训平台：

知链科技大数据信贷风险控制案例，两大类42个区块链钱包与电子发票的知识点，通过网上实践操作保理过程，掌握大数据信贷风控业务全流程，培养学员的大数据思维，提升学员数据挖掘、统计与分析的能力。

第 4 章
人工智能及其在财务领域的应用

> 目前人工智能还只停留在数字智能层面，随着算法和硬件的改进，数字智能将大大超过生物智能，并且这趋势无法阻挡。人类必须与机器合并，以克服人工智能的'存在威胁'。未来我的企业将研究如何将芯片植入人的头骨，从而实现人机融合。我自己有 70% 的机会搭乘 SpaceX 火箭前往火星，将来还可能死在红色星球上。
>
> ——Elon Musk（特斯拉 CEO）

从 2017 年开始，人工智能连续三年被写入中国政府工作报告，而 2019 年的政府工作报告不仅延续了推进人工智能发展的大方向，更首次提出了"智能+"的概念，体现出我国从顶层设计的角度，已经将人工智能视为国家战略中重要的基础设施，通过其与产业的融合，促进经济的高质量发展。人工智能在财务领域的应用成就同样受人瞩目，引发了众多关于财务将何去何从的讨论。几年时间内，银企智能对账系统、单据智能审核、智能风险控制等一系列成果逐渐显现，对财务的智能化转型有着极大的推动作用。

4.1 人工智能概述

4.1.1 人工智能的概念

人工智能（Artificial Intelligence，AI），顾名思义，即人工打造出的智能，属于计算机科学的一个分支，旨在通过研究人类思维方式，归纳人类思考规律，使计算机通过深度学习，能够模仿人类的思考方式，实现人脑的部分功能，替代人脑解决特定问题。深度学习是机器学习的一种，通过模式分析方法，建立能够模拟人脑进行分析学习的神经网络，实现机器智能化。它的基本特点是试图模仿人类大脑的神经元之间传递和处理信息的模式。

打个比方，AI就像是某个领域的初级人士，通过吸收大量的知识及深度学习，最终进阶成专家。大数据类似于大脑中记忆和存储的海量知识，这些知识只有通过进一步学习才能创造出更大的价值。云计算则充当大脑，完成对知识进行消化、吸收及再造的任务。AI离不开大数据，更需要云计算帮助完成深度学习。

AI系统具有一定的自适应特性和自我学习的能力，从而根据外部环境、任务和输入数据的变化自主调节参数并更新优化模型。除此之外，AI系统还能够与云、端、人等进行数字连接，实现机器的进化迭代，使系统具有扩展性和灵活性。"自动化"追求的是机器自动生产，强调大规模的机器生产；而"智能化"追求的是机器的柔性生产，强调机器能够自主配合人的工作，自主适应环境变化。

4.1.2 人工智能的分类

按照AI对人类认知的模拟程度，可以将其分为弱人工智能、强人工智能以及超人工智能，三者是递进关系，由于发展目标的不同，带来的也是完全不同的发展路径。弱人工智能突出的是人工智能的工具性，主要思路是借鉴人类的某些智能行为，减轻人类在某些领域智力劳动的负担。强人工智能和超人工智能强调的是"人造智能"，意在研发出具有心智和意识，并能够按照其心智和意识进行行动的人造物或者机器，超人工智能甚至可能造成人工智能对人的全面超越和替代。目前学界和业界的主流观点仍然是发展弱人工智能，人工智能是人类的辅助，目的不是代替或者超越人类智能。

4.1.3 人工智能产业链分析

AI产业链分为基础层、技术层、应用层三个部分，如图4-1所示。

4.1.3.1 基础层

基础层（上游）负责提供支撑AI的设施和方法，是AI发展的基础。主要包括芯片、传感器、算法、大数据技术等。大数据、计算能力以及算法是

图 4-1 AI 产业链分层

（资料来源：平安证券研究所）

拉动 AI 发展的三驾马车，缺一不可。

（1）大数据是 AI 发展的基础，也是计算机模仿人类思考所需的"原材料"。深度学习算法的核心在于获得优质的数据对机器进行训练，因此能否取得目标相关的足量优质数据是 AI 技术是否成功的关键。举例来说，科大讯飞在智能语音领域的重要优势之一就来源于获得了大量优秀的方言数据来学习，因此其语音识别产品能够较好地应对各种方言识别工作，建立了"护城河"。

（2）计算能力主要衡量计算机硬件的性能，是 AI 发展的核心动力。目前这一轮 AI 的繁荣主要来源于算力的大幅提升。随着现实应用中需要解决的具体问题越来越复杂，AI 算法对硬件计算能力的需求近乎无止境。虽然当前芯片技术不断进步，云计算服务越来越完善，但是对于一些高难度和高复杂度的 AI 工作，要训练出足够好的解决模型，依然需要非常大的硬件计算能力，才能完成 AI 的进一步飞跃发展。

（3）算法是一系列解决问题的清晰指令，代表着用系统的方法描述解决问题的策略机制，是 AI 发展的领航图。通过一个算法，能够对符合一定规范的输入，在有限的时间内获得所要求的输出。不同的算法可能用不同的时间、空间或效率来完成同样的任务，因此在 AI 领域，为了使得学习模型在特定应用场景取得较好的效果，往往需要做很多的算法优化，以达到更快的计算效率、更准确的分类概率等。

4.1.3.2 技术层

技术层（中游）是整个 AI 的核心，代表的是基于现有的 AI 算法的具备扩展性的基础性技术，当前在实际应用中达到较好智能效果的主要是语音识别、计算机视觉、自然语言处理技术、知识图谱等。

（1）语音识别是指机器或程序接收、解释声音，或理解和执行口头命令的能力，能够将音频数据转换成文本数据，为信息处理和数据挖掘奠定基础。语音识别广泛应用于办公领域的会议录音转文字、视频处理中生成字幕等。

（2）计算机视觉是通过利用计算机对图像或视频信息进行处理分析，以模拟实现人类通过眼睛观察和理解外界世界的技术。计算机视觉技术相当于给机器安上了具备视觉能力的眼睛，从而替代人类完成部分工作。随着近年来计算机视觉技术在多个领域的应用实现突破进展，目前已成为 AI 最炙手可热的技术分支之一。

计算机视觉的实现，需要大量的图像数据对计算机进行训练，如人类面部图片、静物图片、证件图片等，依靠 AI 芯片和深度学习算法进行归类判断，最终对输入图像进行识别。目前图像识别的核心技术，已经广泛应用于动态人脸识别、人像库实时检索、证件识别等领域，可用于银行、移动支付、安防、交通、无人驾驶、零售等具体场景。

（3）自然语言处理技术（NLP）指的是利用计算机对语言文字进行分析，以模拟实现人类对于语言的理解和掌控的技术。通俗地说，就是机器接受用户自然语言形式的输入，并在内部通过人类所定义的算法进行加工、计算等系列操作，以模拟人类对自然语言的理解，并返回用户所期望的结果。

NLP 由认知、理解、生成等步骤组成。基于数据及知识图谱，计算机通过阅读（知识）自动获取信息，将输入的语言变为有具体含义的符号，再根据使用者意图进行处理，重新编为人类语言输出。与语音识别关注准确度不同，NLP 更强调语言的具体含义及语境，目标是理解句子意图和上下文含义。语音识别技术基本已经依靠 AI 芯片、深度学习算法及麦克风阵列硬件实现应用，而 NLP 仍有很多基础工作要积累，如算法建模、数据标签、知识图谱等。NLP 是实现机器认知智能的关键技术，虽然当前面临较大的挑战，但一旦其取得进步和突破，将对人类社会产生深远的影响。

（4）知识图谱本质上是一种揭示事物之间联系的语义网络，通过整理总结执行任务所需要的知识，并建立这些知识之间的关联关系，最终以图的形式将其表达出来，并对这些知识进行分类、归纳和总结。NLP 和知识图谱是为了解决同一个目的——让机器和人类有相同的思考理解能力，并且机器可以和人类进行拟人化的交互。在实际应用中，知识图谱和 NLP 的使用场景也是一致的，如智能翻译、智能问答等，两者是互相支持的，知识图谱的构建离不开 NLP 对自然语言信息的抽取、NLP 的应用也需要知识图谱的关联分析和推理能力。

4.1.3.3 应用层

应用层（下游）指的是 AI 技术在各个行业中的实际应用，是技术和场景结合落地的环节。目前 AI 应用比较多的下游行业主要包括金融、安防、医疗、智能穿戴等。当前 AI 的应用格局仍在构建中，落地应用星罗棋布，最广泛使用的技术有机器学习、计算机视觉、NLP 等，但落地实际商业场景的不多，且主要方式是依附于企业自身的业务，实现某些局部应用的人工智能化。

4.2 人工智能对财务的影响

4.2.1 降低财务工作强度

AI 的发展，能够简化财务流程，替代过往大量基础性工作，从而降低财务人员的工作强度。受技术影响最大的基层财务人员往往负担着极大的工作量，尤其是报表期末期初的时间。而随着 AI 的逐步应用，很多财务处理的工作可以通过技术和系统自动实现，财务人员可以通过简单的操作轻松处理大量的账务，极大地减轻了工作负担。报销付款、银行日记账等工作可以由 AI 完成，财务人员的工作重心将从会计信息录入、整理等转变至会计信息的筛选、分析、审核等关键环节上。

4.2.2 提高财务工作准确性

一方面，AI 能够极大程度地减少财务领域的人为失误。在传统财务工作体系中，需要人工进行会计信息的筛选及录入等作业，经常会出现如报表不平、往来账不一致等问题。当因人工错误出现偏差时，财务人员只能通过反复核查来找出错误源头，这又进一步增加了工作负担。AI 的应用能够大幅降低人为失误频率，即便在前期会计信息录入环节出现失误，智能系统也会进行实时提示或预警，以帮助会计人员及时更正错误。可见，AI 可以提升财务信息处理的准确性，并提高财务工作效率。另一方面，AI 的出现扩展了传统财务可分析的数据范围，过往受限于人力成本而只能抽样检查的信息和原始凭证，通过 AI 能够实现全覆盖，从而降低财务风险。

4.2.3 提高财务智能化水平

AI等技术与财务理论的结合形成了智能财务管理这种新的财务管理模式，有助于实现高水平的、全面的、多可能的资源优化。在财务智能化时代，信息技术不仅可以代替人类进行数据搜集及加工工作，更可以通过机器深度学习，加强财务数据智能化的分析和运用，帮助财务人员进行智能决策，提高财务智能化水平。AI的发展是实现智能财务的重要推动力。

王兴山提出智能财务应用分为三个发展层次：①基于既定规则的自动化，具体表现为财务机器人的自动对账、智能报告等。②基于对话式用户界面（UI）的数字助理，主要特征是语言交互和人机协作。③基于深度学习的企业大脑，典型场景是以大数据为基础的智能决策和风险内控。

智能财务的发展规律往往是从大型企业起步，经过程序开发升级、与业务系统的磨合等环节，逐渐扩展至中小企业，最后甚至可以实现直接外挂在财务系统上的智能财务管理功能。智能财务管理是数字财务发展的高级形态，将AI等数字技术应用到财务分析、决策领域，实现对财务领域的全覆盖。

4.3 人工智能在财务领域的实践运用

根据德勤会计师事务所的报告，在企业管理的各项职能中，财务管理对于AI的应用和需求是最广泛的，如图4-2所示。

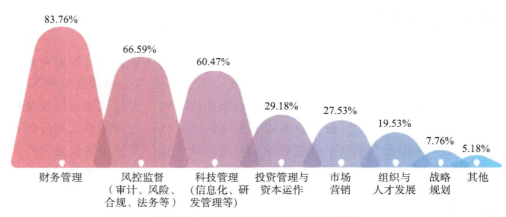

图4-2 AI在财务领域的具体应用比率

（资料来源：德勤会计师事务所）

4.3.1 财务方面的运用

总的来说，AI在财务方面的应用主要体现在流程和决策上。其中，AI有助于简化企业财务处理的流程，减少人工投入从而提高效率；并且，其可以通过精准的数据分析，为企业经营提供高质量预测，并辅助财务管理人员进行决策。

4.3.1.1 OCR技术辅助财务审核

OCR（光学字符识别）技术属于计算机视觉的一种，能够利用光学设备（如摄像机、扫描仪等）将纸质文件上的文字转化为图像，再通过算法将其转化成为计算机能够识别和分析的编码。在传统的财务流程中，需要财务人员投入大量的精力对单据进行审核，一方面费时费力、效率较低；另一方面人工审核的准确性和稳定性难以控制。而利用OCR技术来获取文本高度格式化的单据内容，再利用相关算法实现单据的智能化审核，能够促进财务智能化水平的提升，使财务人员更好地投入到高附加值工作中。

以中兴新云票联系统（见图4-3）为例，员工首先可以混合拍摄多张单据并上传到系统，通过OCR技术对发票分门别类地识别有效信息，此步骤准确率可以达到95%以上。随后，智能审核系统基于设定规则对单据信息进行全方位审核，包括业务真实性、金额合理性、付款合规性、时间匹配性等指标，最后直接对接到报销系统和记账系统中，实现全流程智能化处理。

图4-3 中兴新云票联系统
（资料来源：中兴新云财务云）

4.3.1.2 NLP技术在智慧审计中的运用

审计工作中经常涉及大量结构化和非结构化的文本资料，如业务合同、企业制度、相关法律法规等。面对海量且复杂的文本搜寻核对工作，传统审计不仅需要耗费大量低效的人工劳动，并且人工抽样方法存在审核盲区，增加了审计风险。而 NLP 技术可以快速处理海量的非结构文本数据，提高处理多数据源的审查分析能力，在审计过程中可以替代人工的文本阅读和信息提取工作，实现全面审查。例如，审计人员可以利用 NLP 技术提取合同文本信息等重要内部信息，通过语言模型算法对合同信息和工商经营信息等外部信息进行比对，判断所审查合同对应条款的签订是否符合相关规定，从而筛选出高风险合同进行重点审计。

4.3.1.3 知识图谱协助供应商管理

利用知识图谱进行供应商管理是 AI 在财务中的一项重要应用。知识图谱最有价值之处在于对知识进行学习和开展推理的能力，比起传统的数据库系统，知识图谱在建立复杂的关系网络和实现更高效的关联查询方面更有优势。

比如说，在企业对供应商的筛选活动中，由于信息不对称，企业通常面临着供应商信用的风险等。而采用知识图谱及相关智能财务解决方案，能够在供应商筛选方面为企业带来明显的价值提升。一方面，在招标阶段，企业可利用知识图谱构建的关系网络，结合其他数字技术，自动审查投标供应商的基础信用，排除不合格企业；对入选供应商追溯历史交易记录、股权关系等，以防招标黑名单中的禁入企业利用其隐藏关联方投保；进行分析审核，防止供应商关联企业违反投标问题。另一方面，在供应商日常管理中，利用知识图谱能够自动更新供应商相关信息，实现供应商及其关联关系的维护管理，出具供应商分析报告，提前识别风险，降低企业损失。

4.3.2 金融科技方面的运用

AI 技术在金融领域已经实现了应用落地，AI 已成为金融行业的核心支柱力量。"AI+ 金融"的应用场景主要包括智能投顾、智能风控、智能客服、智慧网点等。

4.3.2.1 智能投顾

智能投顾（见图 4-4）是 AI 技术在财富管理领域的应用，在资产端，其能够结合大数据、深度学习、算法来分析预测金融资产的价格走势；在客户端，智能投顾能够通过一系列算法综合评估用户的风险偏好、投资目标、财务状况等基本信息；最后，结合现代投资组合理论为用户提供自动化、个性化的理财方案。

第 4 章　人工智能及其在财务领域的应用

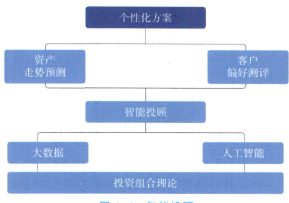

图 4-4　智能投顾

智能投顾的核心环节包括客户偏好测评、资产走势预测、大类资产配置、投资组合构建和后续动态优化等。与人工服务相比，智能投顾具有专业高效、降低服务门槛、分析客观中立等优势。据拓墣产业研究院预测，2020 年全球智能投顾规模将达到 5.9 万亿美元，年复合增长率近 75%；根据 Statista 的预测，中国智能投顾资产规模将在 2022 年达到 6 651 亿美元，年复合增长率高达 87%。

4.3.2.2　智能风控

AI 技术近年来在这些金融行业的合规及风险控制领域得到了广泛应用，与传统的被动式监管相比，AI 和大数据分析技术的结合能够实现对海量数据的实时挖掘，主动发现、智能监控。其中，银行基于 AI 和大数据技术，能够实现线上信贷业务的全流程优化和监控，提升风控能力和运营效率。深度学习算法可利用大数据为用户进行信用画像，从而更加前瞻性地对申请者的未来信用状况进行预判，快速形成对潜在客户的风险评估。AI 可以利用风险评估数据对借贷业务的额度审批、价格制定等作出智能判断，在贷前、贷中和贷后的全流程上实现信贷业务的精细化管理和自动化运作。

证券公司和交易所则更关注于利用 AI 对实时交易违规行为的侦测。由于交易日连续交易阶段的交易数据量大、并发性高，对于机器学习、低延迟性实时计算和复杂事件处理能力是证券智能风控的 AI 设计要点。AI 程序能够根据客户交易行为中的各种指标，如下单次数、下单频率、每单报价、持有标的、资金与持仓信息等来提取特征，使用这些特征通过模型输入、输出该用户所属的类别，从而有针对性地进行异常交易行为的智能监测。

67

4.3.3 人工智能运用风险及应对

当前 AI 正在推动一场全新的工业革命，其影响范围小到个人生活，大到国家安全，在欣喜于新技术带来的生产力的同时，我们必须警惕随之而来的风险。

(1) 网络安全风险。AI 的发展使得网络运行的风险点和攻击方式出现了新变化，因此可能引发一些新型网络安全风险。网络攻击者可通过漏洞控制 AI 算法，实现信息篡改、硬件操纵、盗取数据等目的，造成安全隐患。

(2) 机器反噬风险。实验显示，2017 年美国 Facebook 公司实验室中的两个 AI 机器人使用机器学习相互对话，并不断进行对话策略迭代升级，逐渐发展出了一种机器之间能理解但人类无法理解的语言。随着机器深度学习的发展，我们可能会被迫走到"超人工智能"时代，人类必须警惕机器的思想凌驾于人类之上带来的反噬风险。

(3) 结构性失业风险。AI 在提高社会生产效率的同时，不可避免地会形成机器对低附加值人工劳动的替代，从而导致结构性失业。而被替代的人口多属于社会偏底层群众，易于造成贫富差距加大的结果，增加社会动荡风险。

(4) 道德伦理风险。随着 AI 的普及，通过特定算法全方位了解用户的偏好和需求，为消费者"量身定制"的精准营销正成为商家引导消费的新途径。而此类 AI 应用如果不加以监管，极易对消费者带来信息骚扰和隐私泄露问题。另外，AI 设计者的价值导向和行为偏好易于被有意或无意地反映到算法和数据当中，如果其中包括种族歧视、暴力倾向等不良思想，并通过机器学习被 AI 所承继的话，可能演进为算法歧视，引发道德伦理问题。

AI 是一把双刃剑，但我们不能因为风险而故步自封，为了应对 AI 所带来的风险：①在网络安全防护上，技术人员应加强研究，建立 AI 系统的有效安全防护，抵御网络攻击。②政府应该加速 AI 领域的立法工作，尽快建立行业规范，填补监管漏洞。③社会应该加大职业培训力度，建立再就业指导体系，变"失业"为"再就业"。④要在全社会普及 AI 知识，帮助人们正确对待 AI 浪潮，自觉防范风险。

4.4 财务机器人

机器人流程自动化（RPA）是在人工智能和自动化技术的基础上，依据预先录制的脚本与现有用户系统进行交互并完成预期任务的技术。RPA 通过模拟并增强人类与计算机的交互过程，接管了原有工作流程中的人工操作部分，实现全流程的自动化。其不仅可以模拟人类，而且可以利用各项 AI 技术，实现一些之前必须人工处置的自动化操作目标。

财务机器人（见图 4-5）是 RPA 技术在财务领域的应

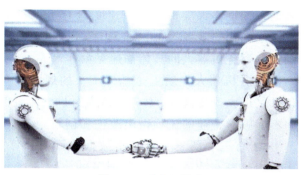

图 4-5　财务机器人
（资料来源：中国会计视野）

用，能够在企业财务流程的特定环节代替人工操作和判断，在一些具有明确规则的重复性工作中可以充当企业的虚拟劳动力，提高业务处理的效率和质量，促进财务转型。

4.4.1　财务机器人与人工智能的关系

首先，我们明确 RPA 其实并不是 AI。RPA 和 AI 都能在一定程度上替代原有的人工劳动,但是二者有很大的区别。RPA 只能依靠固定的脚本执行命令，并且进行重复、机械性的劳动；AI 结合机器学习和深度学习具有自主学习能力，通过计算机视觉、语音识别、自然语言处理等技术拥有认知能力，可以通过大数据不断矫正自己的行为，从而有预测、规划、调度以及流程场景重塑的能力。

以四大会计师事务所之一的德勤开发的财务机器人"小勤人"为例（见图 4-6），"小勤人"已经正式投入使用，作为一个 7 天×24 小时的超级员工，

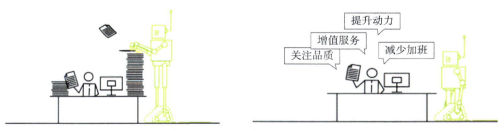

图 4-6　"小勤人"来到你身边
（资料来源：德勤管理咨询有限公司）

其处理速度是人类员工最快速度的 15 倍以上，它能够帮助财务人员完成大量重复规则化的事务，如开票、记账、盘点等，提高处理效率、节约人力成本。"小勤人"财务机器人的具体描述见第四篇。

财务机器人实质上是基于统一的规则并自动执行的程序，它不能自适应条件之后去改变规则，财务机器人对过去流程的替代效应，极限就在流程本身，并不能够对企业的流程做出改进和创新。

AI 有三个要素，分别是数据、算法和算力，符合 AI 标准的智能财务也需要由这三点出发。智能化财务的应用场景，需要将云计算、大数据、AI 等相关的技术充分运用到财务的场景中，同时根据输入和深度学习改进原有流程，对企业流程有重塑价值。因此，财务机器人很难称之为真正的 AI。

例如，AI 应用于报销流程时，类似于使用打车软件出行时员工不需要自行支付，只要智能审核后符合要求的公务出行，可以不需要报销而直接在财务流程中进行支付，这相当于实现了零报销、零垫付，对现有的财务流程产生了极大的改进。反观财务机器人，在报销环节，只能基于现有流程，帮助财务人员进行审核付款等重复性的工作。

总的来说，财务可以分为财务服务和财务决策两个方面，其中财务机器人减轻了人的工作负担，通过录入流程并自动执行，它只解决了财务服务的问题。但智能财务能够进一步改变企业运营流程，更是解决了财务决策问题，这必须由人工智能技术来解决。

4.4.2　财务机器人的产生和发展

RPA 在欧洲和美国已经存在了好几年，但是在大多数金融机构中，它只是一种最新引入的业务工具，处于试用或早期实施阶段。Gartner Research 报告称，全球 RPA 软件市场在 2018 年增长了 63.1%，达到 8.46 亿美元，预计 2019 年将达到 13 亿美元，到 2022 年底将达到 24 亿美元。Forrester 估计，到 2021 年，将有超过 400 万个机器人从事行政工作、销售及相关任务。

RPA 是一个软件开发工具包，它允许非工程师快速创建软件机器人来自动执行规则驱动的业务流程。RPA 系统的核心是模仿与内部 IT 系统交互的人工干预。它是一种非侵入性应用程序，要求与现有 IT 设置的集成最少，通过取代人工来执行例行的任务以提高生产力。具有劳动密集型流程的企业能够通过 RPA 增强其功能并节省资金和时间。

4.4.3 财务机器人的功能和优劣势

4.4.3.1 RPA的功能

目前已有不少企业在办公领域采用RPA以取代一些重复和烦琐的日常流程，RPA被应用于财务、采购、供应链、客户服务等众多职能领域和金融、保险、零售等行业领域。财务机器人则是RPA技术在财务领域的具体应用，其针对财务的业务内容和流程特点，以自动化替代手工操作，辅助财务人员完成交易量大、重复性高、易于标准化的基础业务，从而优化财务流程，提高业务处理效率和质量，减少财务合规风险，使资源分配在更多的增值业务上促进财务转型。具体来说，财务机器人具有以下四大功能：

(1) 数据的搜集与记录。对于数据搜集与记录工作来说，财务机器人具有全面无遗漏、准确无错误、效率较高等优点，而财务中一些数据的整理工作又是高度流程化的，适合财务机器人来做。以企业资金管理流程中的银企对账环节为例，财务机器人能够从网银系统中搜集到银行流水、对账单等数据，再通过企业财务系统抓取账务数据，自动进行核对，并出具银行余额调节表，从而完成银企对账工作。对账财务机器人替代了原有的人工操作，能够提高对账准确率和执行效率。

(2) 平台的上传与下载。上传与下载的核心在于后台对数据流的接收与输出，属于高度流程化的作业，财务机器人可以按照预先设计的路径，登录内部、外部数据平台，进行数据的上传和下载操作，完成数据和文件的自动接受与输出。

以企业税务管理流程中的开票环节为例，财务机器人可以进入财务系统和业务系统下载开票信息，辅助开票操作，之后再上传至税务系统进行报税，实现开票的自动化处理。

(3) 数据的校验与分析。数据校验是财务流程中烦琐却重要的一项工作，财务机器人可以按照既定规则帮助核对财务数据，从多口径、多方面相互验证，对异常数据进行预警，降低错报概率。

财务机器人还能够进行程序性的财务指标分析，通过抓取原始数据，直接生成盈利能力、偿债能力等指标，通过对比进行初步的财务分析。

(4) 信息的监控与输出。在财务处理的流程中，财务机器人可以辅助财务人员，对需要通知、跟催供应商、客户、员工的事项，如员工报销处理进程、客户欠款逾期等，进行自动监控和信息发送。

4.4.3.2　RPA 的优势及局限性

对比传统的财务运作方式,财务机器人的应用具有众多优势:①提升运营效率,一方面财务机器人对数据的处理速度大于手工操作,另一方面自动化程序不受情绪、体力和劳动时间的影响,可以 7 天 ×24 小时保持高效工作状态。②促进财务转型,减少人力资源耗费在重复性工作上的时间而转向高附加值工作,实现财务部门的价值增值。③财务机器人还具有操作稳定、成本低廉等优势。但是,在财务机器人为企业带来众多收益的同时,我们必须认识到财务机器人的局限性,如无法处理异常事件。在企业业务或流程发生变化时,需要专门对财务机器人的工作规则进行修改优化,对企业人员的素质和技能提出了更高的要求。

4.4.4　财务机器人的应用

财务机器人的应用场景需要符合两大要点:大量重复(让 RPA 有必要)、规则明确(让 RPA 有可能)。在这种背景下,财务机器人可以广泛地应用于企业财务的各大流程中。

4.4.4.1　费用报销流程

费用报销流程是财务共享服务中心实施最为普遍的流程,也是财务机器人使用最广泛的流程,如图 4-7 所示。

(1) 报销单据接收。财务机器人能够对多种渠道采集而来的各类发票和单据进行自动识别、分类汇总和分发传递,自动生成格式化报销单并发起审批申请,从而减少了企业员工进行报销操作的负担,解决了报销烦琐的难题。

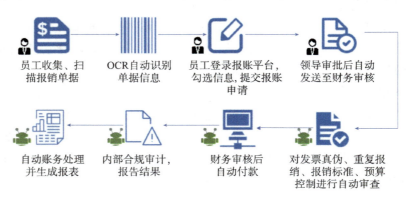

图 4-7　费用报销智能流程

（2）报销智能审核。通过人工设定费用报销审核规则，将其内嵌至费用报销系统。财务机器人能够按照设定的逻辑执行审核操作，如对发票查重验真、对金额合理性进行分析、对费用必要性进行评判等。

（3）自动付款。报销单通过审核后自动生成付款单，财务机器人依据付款计划自动执行付款操作，等待后续人工批准付款申请。

（4）账务处理及记录。依据记账规则自动生成凭证和日记账记录。

4.4.4.2 采购与付款流程

实现从供应商管理、供应商对账，到发票处理及付款整个过程的无缝衔接是采购到付款流程的重点，财务机器人也深度参与其中，如图4-8所示。

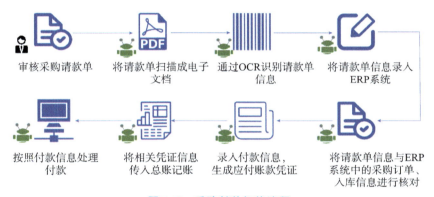

图4-8 采购付款智能流程

（1）请款单审核。从收到供应商请款单开始，通过扫描请款单并识别相关信息，财务机器人将请款单信息录入ERP系统，对订购合同信息、发票信息、货物入库信息进行匹配校验，审核请款单的真实合理性。

（2）采购付款及账务处理。财务机器人自动提取付款申请系统的付款信息（付款账号、户名等），并提交资金付款系统进行付款操作，并在付款成功后自动保存银行回单、记录现金日记账并进行相关账务处理。

（3）供应商对账。在人工设定与供应商的对账周期之后，财务机器人自动定时向供应商发送对账提醒通知，并自动更新订单状态和发货状态查询。

4.4.4.3 销售与收款流程

销售与收款流程描述的是企业与客户之间的交易，涉及存货、应收账款、货币资金等一系列科目和发货、开票、收款等环节。

（1）订单审核与发货。企业收到客户订单之后，财务机器人可以根据设定的审核规则，对客户进行赊销资质审核，降低坏账风险。通过审核之后，机器人可以自动生成订单并上传至业务系统准备发货。

（2）发票开具。财务机器人能够自动抓取订单信息和客户信息，进入税务系统开具发票，并同步数据。

（3）收款进度跟踪。在客户收到商品后，财务机器人能够根据设定商业折扣期限等适时提醒客户付款，发送对账单；或者在款项收回遭遇风险时进行预警，及时计提坏账；在收到客户付款时自动记录现金日记账，制作收款凭证，进行账务处理。

4.4.4.4 存货管理流程

除了收入端，财务机器人还可以与生产部门协同，在存货管理和成本核算流程中发挥作用。例如，其能够从企业业务数据中自动爬取各车间成本数据，按固定的方法进行产品成本的精细化分配，有助于企业进行成本管理。在账务处理中，可以自动将存货成本直接导入，提供精确的成本分析数据，出具相关管理报告。

4.4.4.5 报表制作流程

总账到报表流程中关账、分录处理、关联交易处理、对账、财务报表的出具等工作可借助财务机器人完成，具体流程如图4-9所示。

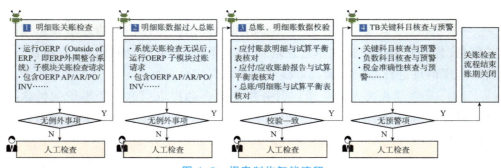

图4-9 报表制作智能流程

（1）关账。在期末，财务机器人自动进行关账工作，如现金盘点、银行对账、销售收入确认、应收账款对账、关联方对账、应付款项对账、存货的确认和暂估入账等。如发现异常，发送预警报告；如对账无误，则自动进行账务处理。

（2）出具单体报表。每期末，财务机器人自动完成账务数据汇总、科目合并抵销、系统数据导出及处理等工作，自动出具符合固定模板的单体报表。

（3）出具合并报表。财务机器人从系统中导出并根据规则完成汇率数据的处理和计算，计算出期末余额并对结果进行检查；对子公司报送数据进行催收和汇总，根据抵销规则生成合并抵销分录；机器人根据生成的数据，直接形成当期合并报表。合并报表智能流程，如图4-10所示。

图4-10　合并报表智能流程

4.4.4.6　税务管理流程

税务管理是目前财务机器人运用较为成熟的领域，传统模式下，财务人员是企业与税务局之间的链接，需要进行大量低附加值且烦琐的流程性工作，而如今财务机器人可以代替人工完成包括纳税申报、涉税信息校验、增值税发票验真等环节的自动化操作。税务管理智能流程，如图4-11所示。

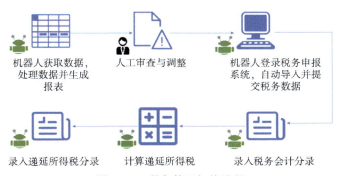

图4-11　税务管理智能流程

（1）纳税申报准备。期末财务机器人自动登录企业账务系统，按照税务主体批量导出财务数据、增值税认证数据等税务申报的业务数据基础。

（2）涉税数据核对校验。财务机器人通过设定好的规则调整税务差异项，借助预置的校验公式进行报表的校验和核对。

（3）纳税申报。根据特定逻辑，财务机器人能够由工作底稿自动生成申报表，并在税务局端系统自动填写纳税申报表。

（4）**涉税账务处理及提醒**。财务机器人根据纳税、缴税信息完成系统内相关税务分录的编制，自动进行递延所得税资产或递延所得税负债的计算，完成系统内的入账操作。

（5）**增值税发票开具**。基于现有待开票信息，财务机器人自动操作专用开票软件开具增值税普通发票和增值税专用发票。

（6）**发票验真**。财务机器人可基于发票票面信息自动校验发票真伪，并且可将增值税发票提交到国家税务总局查验平台进行验证和认证，并反馈和记录结果。

除以上流程外，在固定资产管理、档案管理等重复性较高、业务量较大的流程上，财务机器人的运用也很常见。另外，借助于预先设置的模型，财务机器人还可实现对预算管理、绩效管理、管控与合规等较为依赖人为判断的流程提供决策参考。财务机器人减少了企业的人力投入，降低了风险，更能高效地支撑业务发展和经营决策。

财务机器人的运用，改变了原有的财务工作方式和财务人员的观念，推动了财务组织架构变革，同时对财务人员的素质和技能也提出了更高的要求。未来需要更多精通数据分析和预测、具备跨职能部门的知识、善于与业务部门构建合作关系的各类复合型人才。财务人员要能够精通会计、擅长管理、熟知信息技术、洞察业务，并且具备战略远见，从而能够更好地参与商业模式创新的规划与实施、为企业提供更有见地的数据分析、推动企业新业务的布局和数字技术的应用。

★ 本章知识点回顾 ★

概念掌握：人工智能、深度学习、算法、自然语言处理、知识图谱

问题思考：

（1）人工智能的产业链包括哪几个方面？分别有哪些内容？

（2）自然语言处理与知识图谱分别是什么？两者之间有何关系？

（3）人工智能在财务领域的运用体现在哪些业务上？有何改进？

（4）人工在应用中有哪些风险？如何应对？

（5）财务机器人适用的场景有哪些？其与人工智能技术有何区别与联系？

实训平台：人工智能实训案例，图像处理技术与深度学习应用，智能机器人的技术与应用。

第 5 章
区块链及其对财务的影响

只有和身份产生关联的区块链,才能够真正和今天的社会进行融合。身份从定义上来讲是两个词,身和份,这是不一样的。"身"解决的是对应关系,客体的数字化。"份"代表了这个人或者组织、物品背后的所有属性,以及行为的集合。

——中钞区块链技术研究院院长 张一锋

5.1 区块链概述

5.1.1 区块链的概念

《经济学人》曾做过一个简单形象的比喻,区块链是"一台创造信任的机器"。区块链能够让人们在互不信任并且没有中立机构的情况下,也能做到互相协作。区块链技术,表面上解决的是技术问题,本质上解决的是信任问题,它能够在一个信任缺失的环境下建立并传递信任。这种信任,是基于代码、不可篡改、广而告之的信任。

区块链作为点对点网络技术、分布式账本、非对称加密算法、共识机制等技术的集成应用,被认为是继大型机、个人计算机、互联网之后计算模式颠覆性的创新,很有可能在全球范围内引起一场新的技术革新和产业变革。

狭义的区块链技术是一种按照时间顺序将数据区块以链条的方式组合成特定的数据结构,并以密码学方式保证的不可篡改和不可伪造的去中心化共享总账,能够安全存储简单的、有先后关系的、能在系统内验证的数据。广义上讲,区块链技术是利用块链式数据结构来验证与存储数据,利用分布式节点共识算法来生成和更新数据，利用密码学的方式保证数据传输和访问的安全，利用由自动化脚本代码组成的智能合约来编程和操作数据的一种全新的分布式基础架构与计算范式。

本书认为，从本质上来讲，区块链就是一种基于密码学技术生成的去中心化的分布式账本数据库。去中心化，即与传统的中心化模式不同，没有中心，或者说人人都是中心；分布式账本数据库，意味着记载方式不只是将账本数据存储在每个节点，而是每个节点都会同步复制整个账本的数据，信息透明，难以篡改。

5.1.2 区块链的原理和特征

5.1.2.1 区块链的原理

首先，让我们了解一下区块链原理几个主要的技术来源。

（1）点对点网络技术。"点对点"网络技术，又名"端对端"网络技术、"P2P"网络技术，是建构在互联网上的一种连接网络，也是区块链系统用于连接各对等节点的组网技术，学术界将其翻译为对等网络。如图5-1（a）所示即为一种点对点网络模式，而（b）是典型的中心化网络模式。

点对点网络技术作为区块链技术架构的核心之一，各个节点上的计算机地位平等，通过特定的软件协议共享计算资源、软件乃至信息和内容，拥有相同的网络权利，并不存在中心化的服务器，这是点对点网络有别于传统中心化网络的地方。区块链技术出现之前，点对点网络技术就已经被广泛地应用于各种软件开发，如即时通信软件、文件下载和共享软件、计算资源共享软件、网络视频播放软件等。

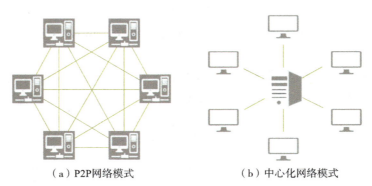

（a）P2P网络模式　　　　　　（b）中心化网络模式

图 5-1　点对点网络模式 VS 中心化网络模式
（资料来源：中国信息通信研究院）

（2）分布式账本。分布式账本是相对于传统的中心化账本而言的，指的是加入区块链系统的所有节点，共同参与维护一本交易总账，交易过程中任何数据的修改与写入都要向全网广播，并且经过多个节点的一致确认后才能生效。紧接着，所有节点按照时间顺序同步更新账本，这也就意味着账本里的任何改动都会在所有节点中反映出来。与中心化账本相比，分布式账本的优势在于，不会因单点故障而影响全局，也不会因道德风险而导致假账的出现，账目数据真实安全、公开透明、不可篡改。

（3）非对称加密算法。非对称加密有两个秘钥：公钥和私钥。公钥可在公开渠道发布，用于信息发送方加密所要发送的信息；私钥用于信息接收方解密收到的加密内容。公钥可通过非安全管道来发送或在目录中发布，其他人无法通过公钥识别身份。也就是说，交易者的账户信息，只有在数据拥有者授权的情况下可见，保证了个人隐私。私钥只有信息拥有者知道，经公钥加密的信息只有对应私钥才能解密，保证了信息传输的安全性。每个节点/用户可以独立生成任意多个公私钥对，还可以在每次交易后使用新的公私钥对，从而保证匿名性和隐私性。在区块链系统内，"非对称密钥对"通过两项工作构建了价值传输的信任机制，即"证明我是谁""证明我有权利做即将要做的事情"。区块链正是通过非对称加密的公私钥对来构建节点之间的信任的。

（4）共识机制。共识机制是区块链系统中所有节点必须遵守的一套规则，这套规则决定了一笔交易怎样才能被确认有效。共识机制可保证区块链的唯一性，避免产生分叉链，同时也能抵抗恶意攻击，防止数据被篡改。目前，主流的共识机制有工作量证明机制（PoW）、权益证明机制（PoS）、股份授权证明机制（DPoS）、Pool验证池、实用拜占庭（PBFT）等，它们具有不同的优缺点，适用于不同的业务场景。

包括以上4个核心技术在内的多种技术的集成应用，使得区块链应运而生。区块链由一个点对点网络分布式管理，所有节点之间的通信都可看成一笔交易，这些交易经发起者的私钥签名得以加密，随后广播给整个网络。每个节点通过公开获得的公钥验证数字签名来确认一笔交易的有效性。这种方式使得区块链能够在没有第三方机构进行信用背书的情况下，创设一种信任环境，从而达成共同协议。区块链技术的交易流程，如图5-2所示。

5.1.2.2 区块链的特征

（1）去中心和去信任化。区块链采用分布式计算处理和存储，并不存在中心化的计算机，任意节点的权利和义务都是相同的。任何节点中断工作都

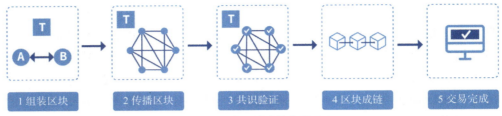

图 5-2 区块链技术的交易流程

不会影响区块链系统整体的运作。同时，区块链运用共识机制以及密码学原理来建立可信的网络交易，通过技术背书而不是中心化信用机构的背书来建立信用，从根本上改变了传统中心化的信用创造方式。

（2）高度透明。区块链系统是公开透明的，除了交易者的私有信息会被加密外，其余数据对所有人公开可见，任何人都可以通过公开的接口查询区块链系统中的数据或是开发相关应用。

（3）防篡改和可溯源。区块链的链条会根据时间戳服务器不断增长，一旦信息经过全网验证并添加后，就会永久存储起来。除非同时控制了系统中51%以上的节点，否则单个节点无法对数据库进行修改，这种机制提高了区块链系统的可靠性。同时，由于每个区块都包含着链条上的全部历史信息，区块链上记载的信息都是可追溯的。

（4）高安全性和可匿名。区块链上的所有操作都是通过密钥和数字签名来保护的，交易过程可追溯，安全性得到了保证；同时，由于区块链的数据交互遵循固定的算法，不需要通过公开身份，甚至寻找第三方背书的方式，增强对方的信任，因此交易双方可以匿名。

5.1.3 区块链的类型

5.1.3.1 公有链、联盟链与私有链

根据设计体系和应用场景的不同，区块链系统一般分为公有链、联盟链和私有链，见表 5-1。

公有链的各个节点可以自由地加入和退出区块链系统，并平等地参与链上数据的验证、记录工作，不存在任何中心化的服务端节点，仅以扁平的拓扑结构互联互通。比特币、以太坊等均是典型的公有链。

以太坊智能合约开发平台的创建，让更多的商业机构意识到区块链技术的价值，它们通过尽早布局以抢占先机。但由于大部分企业级应用场景

表 5-1　公有链、联盟链与私有链对比

项　目	公有链	联盟链	私有链
参与者	任何人均可以自由使用	联盟内部使用，具有准入机制，安全性更高	个体或机构内部
信任机制	PoW/PoS/DPoS 等	集体背书	自行背书
记账人	所有参与者决定	参与者协商决定	自定
激励机制	需要	可选	无
中心化程度	去中心化	多中心化	以中心化为主
典型应用场景	线上的交易记账、基于公链的各种 Dapp	行业、组织、联盟等进行数据资源交互和交易等多中心化的共识机制	不对外提供服务机构的区块链应用和研究

有隐私性要求，绝对公开透明的公有链无法满足其需求，因此联盟链便应运而生。

联盟链的各个节点通常有相对应的实体机构，通过一定的授权之后才有权加入与退出网络。各机构通过组成利益相关又相互牵制的联盟，共同维护区块链的有序运转。

联盟链与公有链的区别在于，公有链允许任何人加入网络成为一个平等的节点，而联盟链则需要授权许可。由少量、经授权许可的节点组成的联盟链，能够在一个有信任基础的小范围内快速达成共识，极大地提升交易性能。本质上，联盟链通过设置准入机制，控制了记账节点的数量，牺牲一定的去中心化程度来实现性能上的优化。

相比之下，私有链的内部化程度更高，一般适用于大型企业内部使用。为了提高数据的安全性，各个节点的数据写入权限收归内部进行管理，但读取权限可以选择性地对外开放。尽管如此，私有链仍然具备区块链多节点运行的通用结构，适用于特定机构的内部数据管理与审计。

5.1.3.2　主链、侧链与跨链

当前的各种区块链系统都是封闭独立的业务体系，无法像互联网业务体系那样开展合作。在互联网上，我们可以通过微信接口一键登录第三方应用，也能从一个 App 界面跳转到另一个界面。但这些功能，在目前的区块链商业体系中都无法实现，这极大地限制了区块链业务体系发展的可能性。

随着区块链技术的发展和应用场景拓展的需要，新的技术手段也在呈现。闪电网络等"侧链"方案的提出，以及建立多个子链分片共识的类"跨链"方案的构想，为区块链系统性能上的扩展提供了新的思路，有望在保持区块

链去中心化理念的基础上,大幅提升系统的交易性能和交互功能。

(1) 侧链。侧链是相对于主链而言的。如果主链的性能或功能出现瓶颈,可以把资产转移到侧链上,后续的交易只需在侧链上执行即可。这样做,可以有效地分担主链的压力,扩展其性能和功能。

侧链技术的基本构想是,在主链之外启动一条侧链,将比特币资产转移到这条链上,需要时也可将侧链上的资产重新转回主链的比特币。也就是说,在主链和侧链上的资产可以双向转移,这个过程也被称为资产的双向锚定(2WP)。之所以能够这么做,是因为侧链上的资产也有比特币的信用背书,在价值上与比特币是等价的,而且侧链的基础架构不受比特币网络的限制,开发者可以通过各种区块链技术和个性化的设计来构建侧链,应用于各种场景。如此一来,侧链技术就间接扩展了比特币系统的性能和功能。

(2) 跨链。相比于侧链,跨链是一个更加广泛的概念,它泛指两条或多条链上的资产和状态,通过一个可信的机制,互相转移、互相传递、互相交换。

通过上段的描述可知,侧链通过资产的双向锚定实现主链与侧链之间的价值转移,目的是扩展主链的功能和性能。从这个层面上讲,侧链其实也是跨链技术的一种。只不过,在跨链的众多场景中,链与链之间不仅只有"主—侧"这一种关系,也可以是对等关系。跨链上的资产既可以双向锚定,也能够遵循变动的汇率机制相互兑换。这种交互甚至不局限于资产,还可以拓展到智能合约状态的交互。

侧链与跨链技术的出现,可以说是区块链技术演进的必然结果。因为随着区块链项目如雨后春笋般一个个冒出,不同链的业务体系和资产价值像是一座座孤岛,需要一种新的机制来打通信息的隔离,连接各个孤岛。侧链与跨链技术正是在这样的背景下应运而生的。

5.1.4 区块链的发展历程和产业生态

区块链技术起源于中本聪(Satoshi Nakamoto)在2008年发表的一篇奠基性论文《比特币:一种点对点电子现金支付系统》。该文提出了一种"基于密码学而非基于信用的"电子支付系统,该系统可使任何达成一致的交易双方直接进行点对点支付,无须借助第三方信用中介。在比特币区块链诞生到现在的10余年里,没有发生过一起重大的系统故障,在没有中心化信任背书的情况下反而受到越来越多的认可,价格也从几美分涨到几千美元。这个现象引起了大家的兴趣,区块链的概念也慢慢被公众所知悉。

5.1.4.1 区块链的发展历程

目前，区块链技术被很多大型机构认为是一种能够彻底改变业务乃至机构的运作方式。迄今为止，区块链技术的发展经历了以下三个发展阶段。

(1) 区块链 1.0——数字货币。2009 年初，比特币网络正式运行。作为一种虚拟货币系统，比特币的供应量是由网络共识协议限定的，没有任何个人或者机构能够随意修改比特币的总量及相应的交易记录。在比特币网络稳定地运行多年后，部分金融机构开始意识到，支撑比特币运行的底层技术——区块链技术，实际上是一种极其巧妙的分布式共享账本，对金融乃至各行各业带来的潜在影响可能不亚于复式记账法的发明与应用。

以比特币为代表的数字货币，就是区块链 1.0 时代的典型应用。但我们必须清楚地看到，比特币不等于区块链，它只是区块链技术的应用之一。此外，以比特币系统为代表的区块链 1.0 技术，只提供了一系列预先设定的规则，没有人可以按照自己的意愿修改和发展，可扩展性较差。

(2) 区块链 2.0——智能合约。2014 年之后，开发者们越来越认识到比特币在技术和扩展性方面的不足，于是将智能合约（Smart Contract）引入区块链，开启了区块链 2.0 时代。

本质上来讲，智能合约是一个由计算机自动运行并给出交易结果的程序，每个程序的执行规则都是一份个性化的合约，合约中规定了触发条件以及相应的执行结果。以太坊最先将区块链技术与智能合约相结合，用以解决区块链 1.0 功能扩展性不足的问题。以太坊的核心是虚拟机，可以执行任意复杂算法的代码，也就是计算机术语中的"图灵完备"。

由于加入了"图灵完备"的智能合约功能，以太坊不仅能支持数字货币的交易功能，还可以支持其他能够以智能合约来表达的业务逻辑，如证券发行与交易、跨境支付与结算、客户征信与反欺诈等，有望运用于各个行业。相比传统的合约来说，区块链智能合约可以提高效率、降低成本，同时也具有公平性、可用性、可溯源性等优势。但是，更丰富的应用场景无疑需要更复杂的运算，高额的交易手续费、网络拥堵，以及大量基于以太坊进行 ICO 的项目破发，是以太坊一直被诟病的原因，也是它的痛点。

(3) 区块链 3.0——商业应用。由于单笔交易的处理需要经过若干节点的验证方可记录，因此分布式账本的维护成本很高，特别在大众都有机会参与到维护工作时，成本与性能问题将变得尤为突出。这是区块链 1.0 和 2.0 时代区块链技术没有被广泛运用到实体经济的重要原因之一。

区块链3.0时代，区块链技术研究的着眼点就是大幅提高交易速度，同时兼容AI、云计算、大数据等新兴技术，打造安全、智能、可大规模商业化应用的技术生态。具体来说，目前对区块链技术关注的焦点在于，如何使分布式账本系统能够同时并行处理多个请求，以及如何降低能源消耗，以此降低区块链的交易成本。只有这样，区块链技术才有可能真正服务于实体经济，而不仅是一种概念上的空谈。虽然业内对于区块链3.0发展阶段的解读仍存在分歧，但赋能实体经济、进行商业化应用，已成为共识。

5.1.4.2 区块链的产业生态

区块链技术最早在金融领域发挥优势作用，包括但不限于供应链金融、贸易金融、征信、交易清算、积分共享、保险、证券等场景。目前，国内已有一定数量的金融应用通过了原型验证和试运营阶段。除了金融业，区块链在各领域应用落地的步伐也不断加快，正在商品溯源、版权保护与交易、数字身份、财务管理、电子证据存证、物联网、公益、工业、能源、大数据交易、数字营销、电子政务、医疗等领域探索应用。

随着各领域应用场景的拓展，我国的区块链产业链条也已形成，从上游的硬件制造、平台服务、安全服务，到下游的产业技术应用服务，再到保障产业发展的行业投融资、媒体、人才服务，各领域的企业已经基本完备，协同有序，共同推动产业生态不断前行。

区块链产业生态地图，如图5-3所示。

图5-3 区块链产业生态地图
（资料来源：工业和信息化部信息中心）

5.1.4.3　区块链核心技术突破

区块链技术是目前我国和欧美差距最小的技术之一，所以特别强调在这个新兴领域我国要走在理论最前沿、占据创新制高点、取得产业新优势。推动协同攻关，加快推进核心技术突破，为区块链应用发展提供安全、可控的技术支撑，是当前区块链发展的关键。

尽管区块链技术的应用前景被国内外普遍看好，但这不意味着区块链是完美的。处在发展早期的区块链技术还存在不少问题尚未解决。最突出的有以下几点。

(1) 性能和扩展性难以满足发展需要。区块链的性能问题主要体现在吞吐量以及存储带宽不足，难以满足整个社会的支付需求。而且由于区块链会保留历史上所有的交易信息，所以时间越久，积累的交易数据量越庞大，对于个人计算机的存储来说，是个不小的挑战。这个问题在联盟链中有所缓解，因为每个节点都需经过授权之后才能参与记账，并且这些节点大多归属于机构，能力上限不会太低，而且可以通过后期的资源投入得到改善。但是，如果联盟链引入智能合约来达到功能的扩展，又会面临其他问题：智能合约在运行时需要相互调用并读写区块数据，对交易的处理时序要求很高。如果还是只能逐笔执行，将严重制约各个节点的处理能力。

(2) 数据安全和访问控制有待改进。现有的公有链系统中，考虑到区块链去中心化的本质特征，所有参与方都能获得完整的数据备份，也就是说，所有的交易数据对于不同的参与方来说都是平等可见的。当然，比特币系统通过非对称加密技术隔断了交易地址和交易方真实身份的关联，实现了匿名的效果。系统参与方即使能看到每一笔交易双方的地址，也无法追踪到真实身份。对于比特币系统，这样的做法也许够用。但随着区块链技术逐渐拓展到更多的领域与应用场景，如资产登记、采用智能合约实现交易合同等，这些信息如何保存在区块链上，又如何在不探知合同具体内容的情况下进行验证，目前尚未有成熟的方案。

然而，这两个问题很难得到同时解决，这就是区块链著名的"三元悖论"问题（见图5-4）。这里所说的"三元"分别是指去中心化

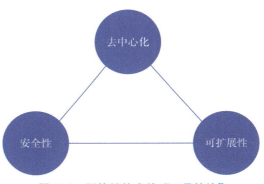

图 5-4　区块链技术的"三元悖论"

程度、安全性、可扩展性。去中心化是区块链技术的本质特征，参与的人越多意味着去中心化程度越高；安全性指的是以节点为单位，抵御攻击者的能力；可扩展性往往通过每秒钟所完成的交易数量来衡量。这三者构成了一个互为制约的三角，如想要提升区块链的性能，就得牺牲一定程度的去中心化，或是放弃一定的安全性，减少验证和加密解密的环节。而去中心化程度和安全性之间也不是同步的，并不是去中心化程度越高系统就越安全。设想一个极端的情况，区块链作为一个纯中心化的系统，要想保护某个特殊节点的安全性相对来说会更为容易。这就是区块链技术的"三元悖论"问题，或者说是三难问题，需要三个方面都做出平衡。

5.2 区块链对财务的影响

财务信息一直具有明显的中心化色彩，企业内部账务的真实性需要专业的审计机构来判断，而由于信息不对称的存在，即便是审计机构，也无法获得企业的全部信息，有时也会产生重大错报，发表错误的审计意见。

区块链技术由于其分布式记账、去中心化、不可篡改、公开透明等显著特点，在减少信任危机的同时还能降低代理成本，业务与财务的融合将更加紧密，在财务领域赢得越来越多的关注。区块链思维和技术对于财务工作而言，将是颠覆性和革命性的。

5.2.1 区块链对财务管理的影响

企业的基本活动主要分为投资、筹资和经营活动三个方面。而财务管理，主要涉及投资、筹资以及营运资本管理三大业务。区块链技术及其思维，对于企业日常财务管理的模式可能会产生以下影响。

（1）区块链与投资：推动投资决策更加理性。现代企业的典型特征之一就是所有权与经营权的分离。这种模式能够让专业的职业经理人走上管理层，负责企业的日常运营、设定长远的发展目标。然而，由于两者的利益并不完全一致，而且管理层比股东掌握更多的经营数据，有可能产生委托代理问题。具体来说，管理层可能出于最大化自身利益的目的，做出损害企业整体利益的经营决策。

区块链技术的引入有助于强化股东对管理层的监督，降低信任风险。管理层的每项决策都可以按时间记录在系统上,并且不可追溯修改。股东可以实时、透明地看到管理层的决策,这就迫使管理层放弃某些不理性的投资行为,转而客观、理性地评估每项投资对股东利益的影响。如此一来,管理层也会将自身利益的目标函数与企业整体目标保持一致,在为股东创造价值的同时实现自我价值。因此,区块链技术可以促进管理层做出更加理性的投资决策,降低企业投资过度、投资不足等不理性问题。

此外,区块链技术有利于提高市场的有效性,使得信息的广度与深度都得到加强。管理层做出投资决策时,获得的信息不再局限于交易标的本身,也不再局限于当下所呈现的可能经过修饰的数据。管理层可以通过区块链技术,追溯到交易链条的多个节点,获取更加真实、充分的信息,降低投资决策的不确定性。

(2) 区块链与筹资:提高融资额度、降低融资成本。就像血液对于人体来说必不可少一样,合理的资金配置也是企业持续经营不可或缺的一部分。传统的融资模式往往需要中介机构的参与,作为桥梁对接资金需求方与供应方。由于涉及多方,因此融资环节多而杂,工作效率低下。特别是中小企业,因为财务制度不健全、抗风险能力差、知名度低、规模小,很难顺利筹集到发展所需资金。区块链技术的引入有望突破企业融资过程中的障碍,帮助企业顺利筹集资金,渡过难关或是迎来发展。

区块链技术有利于提升企业的融资额度。企业融资困难的根本问题,是缺乏信用抵押机制。区块链技术表面上解决的是技术性问题,本质上解决的是信任问题。通过非对称加密、跨链等技术,区块链可以让人们在互不信任的情况下,做到互相协作。在企业授权的情况下,金融机构间可以共享征信数据,降低贷款风险。而企业自身也可以将数据上链,让生产、物流、销售等环节的数据在授权范围内更加透明,同时由区块链技术来保证交易数据和过程的完整性、真实性、不可篡改性。如此一来,原先的固定资产信贷模式就有可能改为流动资产信贷,对企业的征信评估将更加全面真实,让金融机构或出资方更为准确地评估企业的偿债能力,降低信息不对称的同时提高优质企业的融资额度。

区块链技术也有利于降低企业的融资成本。企业融资成本取决于投资者所要求的回报率,回报率与企业风险正相关。企业的风险可以分为两部分,一是非系统性风险,二是系统性风险。非系统性风险是企业自身经营所产生的,系统性风险则是市场整体的、影响所有企业的风险。如果企业的风险降低,那么在这种传导机制下,融资成本也将有效降低。区块链技术通过提高市的有效性，降低企业的信息不对称程度，可以有效地降低企业自身的风险以及市场的整体风险，有效降低企业的融资成本。

(3) 区块链与营运资本管理：优化资金配置。区块链技术在营运资本管理过程中同样有着广泛的应用前景。集团企业可以利用区块链技术构建内部资金管理和共享的平台。各下属企业将资金预算、用款计划、交易数据统一上传到这个平台，集团财务实时查询、关注下属企业的资金流入与流出，高效调配资金。

不仅大型集团企业，所有企业都有望借助于区块链技术提升对营运资本的管理。具体来说，一方面，企业财务部门可以借助区块链技术对资金的流量、存量、增量以及背后的交易信息进行实时的了解，还可以与大数据等技术结合，综合运用各个渠道的信息进行数据挖掘，提高决策的合理性、准确性；另一方面，企业财务部门可以方便地通过区块链技术对企业的资金变动进行审核。因为诸如采购、入库、出库、生产、销售、付款等所有业务流程上的数据都可以做到实时更新。而且与每一笔资金有关的业务全流程都可以按时间顺序汇总，具有可追溯性。

5.2.2 区块链对业务循环的影响

(1) 助力"业财融合"。"业财融合"指的是将财务的触角延伸到业务前端，对企业价值链进行重构和调整，这是信息技术在会计领域作用的积极成果。接收业务订单后，业务人员能够在作业过程中将信息及时反馈给财务，产生企业的信息流，它既包含了业务本身的信息，也包含了财务部门所需要的财务信息。

"业财融合"的本质是借助各种信息技术，对业务、财务流程进行再造，打破传统的业财边界，让信息不再割裂，使得业务数据与财务数据能够及时、有机地结合在一起，为企业创造价值。随着这一理念的推进，财务部门需要转变思维，把自己的定位，从传统的后台支持性职能部门，提升到业务前端，熟悉业务流程，全局性地审视公司业务的开展。

区块链技术有助于进一步推动业务与财务融合。例如，大型集团企业，就可以使用需要经过内部授权方可进入的私有链平台，基于此开发业财综合化平台。只有获得相应权限的人才能访问账簿，而被授权的业务人员与财务人员只要进入该系统，就能成为一个节点，备份完整的账簿数据，共同参与账本的写入、验证工作，有助于信息及时、准确地更新。

(2) 加强供应链信用管理。信用是各行各业供应链有序运行的根基。区块链技术由于去中心化、防篡改的特性，天然地带有信用属性。企业有望通过引入区块链技术，加强供应链信用管理。

区块链有助于企业建立全新的供应链动态信用管理体系。企业可以构建"供应商/客户—行业—商品"这样以供应商/客户为导向的横向供需关系管理体系，适时挖掘客户的需求，为他们提供及时、专业的产品和服务。此外，还可以按照"业务模式—流程—渠道"的模式实现对产品和服务的纵向跟踪。

区块链中的智能合约技术也可以加强交易双方的信用。该项技术使得交易双方可以事先在系统中设定好交易内容、还款条件以及违约条款。在达到相应的条件时触发对应的结果，如满足付款条件后自动转账等。这种模式能够为交易双方的信用提供担保，有效减少业务纠纷以及沟通成本，同时也方便财务人员进行账务处理。

(3) 优化支付结算功能。现行的资金支付主要有两种：一种是线上支付，一种是线下支付。线上支付虽然简单便捷，但也有弊端，主要体现在安全性有待加强，以及大额转账手续费高。线下支付主要通过现金或者票据来交易。现金只适用于小额支付场景，较为有限；票据也需要通过线下见面来交易，既浪费人力和时间成本，又无法立即变现，甚至还可能因为后期的贴现而被银行收取手续费。

区块链技术有利于优化资金的支付结算。企业间的交易可以通过智能合约技术，在达到转账条件后自动触发资金的转移，甚至可能不再需要经过金融机构的处理。这种直接的支付结算模式，可以减少很多中间环节，大大降低企业的交易成本，而且不受金融机构时间、地点的限制，具有去中心化的特征。利益相关者也不必担心这种绕开中介机构的交易会纵容利益输送与关联交易的行为，因为所有的交易记录都将按时间顺序记录在区块链系统中，任何人都无法对此进行篡改，审计机构仍然可以获得可信的交易数据。

(4) 电子发票再升级。我国采用的是"以票控税"的财税体制，发票对于经济运行、税收管控都具有重要作用，因此也是企业会计核算中最重要的原始资料之一，它代表着资金的流向和业务的走向，贯穿着企业会计核算的始终。发票最早是以纸质的形式出现的，这种发票的造假成本低，技术要求也低，加之人们对使用假发票的违法意识薄弱，助长了造假者的行为。除了这些弊端外，纸质发票的成本也非常高。一张纸质发票会经历开具、流转、存储、报销、查验等多个环节，每一个环节都需要消耗人工进行处理。经测算，一张纸质发票在其生命周期内包括管理成本在内的总成本，高达20多元。而且在后续的保存过程中，也容易出现遗失、损坏问题。

随着信息化的推进，电子发票应运而生。2015年11月26日，国家税务总局发布《关于推进通过增值税电子发票系统开具的增值税电子普通发票有关问题的公告》，决定从2015年12月1日起在全国范围内推广电子发票系统。至今，电子发票在我国的推广应用已实现全行业覆盖。

电子发票带来的好处是显而易见的：①可以简化操作流程，并提高开票效率。②可以降低开票成本，同时减少资源消耗。③便于储存携带，有助于加速财务核算全流程电子化进程。④便于征收监管，实现应收尽收。但是。普通电子发票仍有着可无限打印、可复制的致命缺陷，"一票多报"现象时有发生，在会计核算中容易出现重复支付等问题。

在此背景下，区块链电子发票应运而生。这种发票的优点在于，一旦开出，收款方、付款方以及税务机关都将收到相关信息，三方同时确认，实现交叉式监管。而且，区块链电子发票串起了发票的完整生命周期，打通了发票申领、开票、报销、报税全流程，使得"交易即开票，开票即报销"成为可能，有效地解决了发票流转过程中重复报销、真假难辨、虚报虚抵等现实问题。本书第4篇具体描述了腾讯金融科技的电子发票案例。

5.2.3　区块链对会计核算的影响

会计是随着社会生产的发展和经济管理的要求而产生、发展并不断完善的，具有核算和监督等职能。中国现代会计之父潘序伦先生曾说："立信，乃会计之本；没有信用，也就没有会计。"可见，信用不仅是现代商品经济的基石，更是会计的立身之本。但商业世界千变万化、鱼龙混杂，信用的建立以及长期的维护都需要付出高昂的成本，甚至会在短期内造成"劣币驱逐良币"的现象。所幸的是，区块链技术出现了，这种去中心化的分布式账本，通过数字算法建立信任，更加坚实可靠，将不可避免地对会计体系带来变革。

会计信息的生成与提供至少需经过确认、计量、记录和报告4个环节，随着区块链技术在会计领域的深入应用，以上各个环节也将随之发生转变。

(1) 确认。会计确认是指确定某一项目、交易或事项，是否列入、何时列入以及列作哪项会计要素加以记录并列入财务报表的过程。会计确认从时间上可以分为初始确认、后续确认和终止确认三个环节，这种时间差使得会计造假有机可乘。例如，在会计分期的前提下，可以通过控制收入和费用确认的时间，来粉饰财务报表数据。

区块链技术的特性可以较好地解决这一问题。一方面，"去中心化特性"

要求收入和费用的确认条件将遵循客观的判断标准，降低个人主观决策的可能；另一方面，"可追溯性"使得区块链将以链式数据存储一笔交易经手的全部流程，交易对象、合同条款、交易时间与数额等信息将有原始资料可查；"不可篡改性"使得内部人员，无法通过后期的调整和变更来改变原始账务记录，所有更改将有据可循，减少报表粉饰的可能。

(2) 计量。会计计量是为了将符合确认条件的会计要素登记入账并列报于财务报表而确定其金额的过程。会计计量有着可以在不同的经济条件下精准发挥其应有职能的多种方式，主要包括历史成本、重置成本、可变现净值、现值和公允价值计量等。每种属性都有其不同的适用环境，企业应该根据自身的情况进行选择。不得随意变更，除非企业经营环境发生重大改变。但出于业绩粉饰的动机，部分公司可能利用计量模式的变更进行利润操作，损害中小投资者的利益。

区块链技术的应用，使得每一项资产和负债所运用的会计计量方式被公开透明地记录，并且经过多方审核确认，这样就在很大程度上避免了管理层对会计计量方法的随意变更，为财务数据的准确计量提供了规范。

(3) 记录。交易事项经过会计确认和计量后，需要进行记录。而会计记录的核心就是编制会计分录，由此形成的会计凭证是记录经济业务、明确经济责任的书面证据，又是登记账簿的依据。然而，尽管严格进行总账与明细账管理，也难以根治在此过程中产生的问题，如"资金双重支付问题"。

随着"互联网+大数据"时代的到来，电子货币开始遍布于我们的生活，微信和支付宝随手支付，资金双重利用问题主要出现在电子货币中，电子货币在失去中心端认可的情况下，极容易产生无限流通并且不限次数的循环问题。无限流通的电子货币可以被无限次利用，进而创造无限的"经济效益"，若被恶意者利用，将造成无法估量的损失。

区块链技术有望解决这一问题，因为区块链技术下完成的交易都会按时间顺序存储在区块中，所有的交易必须得到其他区块的一致认可才会被记录，这样就有效避免了在会计记录中产生的资金双重利用问题。

从另一个角度来看，区块链的分布式账本和分布式存储技术，还能有效防止会计信息的遗失和毁损问题，提高财务数据的保密性和安全性。

(4) 报告。财务会计是为了向外部会计信息使用者提供有用的信息，帮助使用者做出信贷、投资等相关决策。承担这一信息载体和功能的便是企业编制的财务报告，它是财务会计确认和计量的最终成果，更是企业管理层与外部信息使用者之间的桥梁和纽带。

然而，由于信息不对称的存在，外部使用者能获得的会计信息远少于内部管理层。而管理层也可能出于个人利益的考虑，有偏向性地披露会计报表的信息，甚至通过伪造原始凭证、篡改经济内容使得虚假经济活动合法、伪造发票报销、粉饰会计报表、调节收益和盈余等，不同程度地进行会计造假。这些造假，由于其隐蔽性，很可能不被审计机构察觉，最终损害中小投资者和其他外部信息使用者的利益。

如今区块链技术的出现，有望显著增强会计信息的真实性和及时性。真实性的增强得益于区块链去中心化、不可篡改的特性，由于其作用于会计确认、计量、记录、报告的整体流程，会计信息一经确认将不可篡改，所有改动都将按时间留下痕迹，那么由此自动生成的会计报表也将是可信的。及时性的改善得益于区块链的去中心化特性，它能将各种会计信息关联到某一具体账目信息之下，轻松实现对某阶段、某些会计操作的信息披露。区块链中的每一笔交易都有明确、详细的时间节点记录，且整个加密算法具有不可逆性，因此信息披露的效率和可靠性更强。企业可以根据信息者的等级或身份设定不同的查询权限，在此查询范围内都可获得相关的会计信息。

5.3 区块链在金融领域的实践运用

由上述多角度的分析可知，区块链技术确实将为会计变革提供新思路。但目前大多数影响，还停留在逻辑判断和理论分析层面。有人把当前的区块链技术，类比为1994年的互联网技术，要想实现商业化，并成熟地运用到会计领域，还有很长的一段路要走。身为财会专业的学生和从业人员，我们需要提前学习，从知识和思维层面做好迎接新技术给会计行业带来变革的准备。

相比于会计，区块链在金融领域的应用最早，发展也最为成熟。近年来，我国的各类区块链金融应用纷纷落地，以区块链为基础的金融科技，成为金融界产品及业务创新主要方向，各大银行和企业开始在金融业务领域开展广泛的探索和尝试，国有四大银行和主要股份制银行均已布局区块链，主要涉及供应链金融、资产管理、跨境支付、跨境贸易等领域的应用。

5.3.1 央行数字货币

区块链技术具有较强的扩张性，或者叫侵略性。放眼全球，区块链技术的规则或者话语权,决定了它的影响范围,因为每一个上链开展业务的个体或机构,都必须服从区块链所制定的规则。区块链规定了产业治理规则,这种规则凭借其分布式特征,可迅速超越国界和地域上的限制,具有广泛的影响力。基于区块链底层技术的央行数字货币就是实验典范。

央行数字货币是经国务院批准计划发行的法定数字货币。与比特币、Libra 等数字货币不同,我国央行正在研究的数字货币具有国家信用背书,是具有法偿性的,可以理解为数字化的人民币。央行数字货币主要改变的是货币形态、发放方式和支付结算方式,在货币本质上并没有颠覆性变革。正因如此,央行将其正式命名为"DC/EP","DC"意为"Digital Currency",即"数字货币"的英文缩写;"EP"则是"Electronic Payment",即"电子支付"的英文缩写,这表明央行推出的数字货币更多的是货币的数字化和电子支付。

我国央行从 2014 年开始研究法定数字货币,2016 年 1 月即宣布"争取早日推出央行主导的数字货币";2019 年 7 月,中国人民银行研究局局长王信透露,国务院已正式批准央行数字货币的研发,央行正着手组织市场机构从事系统开发和测试工作。2020 年 4 月,央行数字货币先行在深圳、苏州、雄安新区、成都及未来的冬奥场景进行内部封闭试点测试,以不断优化和完善功能。虽然本次试点不意味着数字人民币正式落地发行,但这预示着数字人民币研发工作正在稳妥推进。相关负责人表示,数字人民币体系在坚持双层运营、流通中货币(M0)替代、可控匿名的前提下,已基本完成顶层设计、标准制定、功能研发、联调测试等工作,并遵循稳步、安全、可控、创新、实用的原则。若一切顺利,中国将成为全球率先推出央行数字货币的国家。这将为提升人民币全球化,参与国际货币流通、结算话语权和规则制定权打下坚实的技术基础。

5.3.2 供应链金融

供应链金融(Supply Chain Finance,SCF)是基于真实的贸易,将核心企业与上下游企业联系在一起,提供灵活金融产品和服务的一种融资模式。SCF 以核心企业为出发点,重点关注围绕在核心企业上下游的中小企业融资诉求。

区块链在 SCF 中的应用有助于解决中小企业融资难的痛点。通过构建"区块链 + 供应链金融"平台(见图 5-5),可以有效整合供应链上下游企业的真

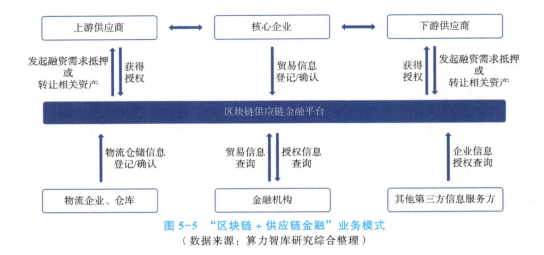

图 5-5 "区块链+供应链金融"业务模式
（数据来源：算力智库研究综合整理）

实信息。在行业上下游企业、物流、仓储、金融公司各方之间建立共享的、可信的信息网络。各参与方将各自的贸易信息和凭证传到该平台进行登记与存储，如仓单、担保、应收账款、存货、预付账款等。由于区块链的可追溯与无法篡改的特性，这些信息的可信度较高，金融机构基于此可以便捷地做出授信决策，减少在收集信息、评估决策所消耗的时间，通过有效地降低信息不对称程度来降低风险，将资金合理地配置到有融资需求的企业。

目前，一批基于区块链的供应链金融服务平台相继启动或上线，成为我国供应链金融业务创新的重要方向。2019年1月4日，蚂蚁区块链发布基于区块链技术的供应链协作网络"蚂蚁双链通"破局中小微企业融资难题，这项技术应用将解决广大供应链上下游，特别是制造业中小企业的融资难题。双链通技术打通了供应链上下游企业，消灭了产业链最末端供应商原本长达三个月的账期占用，只用一秒即能够获得融资，可以为企业提供安全可靠、合法合规的融资与金融通道。

2019年3月12日，腾讯云发布"自主可控金融业务支撑平台"。该平台运用AI、大数据、区块链等技术打造智能金融，助力业务改革与创新以及金融机构数字化升级。腾讯云区块链SCF仓单质押解决方案将腾讯云区块链技术与仓单质押融资场景充分融合，有效地解决了传统仓单质押融资过程中的身份信任、风险管控以及效率低下等问题，搭建一个能够快速担保、可信确认的融资平台，仓单质押融资借贷过程中的金融风险以及风控管理的难度都将有效降低，融资效率得以大幅提升。

5.3.3 数字资产管理业务

债券、股权、收益凭证、票据、仓单等金融资产,在数字化时代下由不同的金融机构托管。区块链技术可在多区域、多机构、多节点建立共享的分布式账本,记录各类实体或虚拟资产的数据,其不可篡改的特性可确保资产信息的真实性,为高效管理资产提供重要的技术支撑。目前,区块链技术运用于数字资产管理的相关业务正在顺利开展。

2019年2月26日,京东数字科技宣布推出利用区块链的资管科技系统"JT^2智管有方",该系统在产品设计方面运用了区块链技术,能帮助投资人摸清底层资产状况,提高投资质量,为机构投资者增强产品设计能力、风险评估能力、销售交易能力和资产管理能力等。京东数字科技已经利用ABS区块链技术率先将数百亿的京东白条资产上链。

2019年5月23日,众安科技借助区块链技术,推出应收账款通证和仓单通证。利用仓单管理系统将仓库货物进行资产通证化处理,生成仓单通证。货物从入库到出库的全过程状态数据都将自动上传至区块链网络,进行数据确权并关联到对应的仓单通证,实现透明、可信且可追溯的资产通证,为资产流通提供基础保障。而应收账款通证可以按需拆分流转,多层级的交易关系和信用状况对各个节点透明可见,从而实现供应链的上下游传递,让金融和保险机构可以方便地进入生态提供支持。

5.3.4 跨境贸易支付与融资

5.3.4.1 跨境贸易支付

传统的跨境支付系统存在多个痛点:需要经过开户行、央行、境外银行、代理行、清算行等机构,每个机构都有自己的账务系统,因此速度慢、效率低。区块链技术应用在跨境支付领域,能降低金融机构间的对账成本及争议解决的成本,提高支付业务的处理速度及效率;同时也为"小额跨境支付"开辟了广阔的空间。当前,我国的银行正在积极探索基于区块链的跨境支付系统。

2019年1月8日,巴基斯坦中央银行行长在伊斯兰堡宣布该国首个区块链跨境汇款项目上线。蚂蚁金服方面宣布其技术解决方案由支付宝提供,今后在马来西亚工作的巴基斯坦人可以通过汇款服务商将资金汇至巴基斯坦"支付宝"Easypaisa上,也标志着南亚首个区块链跨境汇款项目落地。

5.3.4.2 跨境贸易的认定与融资

在传统的进出口贸易融资中,存在两大问题:对贸易真实性的认定、对是否重复融资的认定。借助于区块链技术,可以不断优化跨境业务金融服务流程,提高业务办理效率,为涉外企业创造优良的营商环境,助推经济稳健发展,防范跨境金融风险。

2019年4月17日,天津口岸区块链验证试点项目正式上线,这是区块链技术第一次结合跨境贸易各业务环节的应用系统。该项目选取了天津口岸空运和海运两种业务场景进行试点。试运行后,将实现区块链技术在天津口岸业务场景的落地试验,服务范围将涵盖天津海港口岸和空港口岸的各监管部门,以及进出口企业、物流企业及金融行业。

2019年4月29日,为支持西部跨境金融业务的发展,国家外汇管理局将陕西省确定为全国第六个跨境业务区块链服务平台试点地区。5月8日,自贸区双首单区块链服务平台出口应收账款融资业务成功落地招商银行西安分行,将出口贸易融资中的核心单据"出口报关单"通过区块链系统进行查验,验证该单据的真实性,自动计算对应报关单的可融资余额,防止重复融资和超额融资,提高出口融资全流程审批时效。

★ 本章知识点回顾 ★

概念掌握:区块链、智能合约

问题思考:

(1)在区块链去中心化思维的影响下,你认为现有的会计领域将会受到哪些影响?

(2)区块链发展尚在早期,但潜在的影响却是革命性的,为此你将做哪些准备?

实训平台:

(1)知链区块链跨境保理案例,4大类32个区块跨境电商保理的知识点,通过网上实践操作保理过程,掌握跨境电商保理业务的全流程,培养学生的区块链思维,理解区块链与各相关行业的结合。

(2)知链区块链供应链金融案例,4大类64个区块链信用结算的知识点,通过网上实践操作保理过程,掌握供应链金融中信用结算业务的全流程,培养学员的区块链思维,理解区块链与各相关行业的结合。

第 6 章
"大智移云物链"下的财务转型

信息数字技术的迅速发展，产生了对财务领域的渗透革命，第 2~5 章介绍了云计算、大数据、AI 和区块链这 4 个主要的数字工具，其实在财务领域已经迎来了"大智移云物链"以及 5G 技术全方位的信息化、数字化时代，移动互联网、物联网、5G 技术使得财务转型迫在眉睫，这些技术的融合发展也为未来数字财务智能生态的创建提供了基础性技术平台的支持。

6.1 移动互联网

移动互联网将移动通信和互联网这两个发展最快、最活跃的领域连接在一起，开辟了信息通信业发展的新时代。移动互联网改变的不仅仅是接入手段，也不仅仅是对桌面互联网的简单复制，而是一种全新的模式。移动互联网作为移动通信和互联网两者融合的产物，继承了移动通信随时、随地、随身和互联网开放、分享、互动的优势，是一个全国性的、以宽带 IP 为技术核心的，可同时提供语音、传真、数据、图像、多媒体等高品质电信服务的新一代开放的电信基础网络。它的发展离不开运营商提供的无线接入，互联网企业提供的各种成熟应用。可以说，移动互联网是数字财务做到"人人财务"最终端运用的基础。

6.1.1 移动互联网的概念

移动互联网通过无线接入设备访问互联网，能实现移动终端之间的数据交换。它是计算机领域继大型机、小型机、个人计算机、桌面互联网之后的第五个技术发展阶段,是未来网络发展的核心和最重要的趋势之一。

根据工信部电信研究院《移动互联网白皮书》的定义,移动互联网是以移动网络作为接入网络的互联网及服务,包括三个要素:移动终端、移动网络和应用服务。其中,"移动终端"包括手机、专用移动互联网终端和数据卡方式的便携式计算机;"移动网络"包括2G、3G、4G、5G等;"应用服务"包括WEB、WAP等方式。这三大要素,构成了"移动终端是前提、移动网络是基础、应用服务是核心"的体系。

本书认为,移动互联网是指以各种类型的移动终端作为接入设备,使用移动网络作为接入网络,实现移动通信、互联网及其各种融合创新服务的新型业务模式。移动互联网是桌面互联网的补充和延伸,移动用户从自身实际需求出发,能够通过以手机、移动互联网设备(MID)为主的无线终端随时随地通过无线方式接入互联网。

6.1.2 移动互联网的特征

移动互联网是在传统互联网的基础上发展起来的,因此二者具有很多共性,但由于移动通信技术和移动终端发展不同,它又具备许多传统互联网没有的新特性。移动互联网既继承了桌面互联网开放协作的特征,又继承了移动网的实时性、隐私性、便捷性、准确性和可定位等特点,二者的关系如图6-1所示。

(1)开放性和协作性。开放性是移动互联网服务的基本标准,不仅网络、应用和开发接口开放,而且内容和服务也是开放的,移动互联网能够为用户

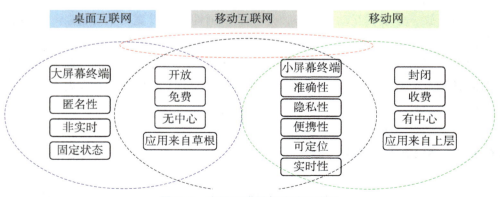

图6-1 桌面互联网与移动互联网
(资料来源:百度平台)

提供无穷无尽的创新性业务。同时，在开放的网络环境中，用户可以通过多种方式与他人共享各类资源，可以实现互动参与、协同工作。

（2）便捷性和便携性。移动互联网的基础网络是一张全方位覆盖的立体网络，各移动终端都可以方便地接入。除了智能手机、平板电脑以外，智能眼镜、手表、服饰等各类随身物品也可以成为移动终端。它们不仅是人体穿戴的一部分，也是人们出行的一部分，用户能够随时随地获取娱乐、生活、商务相关的信息，进行支付、定位等操作，让丰富的移动应用进入日常生活的方方面面。

（3）感触性和定向性。这一点不仅体现在移动终端屏幕的感触层面，更体现在拍照、摄影、二维码扫描，以及重力感应、磁场感应、移动感应、温湿度感应等无奇不有的感触功能上。此外，基于位置的服务（LBS）不仅能够查找移动终端所在的位置，甚至可以根据移动终端移动的趋向性，确定下一步可能去往的方向。这为警方查找嫌疑人及失踪人员提供了极大的便利。

（4）交互性与娱乐性。用户在移动互联网时代具有更大的自主性和选择权。用户由被动的信息接受者转变为主动的内容创造者，移动终端的智能性进一步增强，使得用户之间通信和内容的体验更具有交互性。此外，移动互联网上的丰富应用，如影音、手游、阅读软件，都为用户的生活增添了趣味性与娱乐性。

6.1.3　移动互联网的应用

移动互联网主要面向以人为主体的通信，注重提供更好的用户体验。随着智能手机的普及，移动互联网的发展与应用已日臻成熟，主要体现在资讯传播、娱乐服务、生活服务三大方面。

（1）资讯传播。在移动互联网技术的支持下，新闻的即时传播成为可能，社会重大事件可以在发生的第一时间被大众所知。而在大数据筛选技术的辅助作用下，新闻资讯类 App 可以根据用户的阅读习惯，定时定点为其推送感兴趣的内容，实现各类新闻的定向传播。

（2）娱乐服务。移动互联网技术的发展，极大地促进了我国娱乐服务的多元化，各式各样的在线娱乐方式层出不穷。手机游戏、在线音乐、短视频、社交软件，已成为文化甚至潮流的代名词。

（3）生活服务。移动互联网技术在生活服务领域也有着广泛的应用，人们可以实现对天气预报精确到小时的查询；可以在出行前用手机购票，轻松查询特定日期班次、票价、时间等信息；可以通过各类智能 App 实现在线学习、在线工作、在线购物等功能。

6.2 物联网

互联网使人们、企业和经济体之间的通信成为可能。这些连接通常是通过连接到服务器和数据中心的台式计算机进行的。网络连接通常是通过将设备限制在固定位置的连接插座进行的。但这些正在改变，人们不再通过连接到占据办公楼整个楼层的服务器的电缆将其链接到一个位置。他们几乎可以通过任何允许收集和交换数据的设备进行连接。因此，互联网的力量和无线技术的进步带来了物联网的时代。

6.2.1 物联网的概念

物联网（Internet of Things，IoT），主要是通过传感器、通信模块以及芯片等感知设备将物体进行联网。1999 年麻省理工学院的 Ashton 教授在研究射频识别（RFID）时，第一次提出了物联网的概念，他认为物联网就是将所有物品通过射频识别等信息传感设备与互联网连接起来，实现智能化识别和管理的网络。2005 年国际电信联盟（ITU）发布了《ITU 互联网报告 2005：物联网》，报告重新定义了物联网的意义和范畴，认为物联网通过射频识别装置、红外感应器、全球定位系统、激光扫描器等装置与互联网结合成一个全新的、庞大的网络，把现有的互联网、通信网、广电网以及各种接入网和专用网络连接起来，实现智能化的识别和管理。

6.2.2 物联网的特征

（1）全面感知。利用 RFID、传感器、定位器和二维码等手段随时随地对物体进行信息采集和获取。感知包括传感器的信息采集、协同处理、智能组网、信息服务，以达到控制、指挥的目的。

（2）可靠传递。通过各种电信网络和因特网融合，对接收到的感知信息进行实时远程传送，实现信息的交互和共享，并进行各种有效的处理。在这一过程中，通常需要用到现有的电信运行网络，包括无线和有线网络。由于传感器网络是一个局部的无线网,因而无线移动通信网是承载物联网的一个有力的支撑。

(3)智能处理。利用云计算、模糊识别等各种智能计算技术,对随时接收到的跨地域、跨行业、跨部门的海量数据和信息进行分析处理,提升对物理世界、经济社会中各种活动和变化的洞察力,实现智能化的决策和控制。

6.2.3 物联网的应用

物联网技术用途广泛,遍及多个领域,图6-2着重介绍其十大典型应用场景。

(1)智能制造是将具有环境感知能力的各类终端、基于技术的计算模式、移动通信等不断融入工业生产的各个环节,大幅提高制造效率,改善产品质量,降低产品成本和资源消耗。

(2)智慧农业指的是利用物联网、AI、大数据等现代信息技术与农业进行深度融合,实现农业生产全过程的信息感知、精准管理和智能控制的一种全新的农业生产方式,可实现农业可视化诊断、远程控制以及灾害预警等功能。

(3)智慧零售就是运用互联网、物联网、大数据和人工智能等技术,构

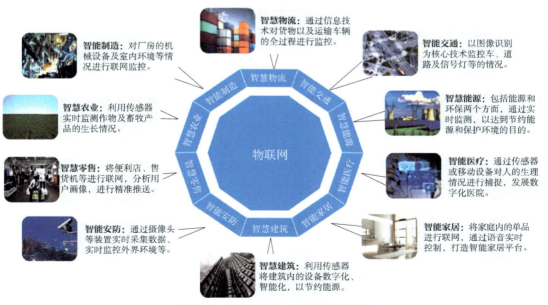

图6-2 物联网的十大典型应用场景
(资料来源:亿欧智库)

建商品、用户、支付等零售要素的数字化，采购、销售、服务等零售运营的智能化，以更高的效率、更好的体验为用户提供商品和服务。当然，智慧零售也带动了消费升级，主要体现在场景升级、服务升级和体验升级上。

（4）智能安防是物联网备受关注的一大应用市场，能够通过设备实现智能判断。完整的智能安防系统主要包括门禁、报警和监控。

（5）智慧建筑是城市的基石，技术的进步促进了建筑的智能化发展，物联网技术的应用，让建筑向智慧建筑方向演进。智慧建筑是集感知、传输、记忆、判断和决策于一体的综合智能化解决方案。

（6）智能家居行业的发展主要分为三个阶段：单品连接、物物联动和平台集成。其发展的方向是首先连接智能家居单品，随后走向不同单品之间的联动，最后向智能家居统一运营的系统平台发展。目前，各个智能家居类企业正处于从单品向物物联动的过渡阶段。

（7）智能医疗领域，新技术的应用必须以人为中心。而物联网技术是数据获取的主要途径，能有效地帮助医院实现对人的、对物的智能化管理。当前两个主要的应用场景分别是医疗可穿戴和数字化医院。

（8）智慧能源环保属于智慧城市的一个部分，将物联网技术应用于传统的水、电、光能设备进行联网，通过监测，提升利用效率，减少能源损耗。

（9）智能交通被认为是物联网所有应用场景中最有前景的应用之一。应用包括智能公交车、共享单车、汽车联网、智慧停车以及智能红绿灯等。

（10）智慧物流是新技术应用于物流行业的统称，指的是以物联网、大数据、AI等信息技术为支撑，在物流的运输、仓储、包装、装卸、配送等各个环节实现系统感知、全面分析及处理等功能。

"万物互联"成为全球网络未来的发展趋势。我国物联网的产业规模及多样性持续扩大，行业生态体系逐步完善，为资产云的发展打下了良好的技术基础。未来，物联网将合规性更严格、防护措施更安全、智能消费设备更普及、人工智能更受青睐、人才更专业、移动访问更轻松。

6.3　各大数字技术的有机融合

我们在前4章已经讨论了云计算、大数据、AI和区块链技术及其对财务的影响，本章又精要地介绍了移动互联网和物联网技术及其应用场景。可以看到，在当前的数字经济领域中，各项技术都不是独立存在的，而是相互依存、相互作用，共同推动传统财务向数字财务转型。为了便于大家理解，我们将在本节系统梳理各大数字技术之间的关系。

6.3.1 "大智移云物链"技术间的关联性

"大智移云物链"（见图6-3）是大数据、AI、移动互联网、云计算、物联网技术的统称。其中，云计算是最为底层的技术架构，它为大数据、物联网、移动互联网提供存储与计算服务。相比于传统IT架构而言，云计算具有成本低、配置灵活、资源共享的优势，用户可以按需购买，理论上能拥有无限的容量。

互联网和物联网可以将人与人、人与物、物与物的信息进行互联，在这个过程中，互联的主体产生大量的数据。单个计算机和存储设备，难以对海量的数据进行存储和计算处理，即使可以，其成本也会随着数据量的激增而急速上升。因此，这些数据需要一个强大的空间进行集中存储和处理，这就是云计算所擅长的地方。互联网和物联网所"连接"的一切，其核心都是云计算。云计算为"互联网+"商业模式、业务流程、资源分发提供强大的存储和处理能力。当大量的数据通过物联网、移动互联网上传到云端后，就需要运用大数据技术进行分析和挖掘。云计算可存储、访问和计算数据资产，而大数据则基于云计算对海量的数据进行分析与挖掘，它是从提高生产效率向更高级

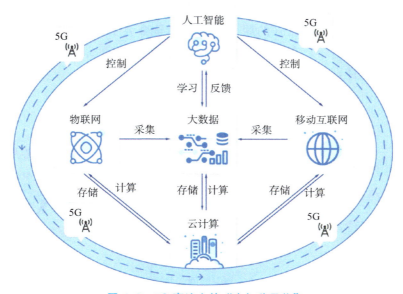

图6-3　5G高速上的"大智移云物"

智能阶段的自然进化。无处不在的信息感知和采集终端为我们采集海量的数据，云计算为我们提供强大的计算能力，大数据帮助我们对这些数据进行分析和挖掘，这些数字技术为我们了解与构建数字世界奠定了基础。

人工智能则是在大数据之上更进一步。大数据技术需通过数据分析师借助复杂的软件工具对海量的数据进行分析和挖掘，才能发现一些隐藏的规律、现象、原理。而人工智能技术则弱化了"人"的分析决策，能够通过"自我学习"，实现机器自身对数据的调用和分析。这种学习能力达到一定水平后，又能更好地推动和控制物联网等技术的应用。

6.3.2　5G 助力数字经济

为了应对未来爆炸性的移动数据流量增长、海量的设备连接、不断涌现的各类新业务和应用场景，5G 系统应运而生。国际电信联盟为 5G 定义了 eMBB（增强移动宽带）、mMTC（海量大连接）、URLLC（低时延高可靠）三大应用场景。实际上，不同行业往往在多个关键指标上存在差异化要求，因而 5G 系统还需支持可靠性、时延、吞吐量、定位、计费、安全和可用性的定制组合。万物互联也带来更高的安全风险，5G 应能够为多样化的应用场景提供差异化安全服务，保护用户隐私，并支持提供开放的安全能力。

从本质上来说，移动互联网和物联网的发展是移动通信发展的两大主要驱动力。而移动通信的发展，又反过来助力移动互联网、物联网提供更高速、更优质、更丰富、更沉浸式的服务，最终使整个数字经济受益。可以说，5G 将成为引领科技创新、实现产业升级、发展数字经济的基础性技术。5G 与互联网、物联网的关系，如图 6-4 所示。

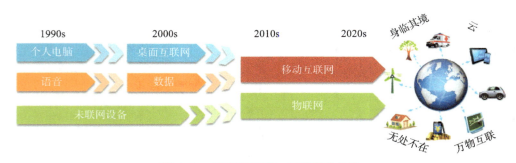

图 6-4　5G 与互联网、物联网的关系
（资料来源：百度平台）

6.3.3 区块链技术的颠覆与融合

相比以上技术，区块链技术尚处于发展初期，但其潜力已经得到广泛认可。2019年，区块链技术被上升到国家战略高度；2020年，区块链技术基础设施被纳入国家新型基础设施范围内。对区块链应用成熟度的趋势判断如图6-5所示：从现在的B2B信任协作和正在试点的数字货币类似应用，再到信任基础设施，最后与数字化经济和分布式商业的融合。这将使区块链自身的技术体系进一步完善，技术标准化工作进一步推进，有望在更多场景、行业和产业中推进数字经济的进程。

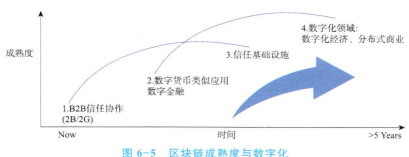

图 6-5 区块链成熟度与数字化

（资料来源：度小满金融）

区块链技术之所以能得到高度重视，是因为它"去中心化"的特性，从本质上区别于"大智移云物"等中心化技术，具有潜在的颠覆价值。如果说其他技术主要是生产力变革，那么区块链技术更像是生产关系的变革。

尽管区块链技术与其他数字技术有性质上的区别，这并不意味着区块链是独立存在的，它也可以在各种应用场景下与其他数字技术相结合，以解决目前存在的问题。例如，数字经济时代，数据将作为生产要素参与经济社会发展，如何在数据开放共享、发挥数据最大价值的同时保护个人隐私，区块链将是一个重要的工具和手段。我们认为，区块链将成为数字经济时代的基础设施，并需要同移动互联网、物联网、云计算、人工智能、大数据、5G等多种数字技术联合起来才能发挥最大作用。

6.4 "大智移云物链"下的财务转型

"大智移云物链"等数字技术，在生产和社会生活领域的广泛应用和深度融合，对竞争环境、商业模式及企业管理方式产生了革命性的影响，推动了企业数字化转型的进程。

财务管理作为企业转型的重要支撑手段，是组织转型和业务转型下实现资源优化配置的有效工具。传统的财务工作采用分散式的、封闭的、手工操作的模式，复杂的交易行为不断被压缩在会计科目里，每一次压缩，都是信息价值的损失，直至将信息压缩为最小数据集。在这一信息处理流程中，财务部门丢弃了反映企业业务经营状况的过程数据，仅仅记录了经营的结果。

6.4.1 数字财务是企业财务转型的趋势

"大智移云物链"时代背景下的财务转型，要从"最小数据集"向"大数据"转变，通过与利益相关者的在线互联，运用信息技术高效地采集、加工、报告数据，建立企业的数字神经网络，帮助企业用数据来管理、用数据来决策、用数据来创新，帮助企业在多变的商业环境中保持竞争优势。2014年10月27日，《财政部关于全面推进管理会计体系建设的指导意见》指出，管理会计是通过利用相关信息，有机融合财务与业务活动，在单位规划、决策、控制和评价等方面发挥重要作用的管理活动。借助"大智移云物链"技术，财务部门能够帮助企业进行更加有效的预算管控、资产配置和经营布局，为决策层提供更加有力的决策支撑，更好地发挥财务的管理职能，促进企业的良好稳定运营。

企业的本质是盈利，以成本最小化和利益最大化为目标。因此，企业面临着控制成本、提高生产率的压力，也面临着减少甚至消除非增值作业的压力。随着数字技术的飞速发展，企业还需提高为其内部和外部提供信息的各个系统的质量、可靠性和反应能力。这就要求财务人员与管理团队的其他人员一起，借助大数据平台，综合运用智能化、云计算等信息技术，既有效果又有效率地获取、维护和运用资源，以维持财务职能在经营平衡中的重要作用。

调研显示，在许多企业的财务部门中，交易处理占财务所执行的全部作业的80%以上；在财务职能中，仅有不到4%的可用时间和资源投入到思考未来和支持面向未来的分析中。因此，"大智移云物链"技术驱动下的财务职能将更多地向分析、建议和预测转变，并呈现出如下4种趋势。

(1) 提供数据驱动的决策支持。随着大数据时代的到来，海量数据成为传统生产要素的有效补充以及企业的宝贵资产。传统的财务是"精确的不准确"，财务报表能精确到小数点后两位数字，但却不能准确地反映企业真实的经营状况。大数据时代，财务部门应提升数据挖掘能力，从数据中发现规律、发掘数据价值；同时重视非财务数据信息，充分运用企业内部和外部的各类信息，厘清生产要素之间及其折射在业务、管理、会计中的信息关系，从而提供决策支持。决策支持的核心内容包括：①为企业战略提供财务评价。②为管理层及经营者提供经营预测的模型和工具。③为管理层提供动态的预算、预测信息和实时的经营信息。

(2) 提供深入价值链的业务支持。企业的三大循环包括信息循环、业务循环和管理循环，财务是信息循环的重要组成部分。信息技术使财务部门能够更高效地采集信息、加工信息和报告信息，促使财务更好地与业务循环、管理循环相融合，面向业务经营过程，提供财务支持。财务可在三个方面提供深入价值链的业务支持：①和业务循环相融合，控制和反馈业务循环是否遵循管理循环提出的规则和要求。②采集和存储有关业务循环的详细数据。③为管理循环提供及时的、与决策相关的报告。

(3) 提升效率和生产率。财务效率的提升表现在：①财务工具的变革促进了财务人员的解放，自动化和智能化的应用不断突破人力资源的局限，具有极高的扩展性，在提高处理速度的同时还能保证质量。②财务人员得以从繁杂的财务基础核算中解放出来，能致力于更有价值和更具创造性的工作，赋能员工。财务对生产率的提升，是通过财务管理职能间接体现的。财务管理水平的提升促使企业管理水平提升，帮助企业进行更有效的资源配置，可以释放出管理价值；同时借助强大的数据分析，获取未来商机，洞察前沿。

(4) 进行更有效的风险控制。财务信息化的过程，即是不断规范数据收集、加工、存储、管理、分析、分享的过程。财务信息化水平的提升，也代表着企业数字能力的提升。财务信息系统和企业业务系统的有机集成，不仅能够完整记录企业价值链中每一环节的数据，还有效地降低了数字造假风险。财务部门数据能力的提升，对财务风险甚至是非财务风险形成一定的预判能力，财务部门从"幕后"不断走向"台前"，由提供事后的财务数据，向事前的预算管控和事中的规范管理转变，借助健全的防范机制和内控机制，促使企业风险应对能力获得极大的提升。

6.4.2 数字财务是企业数字化生态建设的核心

"大智移云物链"时代的到来，互联网思维和"互联网+"对人们的思维和行动方式的改变，对社会商业模式和企业管理方式都产生了极大的影响。如何提升财务管理水平、实现财务转型，既是企业转型的关键环节，也是企业核心竞争力之所在。财务转型是财务战略、职能定位、组织结构、人力资源、操作流程和信息技术等的全方位转变，是动态持续的优化过程。财务共享服务以信息技术为支撑，通过标准化的流程实现企业基础财务业务的统一处理与流程再造。财务共享服务为财务机器人的应用提供了优良的场景，从而实现了业务流程节点的优化改造。财务上云的过程也是财务工业化的过程，"大智移云物链"技术的发展，将不断地推动财务工作向着自动化、数字化和智能化的方向转型。如图6-6所示，数字财务必然成为企业数字化发展的核心。

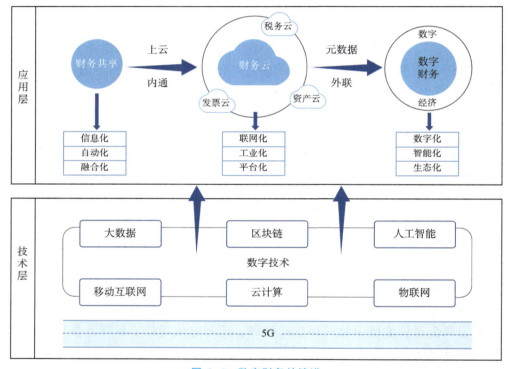

图6-6 数字财务的演进

★ 本章知识点回顾 ★

概念掌握：移动互联网、物联网、5G

问题思考：

（1）"大智移云物链"技术之间的关系是什么？

（2）数字技术如何推动企业财务转型？

（3）请简要描述数字财务未来可能的演进过程。

第 2 篇 CHAPTER 2

数字财务的目标、职能、标准和风险控制

> 传统财务要向价值创造性财务转变，并为财务确定一个新的定位，即"规划未来、引领价值、事先算赢、创新增值"。
>
> ——海尔集团高级副总裁、CFO 谭丽霞

内容提要：本篇从理论层面比较了传统财务与数字财务的目标和职能，在分析了传统财务信息系统在及时性、相关性等不足以支撑企业战略决策的基础上，提出了数字财务职能的重大变化，即从传统财务的价值守护功能向数字财务价值创造功能的转变。随后介绍了元数据这一重要的数字财务基础建设技术的发展基础，和正在创建的数字财务元素的代码标准，试图推动财务流程的标准化创建和未来的广泛使用，最后讨论了数字财务的风险控制。

第 7 章
数字财务的目标和价值创造模式

企业的目标是什么？不同的人会给出不同的答案。迈克尔·波特（Michael Porter）在其 *Competitive Advantage* 一书中阐明了他的观点："企业所做的每件事都应该为客户创造价值，而且，由于对稀缺资源的竞争，每个企业都必须以某种讲究成本—效益的方式来创造价值。"从本质上来理解，企业之间的竞争是一种能力的较量——如何为客户创造价值、提供客户满意的价值、为客户创造更多更好的价值，这也是企业存在和发展的目标。但是，在数字化的背景下，企业不仅是为客户创造价值，财务作为企业管理重要的一环，其管理模式也需要创新。本章中，将梳理传统财务以及数字财务的目标，探寻其异同点并且探讨创新的数字财务管理模式。

7.1 财务目标

简单来说，财务目标是指企业财务活动在一定环境和条件下追求的目标。财务目标不仅指明了财务管理的基本方向，也为评价企业财务活动合理与否设立了方向。确定好财务管理的方向是起始点，但是并不意味着到此为止，财务目标贯穿始终，因为财务决策需要财务目标作为准绳，财务活动需要财务目标作为依据，而绩效考核更离不开财务目标作为标准。数字化背景下，我们认为数字财务的发展目标实际上包含和融合了传统财务目标。

7.1.1 传统财务目标

7.1.1.1 利润最大化

企业以利润最大化为目标具有合理性。从微观上看，初始资本一定的情况下，企业的利润越多，表明其资金利用效果越好。与此同时，企业抵御风险的能力也会越强，竞争实力会更雄厚。从宏观上看，利润也能代表企业目前可生产产品的多少：企业利润越多意味着企业可生产的产品越多，因而对社会的贡献越大。但是反过来理解，利润最大化意味着社会财富的极大化，如果人人都追求利润最大化，利润的多少就会决定资本的流动方向。结合理性人假说，因为每个人都会追求自身利益的最大化，资本只会流向利润最大的行业和企业，这对社会整体发展具有不利影响。

此外，利润最大化也存在一些缺陷，如并没有考虑利润发生的期间，也就是没有考虑货币时间价值的特性。利润是一个绝对值，并没有考虑利润与投入资本间的投入产出关系，利润的最大化不代表利润率最大化。如果企业仅追逐利润最大化，可能会使企业的决策行为过于短视，牺牲大量的经济资源而不能创造长期利益，因而利润最大化不能科学地说明企业经济效益水平的高低，也不利于不同资本规模的企业或同一规模企业在不同的期间进行比较。利润最大化也难以协调股东同经营者之间的利益分配问题，因为经营者的收益往往与经营业绩挂钩，经营者为了追求利益可能会挖空心思在账面上做手脚，虚增收入和利润，蒙骗股东，不利于企业的长期发展。

7.1.1.2 每股收益最大化

每股收益最大化观点认为，应当把企业的利润和股东投入的资本联系起来进行考察。用每股资本对应的收益来概括企业的财务目标，反映所得利润与投入资本之间的投入产出关系，一定程度上克服了利润最大化目标的局限性。自20世纪60年代以来，随着资本市场的逐步完善，尤其是股份制企业发展迅速，每股资本收益最大化成为企业的财务目标。

每股收益最大化仍然没有考虑货币的时间价值，没有考虑投入资本以及股东获取利润的时间性和持续性，也没有考虑风险因素。与此同时，每股收益最大化只考虑了股份制企业，因为每股收益的计算是基于每一股所对应的盈利，所以非股份制企业难以使用该指标。此外，与利润最大化一致，每股收益最大化没有考虑市场环境，同时，根据盈余管理的相关理论，经营者有足够的动机粉饰业绩，所以一定程度上会缺乏客观性。

7.1.1.3 股东权益最大化

股东权益最大化观点认为,股东权益通过股票的市价来反映,所以股东权益最大化直观地来说就是追求股票市价最大化。这种观点主要以美国为代表。在美国,企业股东以个人居多:他们并不控制企业财权,只是通过股票的买卖来间接影响企业的财务决策。大股东因为持有较多的股票,拥有更多的投票权,进而能够影响决策。职业经理人的报酬也可以与股价直接相关,股价同利润、每股收益一样,本身就是一个量化指标。因此,股票价格成为财务决策要考虑的最重要因素,而股票市价也是股东权益的充分体现。

股东权益最大化可以通过股票市价最大化来实现,但我们注意到,影响股价变动的因素不仅包括企业经营业绩,还包括投资者的心理预期及国家经济政策、政治形势等外部环境,这些因素加强了股价的波动性。在这种情况下,股价并不能成为股东衡量业绩的公正标准或客观尺度。如果只考虑股东权益最大化,就会对规范企业行为、统一员工认识缺乏应有的号召力,同时也不会考虑人力资本所有者和整个社会相关者的权益。

7.1.1.4 股东财富最大化

股东财富最大化观点认为,在股份有限公司中,企业的价值可以用股票市值来表示,当企业股票的价格达到最高时,就意味着企业实现了财富最大化目标,也意味着股东的财富实现了最大化。这一观点也起源于美国。股东财富最大化目标能激励企业采用最优的财务决策:它考虑了货币的时间价值和风险情况,从而最大化企业的总价值,进而最大化股东的财富。因此,这一目标比前三种目标更全面、更综合。

但是,股东财富最大化是一个十分抽象的目标。对上市公司而言,其财富虽然可以通过股票的价格变动来反映,但由于股票价格的变动是受诸多因素影响的综合结果,并不是企业业绩的唯一反映,因此,股票价格的高低不能反映上市公司财富的大小。股东财富最大化难以找到量化目标,在实际工作中对经营者提出了更高的要求。同时,股东财富最大化目标也难以兼顾其他财务关系人的利益。由于企业是所有者的企业,企业的财富最终都归所有者,而企业的财务关系人,除了股东,还包括债权人、经营者、职工和社会公众等。无论何种关系人都要享有企业财富的分配权,这与企业所有者的目标会发生矛盾。

7.1.1.5 企业价值最大化

企业价值最大化观点认为,企业价值最大化就是通过企业财务上的合理经营，采取最优的财务政策，同时充分考虑货币的时间价值和风险与报酬的关系。在实现企业稳定、长期发展的基础上，不断增加企业的财富，使企业价值达到最大化。企业价值除了企业存量资产的重置价值外，还包括人力资本价值、无形资产价值以及潜在的获利能力，这些是其他目标所没有考虑的重要价值。

企业价值最大化追求的是企业资产的价值，各种资产的投入回报又来源于对资产最有效的配置和最合理的运用，它要求的对象是企业的总资产，财务目标主体是利益相关者的企业，而不仅仅是股东的企业；利益指向是企业价值，体现了利益相关者的共同利益，而不仅仅是股东的利益；目标是如何"做大蛋糕"而不是如何"分配蛋糕"。目前，西方国家进一步提出了"企业价值最大化"目标，目前已被许多企业所接受。

7.1.2 数字财务目标

数字财务目标并非单一的财务目标。在数字化的发展中，无论是利润最大化、每股收益最大化、股东权益最大化、股东财富最大化以及企业价值最大化，这些传统财务目标在企业内部供企业自行选择以实现内部价值最大化，同时在企业外部实现利益共同体的价值最大化。数字财务目标的内部演进，如图7-1所示。

数字财务目标实现了从传统的价值守护到价值创造的过程。新技术、新管理和新模式是推动社会生活变革的动力，数字化转型是传统企业的变革之道。数字化转型的对象有三类：业务对象、业务流程和业务规则。聚焦于财

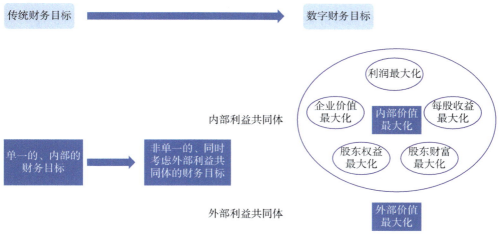

图7-1 数字财务目标的内部演进

务来看，财务数据是业务对象，是企业数据的心脏；财务活动是业务流程，如记账等活动；财务活动所依据的规则，如会计准则等，就是业务规则。

信息技术的迅猛发展使得企业在业务流程以及客户目标确定等方面都出现了较大的变化。在管理过程中，可转移性和共享性的信息资本将占据主导地位，同时，财务信息的不断更新、增加和应用范围的扩展将对企业财务管理内容产生深远的影响。因此，有必要在企业财务管理目标中实现多元化发展模式，充分考虑相关影响因素，实现企业利益相关者收益的协调，以最大化企业价值。在创新企业财务管理模式方面，由于必须在信息时代最大程度地外延发展企业财务管理，因此应将传统意义上的财务管理模式从过去的分散式、局部式的管理模式转向集中管理和远程处理的管理模式，一定程度上，财务管理模式的转变能够实现实时监控企业财务状况，及时规避财务风险。同时，利用财务管理模式创新，能够保持集团的控制力，避免出现"尾大不掉"的情况，提升企业整体的竞争力。

7.2　创造价值的数字财务管理模式

企业财务管理必须以市场为导向、以资本为纽带、以现代企业制度为保证，在企业内部合理配置资产，由此提高资本运营效率。传统的财务管理模式有三种：集权式、分权式和分散管理。

(1) 集权式财务管理模式下，母公司拥有高度的决策权，子公司只享有少部分的财务决策权，其人、财、物资产及供、产、销活动统一由母公司控制。这一模式的优点包括能够降低集团整体的行政管理成本、降低集团整体的财务风险和经营风险以及降低资金成本。但是，当财务管理权限高度集中于母公司时，子公司的灵活性和创造性会被遏制，且因为只需听命于集团，子公司经营者的积极性也容易被挫伤；此外，高度集权虽能降低或规避子公司的决策失误风险，但决策压力完全集中于母公司，加上由下至上的信息在传递的过程中会有不及时、不完整、不准确的情况发生，一旦决策失误，将产生巨大的损失。

(2) 分权式财务管理模式下，在财权上，子公司的灵活性比集权式更高，拥有根据市场环境和自身情况做出财务决策的权利；在管理上，母公司以间接管理为主，并不会用指令性计划方式来干预子公司的生产经营活动；在业务上，给予子公司充分的授权并鼓励子公司积极参与竞争，抢占市场份额。

这一模式与集权式恰恰相反，子公司有充分的积极性，但是存在难以统一指挥和协调以及可能出现重视子公司利益而不顾集团利益的情况。另外，如果子公司数量众多，也容易发生"尾大不掉"的情况。

（3）集团总部指导下的分散管理下，不存在绝对的集权和绝对的分权，集团总部指导下的分散管理模式强调分权基础上的集权，是一种集资金筹集、运用、回收与分配于一体，参与市场竞争，自下而上的多层决策的集权模式。这一模式融合了集权与分权的优缺点，但是对企业集团提出了非常高的管理要求。

数字化背景下，财务管理模式如果仅是在企业内部对管理权限进行分配，则难以为继。因为数字财务管理模式不仅仅需要关注企业集团内母子公司之间、管理者与基层员工之间的关系，更是要囊括所有利益相关者，发展成能创造价值的模式。本节将重点介绍财务转型的方向，即为利益相关者创造价值。

7.2.1 财务转型：为利益相关者创造价值

利益相关者理论认为，企业的利益相关者包括它的股东、债权人、雇员、消费者、供应商等，也包括政府部门、本地居民、本地社区、媒体、环保部门等压力集团，甚至包括自然环境等受到企业经营活动直接或间接影响的客体，如图7-2所示。企业的生存和发展与这些利益相关者紧密联系，

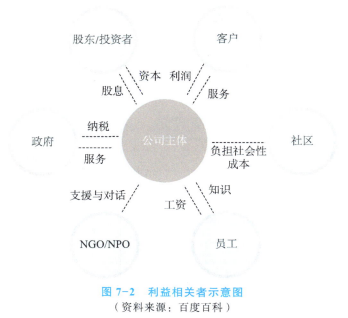

图7-2 利益相关者示意图
（资料来源：百度百科）

有的直接分担了企业的经营风险，如股东；有的为企业的经营活动付出了代价，如消费者；有的对企业进行监督和制约，如董事会和政府部门。企业的经营决策不能独立于这些利益相关者，必须要考虑其利益或者接受其约束。

对于面临复杂的经济环境和激烈的全球竞争的企业来说，它们必须重新思考战略发展，调整组织结构和经营方式。特别是在数字化时代，企业与其利益相关者的联系更加紧密。财务部门作为企业重要的管理部门，必须站在战略高度以全局性的视角提供决策支持服务，帮助企业管理者应对复杂的外部环境。财务部门不能仅仅局限于所谓的"一亩三分地"，这一要求促使财务部门要面向未来、主动转型，重新构建适应企业战略需要的财务管理模式，同时为其利益相关者创造价值。

在这种背景下，企业数字财务目标的实现是一个财务转型价值创造的过程。财务的目标，是以客户为中心，将业务循环中的信息进行提取、挖掘、加工分析、输出内部报告和外部报告，支持企业的管理循环（含资金管理、预算管理、投资理财、风险管理、合规管理和税务管理等）。进而支持企业的经营决策，为利益相关者创造价值（见图7-3）。全球化时代、技术的飞速进步让本已复杂多变的商业世界更加难以预料，企业需要获得的财务支持与日俱增，财务部门服务的对象，不再局限于外部客户，而是包括了企业主价值链上的各个业务单元以及企业的各级管理者：财务部门需要提供的将不再仅仅是三张会计报表（资产负债表、利润表和现金流量表），而是从各个维度分析企业经营业绩的管理报告。

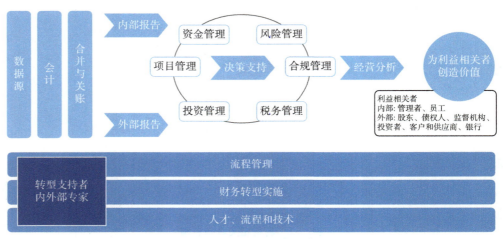

图 7-3 财务转型：为利益相关者创造价值

当然，企业财务转型在流程管理、转型实施以及人才、流程和技术的提升上也离不开内外部专家的支持。内外部专家团队并不是实体的组织单位，而是一个虚拟概念：由战略财务、业务财务以及共享财务中的专家共同组成，这些专家可以是内部的管理层、员工，也可以是外聘专家。他们采用项目化运作方式来研究和解决财务管理问题，并对实践工作提供专业的指导意见。专家团队的职能是对商业模式、会计政策、税务、利率、资金等领域集中研究，输出业务指导。同时，专家团队还将获取权限对重点项目提供专业的财务支持。

7.2.2 财务部门转型

随着信息技术的不断发展，企业管理不再粗放，逐渐进入精细化领域，即可以根据准确且经过处理的数据来辨别企业目前面临的问题或者可以改进的领域，然后实施具有针对性的措施。职能上，财务部门需要不断下沉，将自身定位成企业的"基础设施"，为企业整体的运营提供财务上的支持性工作；功能上，财务部门需要积极、主动地不断提高在企业中的作用，利用所获取的财务数据为企业的决策提供支持性工作。

传统管理模式下的财务部门，绝大部分资源都投入在原始凭证的核对和处理上。而在面对环境的变化和挑战时，特别是数字化背景下，企业的管理者已经不满足于财务部门仅作为记录者，更希望财务部门能够参与到价值链的管理和决策支持中。这就要求管理层对财务模式进行创新，财务部门的结构能够及时进行调整，财务资源能够利用信息技术在集团内部整合，并将财务人员的精力从大量重复的基础核算业务中释放出来，进而投入企业的经营以及战略决策支持中。

目前，财务转型企业的财务部门可以分成三个层次：第一层次为会计式财务部门，承担最为基础的核算财务工作，包括记账、算账、报账、财务核算、资金收付等，需要投入的人员最多。虽然会计式财务部门对财务人员的要求相对较低，却并不意味着转型所需要投入的培训成本会低，因为数字化过程中数据的录入、存储至关重要。第二层次为财务经理式的财务部，需要把基础工作降低到60%以下，抽出一部分精力完成管理会计的工作，如预算管理、成本管理、绩效管理、融资支持等。这些工作能够有效地支持企业的业务运作，同时帮助企业实现有效的管理。这也意味着对财务人员的要求较高，因为他们承担了一定的分析及统筹管理的工作，如果要转型，对中层人员的培训重点在数据的使用与提取上。第三层次是战略层面的财务部门，通常由企业的

CFO 主导，需要把企业的基础业务降低到 40% 以下，把管理业务降低到 40% 以下，抽出 20% 的精力做战略型的并购和支持，以及企业的风险管理和对未来的预测。这对人才的要求非常高，如果进行转型，对高层人员的培训重点也在对数据的分析上。

财务要实现转型：①要降低财务的运行成本，如财务人员占企业总人数的比例、每处理一份单据需要的成本等，要以相同甚至更低的运营成本支持财务从核算型向管理型、战略型的转变。②需要提供深入价值链的业务支持，财务人员需要深入到企业的各个价值链中，走到业务部门中间去，实现业务中的支持。③提供决策支持，财务部门要帮助企业各级管理者提供信息，这需要对企业业务深刻了解，把数据转化成信息，在合适的时间给合适的人，并对其决策产生影响。

此外，财务转型对财务人员既是机遇也是挑战。为数字财务服务的财务人员，必须从各方面更新自己的观念、知识结构和技能才能够胜任新的角色。

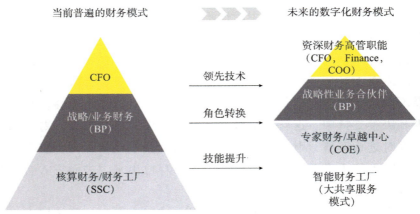

图 7-4　财务部门传统金字塔结构的转换
（资料来源：安永观察）

第一，要学会转变思维，适应不断创新的数字财务管理模式。培养财务人员的数字财务思维，不仅可以开拓财务人员的视野，还可以帮助财务人才的知识储备趋向多元化、纵深化，成为复合型人才，有助于为企业创造价值。第二，要不断完善知识结构，丰富经营管理的知识与技能。财务转型拓宽了财务人员的财务管理领域，强化了财务人员参与企业经营管理的广度和深度，对财务人员的知识结构提出了更高的要求。第三，加强与业务的融合，成为业务的合作伙伴。正如本书所提出的业务财务的概念，财务转型也可以认为是通过对企业生产经营的各个环节进行价值分析和管理控制来实现企业价值最大化。当然，财务人员的转型离不开企业提供的良好的成长空间和工作平台，这需要企业在转型过程中完善财务管理体制机制，继续突出财务管理在企业战略中的地位。财务人员也要与时俱进，因势而变，如图7-4所示。通过业务合作伙伴（Business Partner，BP），从用户需求出发，提供精准、高效、高价值的数据服务，支持前端业务决策。通过财务领域专家（Center of Expertise，COE），借助其在某细分领域深厚的知识储备、先进技能以及敏锐的市场洞察，为财务、业务的创新与发展提供专业洞见和解决方案。通过财务共享服务中心（Shared Services Centre，SSC），依托"大共享"平台运营模式，集中批量处理重复性高、可标准化且低附加值的基础财务工作，提升运营效率、优化运营成本、降低运营风险。

7.2.3 财务工程师

人类与智能技术的发展有着紧密关系，随着"大智移云物"新技术的不断涌现，RPA、自然语言学习等新产品层出不穷，为传统财务工作带来越来越多便利、提供越来越多工具的同时，也给财务工作和从业者带来很大的挑战。未来，财务会计人员应该是既懂会计又懂科技的复合型、创新型人才，是具备数据分析能力、多元的知识储备体系、掌握信息科技并具有创新精神的"财务工程师"。数字财务人才的培养目标，如图7-5所示。

图7-5　数字财务人才的培养目标
（资料来源：知链科技）

目前，信息技术已广泛应用于各项财务工作，财务人员需要学习、掌握互联网应用技术，学习财务管理中需要的大数据、云计算以及各种财务信息软件，借助信息技术新工具帮助企业更好地分析财务数据，做出正确的决策。财务人员要把控好云计算、企业内部管理机制和安全性三者之间的关系；探索区块链技术与关联交易、跨境结算、业财一致性方面的关系；提高机器学习在智能共享作业、智能财务报告、智能风险管控方面的能力。此外，财务人员还应积极参与到企业财务信息系统的建设中，能够根据自身的专业知识，在系统设计中给予建设性的意见，以保障财务工作更高效地开展。

对于未来区块链分布式账本技术背景下的财务报表审计，其数据是在各自的节点进行核查的，这就对注册会计师在互联网信息技术、系统安全等方面提出了更高的要求。技术所带来的商业模式的变化及数据对于技术安全的依赖性，提高了审计业务的复杂性，从而对审计师的专业胜任能力和专业素质提出了新的要求。

智能时代背景下，新兴技术和企业的发展深度融合，要求财务人员必须具备与时俱进和勇于探索的精神。财务管理是面向未来的，要具备为企业提供财务分析、预算管理、决策方案的制定等职能，所以新型"财务工程师"的培养和打造是数字财务发展的重要人力资源基础。

★ 本章知识点回顾 ★

概念掌握：数字财务目标、数字财务管理模式
问题思考：

（1）简述传统财务目标和数字财务目标的异同点。

（2）传统的财务管理模式为什么难以适应数字化发展，而创造价值的数字财务管理模式在哪些方面创造了价值？

（3）数字财务要求财务人员具备哪些创新思维？如何才能把自己打造成"财务工程师"？

第 8 章
数字财务的主体、职能和原则

为了更好地理解创造价值的数字财务管理模式，首先，我们需要明确数字财务的主体，即数字财务是什么，数字财务为了什么而服务；其次，通过对数字财务职能的阐述，我们可以了解数字财务的具体作用；最后，我们对数字财务的原则进行探讨，以探究数字财务是如何通过职能运作来实现其目标的。

8.1 数字财务的主体

8.1.1 财务的主体

财务是某一单位中财务活动及其所体现的财务关系的总称。前者是指企业在生产过程中涉及资金的活动；后者是指在财务活动中，企业和其他参与者之间的经济关系。

在本质上而言，财务是一种分配活动，财务主体应掌握财务分配的权力，决定财务分配的范围、数量规模、方法和财务分配的关系。换言之，掌握财务分配权力的组织或个人，在财务分配中起到决定性作用的参与者，就是财务主体。

举例来说，在独资企业和合伙制企业中，企业所有者、合伙人和企业本身没有分离，他们的决策代表企业的决策，企业的决策也就是他们的决策，二者合二为一成为财务主体；而在股份制企业中，所有权和经营权分离，所有者对企业财务的分配活动没有决定性的作用，而企业本身作为一个法人组织拥有企业产权，能够掌握企业的财务活动，此时企业本身是财务主体。

一般而言，财务主体来源于经济实体，自主经营、自负盈亏是经济实体的基本特征，同时也是财务主体得以存在的条件，在大部分情况下，都将企业本身视为财务主体。这有利于企业根据自身的实际经营情况，确定合理的资金需求，再将筹集到的资金运用到合适的项目上获得收益的最大化，最后将收益进行合理分配，保证企业的财务活动自始至终结合企业实际，财务决策有效而合理。

8.1.2 财务主体的特征

8.1.2.1 独立性

独立性是指财务主体能够自主地从事财务活动，而不受外界的直接干预和影响。体现在如下两个方面。

（1）有自主控制的资金。这种控制不一定是法律上的所有权，而是存在主体活动的对象，并且主体对其在资金这一对象上进行财务活动发生的结果承担责任。

（2）能够自主地进行融资、投资和分配等财务活动。财务主体具有自主的经营权，决策始终立足于自身的实际情况，满足于自身的需要，而不是受外界的直接影响或指使。

独立性是财务主体的关键要素之一，缺乏独立性不仅会使财务决策过程混乱，也会使财务活动结果无法定责，甚至最终导致财务主体解体。

8.1.2.2 目的性

目的性是指在财务主体从事财务活动时，有自己的目标，并根据目标规划自己的行动。财务活动是一种面临外界竞争的经济活动，若缺乏目的性，将使主体的力量分散，产生矛盾，无法应对外界的竞争。

财务主体作为一个完整的经济组织有其行动的总目标，在不同的阶段也有不同的目标。在融资阶段的目标是实现最佳的资本结构；在投资阶段则要实现收益最大化；到了分配阶段，一方面要满足投资者的需求，另一方面要保证企业内部未来发展的需求。

8.1.3 数字财务的主体

数字财务的主体和传统财务的主体是一致的，都是企业本身。

判断财务的主体是从两个最重要的特征出发的，也就是独立性和目的性，这在数字财务的背景下也是一样的。

一个大企业或者集团，旗下可能拥有数个甚至数十个、数百个子公司或分部，只要其中任何子公司或者分部满足独立的和明确的活动目标，就可以视作一个财务主体；若子公司或者分部不能同时满足独立性和目的性的条件，就不能视作财务主体。数字财务通过大数据、AI、区块链等技术使得一个个子公司、分部和集团总部之间沟通的阻碍被打通，集团间财务共享成为可能，甚至更加迅速和便捷。此时，集团总部是一个数字财务主体，同时满足独立性和目的性的子公司或分部也是数字财务主体。

随着互联网的普及，以及大数据、AI、区块链等新兴技术的成熟与广泛运用，"企业生态系统"的概念渐渐被人们所熟知，并日趋重要。在企业的生态系统中，包含着企业本身、供应商、客户、代理商、银行、税务机关等角色，每一个参与者共同构建形成了一个大的商业平台。在这一价值平台上，部分信息是可以彼此共享的，但不是所有的信息都是可以公开和共享的，而且每一个主体的目的并不相同，因此整个企业生态系统无法构成一个数字财务主体。同时，随着科技的飞速进步，企业经营的环境也瞬息万变。只有把企业自身作为财务主体，企业才能从自身需要出发，捕捉市场上的有利时机，进行有效的财务活动。因此，无论在传统财务背景下还是数字财务背景下，财务的主体是企业本身这一点是不会改变的。

8.2 数字财务的职能

8.2.1 财务职能及其影响因素

财务职能源于企业资金运动及其所体现的经济关系，是指企业财务在企业经营中所发挥的功能，表现为筹资、用资、耗资、分配等过程中的核算、管理和监督职能，包括财务报表出具、财务预测、财务决策、财务计划、财务控制、财务分析等。在这里，财务职能不局限于财务管理职能，而是包括了会计职能的系统性职能。

财务职能服务于财务目标，受财务环境的影响产生不同的组织形式。

财务目标是企业在特定的财务环境中组织财务活动、处理财务关系所要达到的目的，是整个财务管理工作的出发点和归宿。财务职能的内涵是如何实施财务管理，即如何组织企业的财务活动，处理财务关系，提高资金的使用效益，以达到既定目标。

财务环境是企业从事财务管理活动过程中所处的特定时间和空间。财务环境既包括企业经营所面临的政治、经济、法律和社会文化等宏观环境，也包含企业自身管理体制、经营组织形式、生产经营规模、内部管理水平等微观环境。财务环境对企业财务活动的影响有些是直接的，有些是间接的。就财务职能而言，其内涵与外延总是伴随着经济、科技、文化、法律、市场经济体制等环境因素的变化而不断发生变化。

8.2.2 财务的职能

财务的职能主要包括会计职能和财务管理职能。

8.2.2.1 会计职能

（1）会计的核算职能。核算职能是会计最基本的职能。会计的核算职能是指会计通过确认、计量、记录、报告，从数据上反映企业已经发生的经济活动，为经营管理提供经济信息的功能，主要是对已发生的经济业务进行事后反映。随着电子计算机引入会计领域，手工会计信息系统逐步发展为电算化会计信息系统，会计信息变得更完善、及时、灵活和准确，也更加能够满足多方面、多层次的需求。

（2）会计的监督职能。会计的监督职能是指按照相应的目的和要求，在会计核算的基础上，利用核算所提供的经济信息，对企业的经济活动进行监督和控制，使其达到预期目标的功能。会计监督包括事前、事中和事后监督。事前监督是指会计部门在参与编制各项计划和费用预算时，对各项经济活动的合法性、可行性和合理性进行审查，对未来经济活动进行指导；事中监督是指在日常会计工作中，对已发现的问题提出建议，促使有关部门调整相应的经济活动；事后监督是指对已进行的经济活动的合法性、合理性和有效性进行评价。

8.2.2.2 财务管理职能

（1）筹资职能。筹资职能是指向企业外部单位、个人或企业内部筹措资金，以满足企业创建、发展和日常生产经营的资金需求。资金是企业的"血液"，是企业生存和发展必不可少的资源。筹资职能的内容主要包括筹资量的确定、筹资渠道的选择以及本金所有权结构的优化。

（2）调节职能。财务是一种经济机制，对再生产过程具有调节功能。财务通过调节资金的投入规模和投入方向，能够使企业原有的生产规模与经济结构，包括技术结构和产品结构等发生调整。财务通过调节资源配置，调整企业经济行为并使之合理化，达到提高经济效率与效益的目标。

（3）分配职能。当企业通过经营活动取得货币收入后，要按照企业的制度向管理者和员工发放薪酬、按照国家的相应规定缴税、按照法规或财务制度的规定提取盈余公积、按照企业的发展战略向投资者分配利润，这就是财务分配职能的基本内容。财务分配满足了国家政治职能与组织经济职能的需要，也是处理所有者、经营者和劳动者之间物质利益关系的基本手段。

（4）监督职能。财务活动对企业生产经营与对外投资活动具有综合反映的作用，能够揭示企业各项经营管理的工作成果；同时，财务关系集中反映了国家行政管理者、企业所有者、经营者和劳动者之间的物质利益关系，能揭示在这些关系处理中存在的问题；此外，财务信息也为企业其他利益相关者，如客户、供应商、银行和社会公众等提供了获取企业信息的渠道和进行企业监督的桥梁。

8.2.2.3 传统财务职能的局限性

（1）与企业战略经营联系不紧密。传统财务职能以建立预算来协调规划企业内部各部门和各层次的经济关系与职能，使其统一服从于企业战略经营总体目标。部分企业预算编制的周期很长，在某些特定的领域中，甚至要花费近半年时间。尽管耗费了大量的时间和精力，预算仍然难以将企业的资源配置、实际经营情况、企业价值及竞争力和企业战略相联系，也难以发挥有效的作用去助力企业进行实际的经营管理。

（2）未充分利用网络、信息技术。很多企业没有完善的企业财务信息系统，从原始数据的录入，到会计报表的编制都要依赖大量的人工。这些基础的职责耗费了企业财务部门大量的人力资源，阻碍了企业经营效率和竞争力的提升。随着经济活动的变化和经营环境的不断改变，企业原有的、封闭的、落后的财务系统越来越难以进行有效的记录，维护成本也日渐提高。

（3）"向后看"的财务管理方法。传统的财务管理方法是一种"向后看"而不是"向前看"的积极管理模式。其往往只注重对历史经营业绩的回顾，而缺乏对未来的预测；注重企业的前期投入而忽略未来的产出；强调企业内部的运营而忽视外部相关者的联系；强调传统的财务服务职能，而忽视其价值增加的职能。

8.2.3 数字财务的职能

从影响财务职能的因素来看,企业面临的竞争越激烈,财务的职能越重要,所要迎接的挑战也越大。企业管理模式正在发生变化,相应地也要求财务职能作出改变。

8.2.3.1 数字财务的基本职能

如图 8-1 列示了数字财务的基本职能,每个企业将根据自身所处的财务环境做出调整和细化。在传统财务职能的基础上,横向可以分为"7+1"个模块,纵向可以分为执行层、控制层和决策层三个层次。

	财务核算		资金管理	税务管理	管理会计			
	财务运作	财务报告	资金管理	税务管理	预算管理	成本管理	绩效管理	风险及内控管理
决策层	会计政策 财务制度 财务流程	合并报表管理 财务报表合规性管理 法定披露要求 外部审计要求	流动性管理 资金管理流程及准则 投融资管理	税务规划 税务合规性政策及流程	预算制定流程及相应的制定准则 战略规划及战略目标的设定 预算模型设计	成本战略 成本目标 成本激励	管理报告体系 管理报告流程及规则 关键指标(KPI)定义	内控架构 风险管理架构
控制层	授权分工及权限管理 财务营运协调 分支机构财务制度	财务报表审阅和批准 分支机构财务报表合规性管理	外汇风险敞口管理 现金流平衡	税务合规性管理	预算过程控制 预算编制及申报	成本控制 激励政策	关键指标(KPI)管理 经营业绩考核及评估	风险及合规性管理 内部控制管理 舞弊的管理
执行层	销售及应收流程 采购及应付流程 固定资产流程 工资流程 费用报销流程 总账	监管机构应对 法定财务报告出具 财务报表制作 审计发现的报告及应对 定期关账	银行对账 账户管理 统一支付管理	税务机关应对 税务报表 税务数据	预算执行报告 预算数据加工	成本核算 成本会计管理 成本报表	管理报表 经营分析、模型建立 业绩考核数据	风险评估 风险报告 合规性及内部控制报告

图 8-1 数字财务的基本职能
(资料来源:《财务共享服务》2018 年第 2 版)

"7"是指财务核算(含财务运作和财务报告)、资金管理、税务管理、预算管理、成本管理、绩效管理、风险及内控管理。其中,财务核算、资金管理、税务管理共同构成企业的财务会计职能;预算管理、成本管理、绩效管理、风险及内控管理共同构成企业的管理会计职能。"1"是指研究全球重点问题的专家团队——财经管理研究院。除此之外,财务职能还应包括投资、融资、证券投资者关系。

（1）财务核算。根据政策法规的要求确定企业会计政策和财务制度，完成财务核算、出具单体报表和合并报表。

（2）资金管理。资金的统一收付、债权债务管理、融资管理、全球资金的调度管理、汇率风险管理等。

（3）税务管理。在复杂多样的税务环境下，基于税务筹划、税务财务核算、税务申报、税务检查4个环节构建商务模式，将税务核算与核算体系相结合，应对税务稽查与检查。

（4）预算管理。制定资源的管理机制和目标平衡机制、预算目标、预算编制、预算执行及分析报表。

（5）成本管理。采用全成本管理理念，将成本转化为可对象化的费用，使成本的提取维度不断精准。

（6）绩效管理。经营业绩评估与预测、考核评价、管理报告出具等。

（7）财经管理研究院。重点针对全球各国的商业模式、税务、资金、汇率、核算政策和核算实务领域的突出问题，以项目运作方式予以跟踪推进。

从横向来看，财务的基本职能分为决策层、控制层和执行层，如图8-2所示。每一个具体职能，都可划分为以下三个层次。

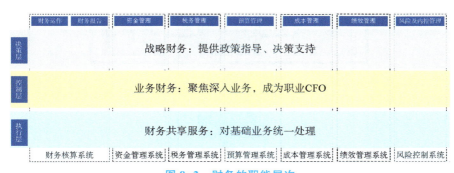

图8-2　财务的职能层次
（资料来源：《财务共享服务》2018年第2版）

（1）执行层。根据决策层、控制层制定的制度和规则，高效、可靠、低成本地完成基础财务处理流程，并提供财务数据。例如，财务核算中的应收及应付、固定资产、工资、费用核算、定期关账并出具财务报表、内部往来清理及自查报告等，都属于执行层的工作。

（2）控制层。一方面，控制层将企业战略决策向执行层推进、落实；另一方面，控制层将执行层提供的财务数据转变为有效的财务信息，及时传递至相关的决策者，提供战略决策支持。例如，税务管理中的税务合规性管理，既要满足决策层对税务合规性的要求,又要根据执行层完成的税务核算数据,检查是否出现了政策没有覆盖到的新情况,并提交决策层出具指导意见。

(3) 决策层。将企业的战略意图转化为更为详细的资源分配机制、绩效考核机制、内控管理机制等,通过 PDCA 循环,助力企业实现战略目标。例如,预算管理中的预算规则、预算流程的制定、预算模型的设计等,都是基于公司战略,在政策层面上的细化,引导企业资源分配。

8.2.3.2 数字财务管理模式

日益变化的内外部环境要求企业构建能够抵御内外部风险的财务职能体系,而对应的职能体系较为庞大,且随着环境的变化可能发生改变,因此对财务管理模式提出了新的挑战。过去分散、网状的财务管理模式已经越来越不能适应企业的快速发展,财务管理模式开始发生变化,逐步形成一个完整的、四位一体的管理模式,即企业层面控制管理的战略财务、全价值链财务管理支持的业务财务、交易处理为主的财务共享服务以及财务核心的智能化(见图 8-3),同时沟通内外部各种财务关系,这一财务管理模式不仅是实现内通外联的方式,也将稳定地支撑企业的快速成长与发展。

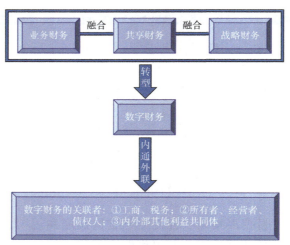

图 8-3　数字财务管理模式与财务关系

具体而言,战略财务、业务财务、共享财务分别作为决策层、控制层、执行层的财务职能自上而下沟通价值链全局,数字财务则是以这三项财务职能的融合发展转型为基础。同时,数字财务也是实现与各数字财务关系的内联外通的关键。

（1）战略财务。战略财务对应财务职能中的决策层，相当于财务的大脑，在专业领域有着深入的研究，参与战略的制定与推进、将业务财务和共享服务提供的信息转化为对企业经营决策有价值的经营信息分析，支持战略决策的落地。战略财务采用"集权—网状辐射"组织架构，总体职能分为预算管理、成本管理、绩效管理等7个子职能模块，以7个子职能模块为七大核心设立层级辐射式组织架构，使战略财务意识渗透到基层单元。七大核心享有资源配置与协调权、政策制定权、业绩考核权。

（2）业务财务。业务财务对应财务职能中的控制层，分布在企业下属的各个机构，深度渗透于价值链的各个环节。不同于战略财务的顶层指导，业务财务深入业务一线，渗透经营过程，能推进战略落实。同时，各业务子单元还将对具体的生产经营活动提供财务管理支持。

（3）共享财务。共享财务覆盖财务职能的执行层，主要方式是通过财务数据中心建立了统一的流程、政策、信息系统，集中进行交易处理，又能够为战略财务、业务财务提供数据支持。共享财务通过将各子机构中分散、重复的财务核算和账务处理业务予以标准化、流程化，为财务转型提供组织基础、管理基础和数据基础，也是财务转型的关键，其职能涵盖核算、报表、资金、税务、审计等。

（4）数字财务。数字财务是实现"数据—信息—知识—智能"不断转换这一良性循环的最终职能。其中，共享财务提供底层的数据支持以及初步的分析；业务财务将数据转换为信息，能够及时提供决策依据；战略财务则是企业层面的决策；数字财务则是将信息归纳汇总，形成普适规则。在数字化的背景下，数字财务使企业始终在变幻莫测的商业环境中保持其敏锐的洞察力，成为未来企业数字化的核心竞争力。

数字财务管理模式能够帮助企业有效降低财务运行成本，使财务能够参与到业务部门的业务过程，了解并满足业务部门的需要，并为管理层及经营者提供动态的预算、预测信息、实时的经营信息以及财务评价，促进企业的快速成长与发展。

8.2.3.3 数字化企业的组织架构

为适应新的数字财务管理模式，发挥数字财务管理模式的最大化功能和价值，企业的组织架构也应进行变革。

过去，集团组织架构以某一地区为单位，独立设置不同的职能部门，容易造成职能的冗余和资源的浪费，使企业的效率大打折扣，此外也会给集团总部的监管和指导带来一定的困难，造成控制和风险不平衡。

数字化的企业通过整合可重复使用的数据和信息，在集团层面共享资金、交易、税务等财务服务，减少重复冗余的服务与人力资源的浪费，实现财务共享、能力复用、数据互通。甚至能够助力企业快速、持续地与外界对接，打造高效的业务团队，为企业降本增效。此外，智能财务系统可以在企业各个层面、各个节点控制风险。

因此，企业的组织架构也应从传统的部门型转变到流程型、互联型，如图8-4所示。在传统的部门型职能架构中，企业根据职能种类的不同，划分成一个个不同的部门，每个部门由部门经理或总监进行层级式的管理，数据和信息难以在部门间共享，容易造成工作的重复和冗余。而在流程型和互联型的组织架构中，信息在各个部门中的流通和共享变得容易，重复的职能可以被削减，有助于提高企业的运行效率，并使得人员专注于高价值的工作中。在互联型的组织架构中，企业各个职能的信息流互联互通，企业战略指导各部门进行工作，各部门也皆为企业战略决策提供支持，助力企业未来价值的增长。

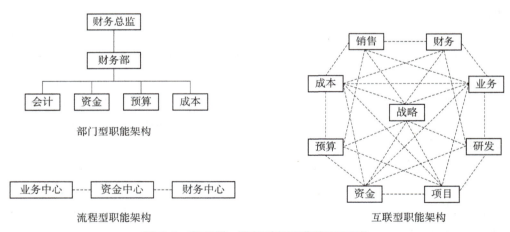

图8-4　部门型、流程型和互联型组织架构

8.2.3.4　生态系统中的价值创造

海尔集团董事局主席兼首席执行官张瑞敏在2016年提出，"互联网时代企业应该做成生态圈"。马云很早也提出，阿里的使命是"让天下没有难做的生意"，阿里的生态系统，是帮助中小企业在融资、寻找客户、解决物流问题

和跨境贸易方面有更多的便利。在这个生态系统中，企业可以找到融资，可以找到客户，可以找到物流，也可以公平交易，这个生态系统可以帮助年轻人和小微企业做创新、创意、创造，最终让崇尚诚信、不断学习、敢于创新的企业在这个生态里获得成功。

企业生态系统是指企业与企业生态环境形成的相互作用、相互影响的系统。企业生态系统的概念来源于生物学中生态系统的理论：在自然界的一定的空间内，生物与环境构成统一整体，在这个统一整体中，生物与环境之间相互影响、相互制约，并在一定时期内处于相对稳定的动态平衡状态。企业和自然界的生物一样，它的存在需要直接或间接地依赖所处的商业环境中别的企业或组织，没有一个企业能够长期单独生存。企业和所处环境中的其他企业或组织，通过物流、资金流和信息流的交换，构成了一个相互作用、相互依赖、共同发展的经济共同体。企业生态圈，如图8-5所示。

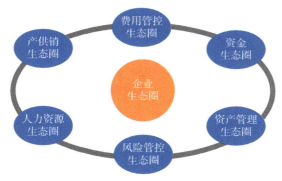

图8-5 企业生态圈

（资料来源：魏美钟，2019）

未来，企业也能够通过企业生态系统的作用，将原来企业个体封闭的体系打通，与其他企业或组织互联互通，利用互联网、物联网技术，吸收外界各种优势资源，提高企业各职能的运行效率。

大数据的出现和信息技术的进步使得智能化的生态管理模式成为可能，新兴技术将组织的管理、经营行为从线下搬到线上。在企业内部，集团层面共享财务服务，资金、交易、税务、核算以及业务数据资源从分散割裂走向集中互联，集团统一的财务共享系统将数据汇集，实现"内通"。而在企业外部，即由供应商、合作商、客户、代理商、政府机关和银行构建而成的企业生态系统中，部分数据资源也可以互相传递，使不同组织之间有关联的经营管理活动相连通，实现"外联"。

在数字赋能的生态圈中，各个组织可以通过平台撬动其他参与者，使这一系统能够创造价值，并从中分享利益。而流量、金融服务和投资则可以对生态圈形成强大的推动力，构成价值吸附效应，吸附周边的游离资源进入生态圈。

8.3 数字财务的原则

8.3.1 财务的原则

财务的原则主要指的是结合了经典公司理财理论的传统财务管理的原则，包括以下几种。

8.3.1.1 收益、风险适当均衡

在市场经济条件下，财务主体主要面临市场风险和企业风险。前者是市场上所有企业共同面临的风险，后者是个别企业特有的风险，即因生产经营和举债经营方面的不确定性造成的企业预期财务成果的不确定性。企业想要取得收益，就无法避免风险。收益风险均衡，就是要求企业对每一项具体的财务活动全面分析其收益和风险，按照风险和收益适当均衡的要求制定方案，趋利避害，力争既降低风险，又能取得较高的收益。

8.3.1.2 正确协调利益关系

企业在组织实施财务管理中应兼顾和协调好债权人和债务人、所有者和经营者、投资者和受资者的各种利益关系。

（1）债权、债务关系协调。企业的债权人主要有本企业债券的持有人、贷款机构、商业信用提供者、其他提供给企业资金的单位和个人。企业要按照约定的期限、利率向债权人支付利息，债务到期时，要合理调度资金，及时归还债权人本金。同样，企业的资金借出后，有权要求其债务人按约定的条件支付利息和归还本金。

（2）所有者和经营者关系协调。企业的财务目标直接反映所有者的利益，与企业经营者没有直接的利益关系。对所有者来讲，他所放弃的利益也就是经营者所得的利益，成为支付给经营者的享受成本，即代理成本。经营者和所有者的主要矛盾在于，所有者希望以较小的成本带来更高的企业价值，而经营者希望获得更多的利益。为解决这一矛盾，经营者必须按照所有者真正

的利益经营和管理，同时企业也应建立相应的保证机制，在有效保证经营者真正利益的前提下，要求其对企业进行高效的经营。

（3）投资者和受资者关系协调。所有者要按照投资合同、协议、章程的约定及时履行出资义务，企业利用资本进行营运实现利润后，应按出资比例或合同、章程的规定，向其所有者支付报酬。同样，企业向其他单位投资应按约定履行出资义务，并依据其出资份额参与受资者的经营管理和利润分配。企业与投资者、受资者的关系，是投资同分享投资利益的关系，企业应该站在维护投资方和受资方各自合法利益的立场上正确处理这些关系。

8.3.1.3 货币的时间价值观念

货币的时间价值就是货币经过一定时间的投资和再投资后所增加的价值。货币的时间价值以商品经济的高度发展和借贷关系的普遍存在为前提条件或存在基础，它是一个客观存在的经济范畴，是财务管理中必须考虑的重要因素。运用货币的时间价值观念要把投资项目未来的成本和收益都以现值来表示，如果未来收益的净现值大于零，且此时未来的风险投资收益高于无风险投资收益，应接受该项目，否则就予以拒绝。将货币的时间价值运用在资金筹集、运用和分配方面是提高财务管理水平，搞好融资、投资、分配决策的有效保证。

8.3.1.4 市场财务决策

一个企业能否生存、发展，关键是看市场对该企业产品或服务的接受程度。市场接受程度越高，企业的发展机会就越大，其盈利能力也就越强。因此，企业经营决策的核心在市场。企业必须研制、开发、销售具有企业独特性能的产品，无论是外形、包装、质量，还是广告、专利、服务，都应当比同类产品具有相当的吸引力，而每一个环节都离不开市场。企业要根据市场需求研制开发产品，确定生产规模，制定销售策略，安排销售渠道，每一阶段实施的决策首先是市场财务的决策，直接决定了企业生存和发展的条件。

8.3.1.5 战略管理原则

战略管理是为实现财务目标而进行的规划和控制过程。包括战略目标的制定、战略规划的确定、战略部署的实施和业绩评价4个环节。企业应从财务目标的角度出发，在对整个财务环境包括经济周期、经济政策、税收政策、同行业竞争对手等情况进行充分研究的基础上，结合实际情况制定宏观规划，掌握发展方向，开展具体的运营活动。

8.3.1.6　财务收支平衡原则

财务收支平衡原则是指企业在一定时期内的收入实现与成本支出在时间上、空间上、数额上要达到动态的协调平衡。在财务管理工作中，如果资金收不抵支，就会导致资金周转的中断或停滞；如果支出在前，收入在后，也会妨碍资金的顺利周转。企业要在开源节流、增收节支的前提下，积极运用短期投资和筹资方式来调剂资金的短缺，在资金宽裕时，适当进行一些短期投资。

8.3.2　数字财务的原则

数字财务的原则在传统财务之外还包括了由于财务职能的转型升级，以及利用大数据、AI 等信息科学技术而衍生的独特原则。

8.3.2.1　业财融合原则

业财融合是财务与业务的融合，是业务流、资金流和信息流的"三位一体"，是财务数据与非财务数据的协同，能够成为企业管理者进行决策的基础。传统模式下，财务核算是事后核算。业务完成后，业务部门将收入、成本、利润等相关数据交给财务人员，再由财务人员汇总核算出财务数据。

数字财务背景下，财务人员不再仅仅是事后的核算和监督，而是在企业业务发生之时甚至之前，就掌握了业务的运作状况。财务人员在业务发生之前，从企业整体价值角度对业务进行预测，这不仅是传统意义上的财务预算，而是在预测未来业务活动对项目现金流、企业其他业务、企业战略和企业价值的影响的基础上，对业务进行预判和考察，并将相关信息提供给业务部的同事作为参考，助力业务部成员进行决策，起到咨询专家的作用。在业务发生的同时，财务人员获取业务活动的实时信息和数据，结合企业整体价值，进行绩效评价，提出相关风险点，有助于业务活动的改善。

不过要实现业财融合，除了要重构企业的职能结构，保证财务部门和业务部门的协同合作，避免彼此目标冲突，还要保证财务体系和信息系统具有支持业财一体化的能力，同时对财务人员的数据分析能力，以及对业务的理解程度都提出了更高的要求。

8.3.2.2　数据决策原则

企业的决策，事实上都是一种逻辑的力量在起作用。企业去调研、去收集数据、去进行归纳总结，最后形成自己的推断和决策意见，这是一个观察、思考、推理、决策的商业逻辑过程。人和组织的逻辑形成是需要大量的学习、培训与实践,代价是非常巨大的。大数据和 AI 的出现,能很好地解决这个问题,大量地节省企业实践和统计的成本。

大数据时代不缺数字,但是数字本身是没有意义的,此外它的可读性也不强,与能被人们初步理解的程度存在缺口,因而首先要将数字加工成数据。在海量的数据中,如何去发现最有用的数据,还需要开发一套系统去进行数据挖掘。人有提问题并且持续发问的独特能力,这是单纯的数据本身不能做到的,数据需要加工成信息才能为决策者所用。

企业利用大数据进行决策,要做到以下几点:

(1) 获取企业相关的一切数据。除了企业内部的经营、财务数据,还应包括竞争对手、客户和供应商的公开资料等,并保证其准确性。

(2) 构建企业级数据库。分类管理,保证企业相关人员数据的可得性。

(3) 开发企业大数据分析工具。对海量数据总结出趋势性规律,展示数据分析结果,提高数据的可读性和可理解性。

8.3.2.3 生态一体原则

企业生态体系打破了传统企业的封闭系统,超越了传统的价值链和商业模式,涉及供应商、客户、融资机构、竞争对手、监管机构和其他利益相关者,综合产业链、价值链、资金链和人才为一体的动态体系。

在企业生态系统中,采用互联网、大数据、区块链等信息技术,构建信息共享平台,实现企业、组织间数据的无缝对接和界限管理,促进生态体系中企业的友好合作,是建立在相互信任的基础上的。与自然生态系统一样,单个企业或组织的行为和决策会影响到企业生态体系中的其他参与者,形成"企业命运共同体"。因此,企业在制定战略、进行决策时,要综合整个生态体系全局考虑。

8.3.2.4 共享共赢原则

正因企业生态体系展现了"企业命运共同体"的生态一体化,企业战略影响生态体系中的其他成员,企业决策不应只考虑企业个体的利益,还应使生态体系中其他的企业和组织共同受益。推行共享共赢原则,才能保证生态体系可持续的良性循环。

通过大数据驱动,构建企业生态系统中的资源网络,分析不同商业模式的特性,进行产业链重构,进一步实现产业整合,能够有效地引导和协调生态系统中企业的互动、合作和协同，提高生态系统的整体价值。

企业生态系统也为企业以客户为中心提供产品和服务提供了更直接的平台。企业通过了解客户需求，与生态系统中其他企业进行合作与竞争，开发新产品和服务，进行新一轮的商业模式创新，打破传统的竞争模式和产业融合模式，展现企业的创新生命力。

秉持着共享共赢原则，企业维持着生态系统的利益均衡，并且通过持续的资源优化与整合，以及不断地转型升级和创新，最终实现和谐发展和整体价值的最大化。

★ 本章知识点回顾 ★

概念掌握： 数字财务的主体、职能和原则

问题思考：

（1）传统财务职能的局限性是什么？

（2）请谈一下你所认识的企业数字生态系统观。

（3）简述数字财务管理及其新型的财务关系。

第 9 章
数字财务的标准和规范

数据标准（Data Standards）作为规范性约束能够保证数据在使用过程中的一致性和准确性。如果没有统一的数据标准，数据管理难以实施，在这种情况下，数据的质量无法保障并且数据也难以流通和释放。但是目前，各行业缺少数据标准管理的理论指导和行业实践案例，企业在标准建立、标准审核、标准落地、标准评估等方面仍存在诸多困难。

提到传统的数据管理方式，元数据已不是一个陌生的词汇。在此基础上，企业还需要对数据进行稽核，并且形成相对成熟的管理制度。但是，目前绝大多数的数据管理仍浮于表面，并且极度依赖管理的执行力与自律性。具体来看，传统的数据管理方式面临三大挑战：①非结构化数据难以处理。②数据加工的复杂程度越来越高。③数据的内外部交换急需创新的管理手段。

具体到财务管理方面，数字财务在数字技术方面可以得到支持，但是财务元数据的管理方面需要财务专家制定数据元的标准和规范，才能达到企业内联外通，以及企业内部，企业与企业、银行、工商、税务、行业之间等的

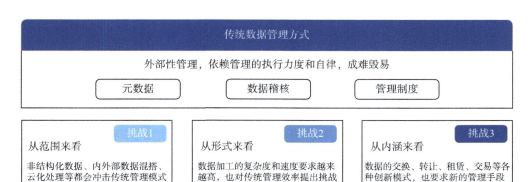

图 9-1　数据管理面临的挑战

共享、"去弊"的目的。财政部等政府机构一直致力于制定数据标准和使用规范。但这是一个跨界研究的领域，比较困难，目前还在研究攻关中。本章将主要介绍数据标准、数据标准管理模式以及财务元数据。

9.1 数据标准

9.1.1 数据标准的含义

根据中国信息通信研究院云计算与大数据研究所公布的《数据标准管理实践白皮书》的阐述，数据标准被定义为保障数据的内外部使用和交换的一致性和准确性的规范性约束。在数字化过程中，数据是业务活动在信息系统中的真实反映。由于业务对象在信息系统中以数据的形式存在，数据标准相关管理活动均需以业务为基础，并以标准的形式规范业务对象在各信息系统中的统一定义和应用，以提升企业在业务协同、监管合规、数据共享开放、数据分析应用等各方面的能力。数据标准管理是规范数据标准的制定和实施的一系列活动，是数据资产管理的核心活动之一，对于政府和企业提升数据质量、厘清数据构成、打通数据孤岛、加快数据流通、释放数据价值有着至关重要的作用。

传统数据管理采取的是外部性管理方式，依赖管理的执行力度和自律。在传统方式下，非结构化数据难以处理，而如果出现内外部数据混搭或者需要借助云端处理，则难以为继。另外，随着数据变得越来越复杂，对处理效率的要求也越来越高。目前，数据的各种创新模式也在促进管理手段的创新。

9.1.2 数据标准的分类

数据标准是进行数据标准化、消除数据业务歧义的主要参考和依据。对数据标准进行分类，将有利于数据标准的编制、查询、落地和维护。数据标准有多种分类方式，对于不同的分类方式，均可采用以数据元为数据标准制定的基本单元构建数据标准体系。

数据总体上可以分为两类：基础类数据和指标类数据。基础类数据是指业务流程中直接产生的，未经过加工和处理的基础业务信息。指标类数据是指具备统计意义的基础类数据,通常由一个或一个以上的基础数据根据一定的统计规则计算而得到。相应地,数据标准也可以分为基础类数据标准和指标类数据标准。基础类数据标准是为了统一企业所有业务活动相关数据的一致性和准确性,解决业务间数据的一致性和数据整合,按照数据标准管理过程制定的数据标准。指标类数据标准一般分为基础指标标准和计算指标(又称组合指标)标准。基础指标具有特定业务和经济含义,且仅能通过基础类数据加工获得,计算指标通常由两个以上基础指标计算得出。并非所有的基础类数据和指标类数据都应纳入数据标准的管辖范围。数据标准管辖的数据,通常只是需要在各业务条线、各信息系统之间实现共享和交换的数据,以及为满足监管机构、上级主管部门、各级政府部门的数据报送要求而需要的数据。

在基础类数据标准和指标类数据标准框架下,可以根据各自的业务主体进行细分。细分时应尽可能做到涵盖企业的主要业务活动,且涵盖企业生产系统中产生的所有业务数据。以银行业的基础类数据标准和指标类数据标准分类为例(见图9-2),基础类数据标准分为客户数据、产品数据、协议数据、渠道数据、交易数据、财务数据、资产数据、公共代码数据、机构和员工数据、地域和位置数据等。指标类数据标准包括监管合规指标、客户管理指标、风险管理指标、资产负债指标、营销管理指标和综合经营指标等。

基础类数据标准和指标类数据标准通过分别建立基础类数据元和指标类数据元,并将基础类数据元和指标类数据元与数据映射,实现基础类数据标准和指标类数据标准的落地。具体来说,对于结构化数据中的任意一个字段,当其不具备指标特征时,可直接将其与某一业务类别下的基础类数据元(如

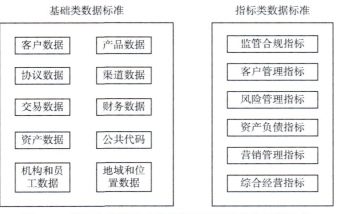

图 9-2 银行业典型基础类数据标准和指标类数据标准
(资料来源:中国信息通信研究院,《数据标准管理实践白皮书》)

包含命名规则、数据类型和值域等属性）映射，实现该字段的标准化（符合命名规则、数据类型和值域的规定）；当其具备指标特征时，可直接将其与某一业务类别下的指标类数据元（如命名规则、约束规则、数据类型和值域等）映射，实现该字段的标准化（符合命名规则、约束规则、数据类型和值域的规定）。

9.1.3 数据标准的作用

数据标准从多个方面支撑企业的数字化转型。在业务方面，数据标准能够明确很多业务含义，使得业务部门之间、业务和技术之间、统计指标之间统一认识与口径。在技术方面，数据标准能够帮助构建规范的物理数据模型，实现数据在跨系统间的敏捷交互，减少数据清洗的工作量，便于数据的融合分析。

数据标准是数据资产管理多个活动职能的核心要素，主要体现在数据质量管理、主数据管理、元数据管理、数据模型管理和数据安全管理几个方面。

在数据质量管理方面，数据标准是数据质量稽核规则的主要参考依据，通过将数据质量稽核规则与数据标准关联，一方面可以实现字段级的数据质量校验，另一方面也可以直接构建较为通用的数据质量稽核规则体系，确保规则的全面性和可用性。

在主数据管理方面，需明确主数据是数据在特定应用场景下的一种展现方式，主要活动是提取核心数据并明确核心数据的唯一来源，因此，对于涵盖企业全部数据的数据标准而言，其可以作为主数据管理的数据标准。

在元数据管理方面，当将元数据管理的对象定义为结构化数据时，元数据管理主要指对结构化数据及其相关信息的管理，数据标准作为结构化数据相关信息的一部分，也是元数据管理的内容，具体包括数据标准与结构化数据的关系映射（即落标的过程）。当将元数据管理的对象定义为数据标准体系时，元数据管理主要指对数据标准分类、数据项及其属性、数据项属性规则等的管理。

在数据模型管理方面，当数据标准的对象包含实体、属性和关系及其相关规则时，数据标准可作为数据模型管理的标准，用于数据库、数据仓库等系统的数据模型构建依据。数据标准体系可作为构建概念数据模型和逻辑数据模型的业务参考。

在数据安全管理方面，数据标准可包含业务敏感数据对象和属性，从而实现对数据安全管理相关规则的定义。

9.2 数据标准管理

9.2.1 数据标准管理的内容

数据标准管理是指数据标准的制定和实施的一系列活动。数据标准管理的目标是通过统一的数据标准制定和发布，结合制度约束、系统控制等手段，实现大数据平台数据的完整性、有效性、一致性、规范性、开放性和共享性管理，为数据资产管理活动来提供规范依据。

数据标准管理主要内容包括标准分类规划、标准体系建设、标准评审发布、标准落地执行、标准运营维护五个阶段。

9.2.1.1 标准分类规划

数据标准分类规划主要指企业构建数据标准分类框架，并制定开展数据标准管理的实施路线。数据标准分类规划的过程主要包括以下六个阶段。

(1) 数据标准调研。数据标准调研工作，主要从企业业务运行和管理层面、国家和行业相关数据标准规定层面、信息和业务系统数据现状三个方面开展，调研内容包括现有的数据业务含义、数据标准分类、数据元定义、数据项属性规则以及相关国际标准、国家标准、地方标准和行业标准等。

(2) 业务和数据分析。主要根据数据标准调研结果，根据数据标准体系建设原则，初步研究数据标准整体的分类框架和定义，以及对业务的支撑状况。

(3) 研究和参照行业最佳实践。收集和学习数据标准体系建设案例，并研究和借鉴同行业企业单位在本行业数据标准体系规划上的实践经验。

(4) 定义数据标准体系框架和分类。根据数据标准调研结果以及行业的最佳实践，在对企业现有业务和数据现状进行分析的基础上，定义企业自身的数据标准体系框架和分类。

(5) 制定数据标准实施路线图。根据已定义的数据标准体系框架和分类，结合企业自身在业务系统、信息系统建设上的优先级，制定数据标准分阶段、分步骤的实施路线图。

(6) 批准和发布数据标准框架及规划。由数据标准管理的决策层审核数据标准体系框架及规划实施路线图，并批准和发布。

9.2.1.2 标准体系建设

标准体系建设是指在完成标准分类规划的基础上，定义数据标准及相关规则。数据标准的定义主要指数据元及其属性的确定。随着企业业务和标准需求的不断发展延伸，需要科学、合理地开展数据标准定义工作，确保数据标准的可持续性发展。数据标准的定义应遵循以下六大原则。

（1）共享性。数据标准定义的对象是具有共享和交换需求的数据。同时，作为整个企业共同遵循的准则，数据标准并不为特定部门服务，它所包含的定义内容应具有跨部门的共享特性。

（2）唯一性。标准的命名、定义等内容应具有唯一性和排他性，不允许同一层次下标准内容出现二义性。

（3）稳定性。数据标准需要保证其权威性，不应频繁对其进行修订或删除，应在特定范围和时间区间内尽量保持其稳定性。

（4）可扩展性。数据标准并非一成不变的，业务环境的发展变化可能会触发标准定义的需求，因此数据标准应具有可扩展性，可以以模板的形式定义初始的数据标准，模板由各模块组成，部分模块的变化不会影响其他模块的变化，方便模板的维护更新。

（5）前瞻性。数据标准定义应积极借鉴相关国际标准、国家标准、行业标准和规范，并充分参考同业的先进实践经验，使数据标准能够充分体现企业业务的发展方向。

（6）可行性。数据标准应依托于企业现状，充分考虑业务改造风险和技术实施风险，并能够指导企业数据标准在业务、技术、操作、流程、应用等各个层面的落地工作。

数据标准管理主要包括分析数据标准现状、确定数据元及其属性两个关键环节。

（1）分析数据标准现状。企业应依据业务调研和信息系统调研结果，并分析、诊断、归纳数据标准的现状和问题。其中，业务调研主要采用对业务管理办法、业务流程、业务规划的研究和梳理，以了解数据标准在业务方面的作用和存在的问题；系统调研主要采用对各系统数据库字典、数据规范的现状调查，厘清实际生产中数据的定义方式和对业务流程、业务协同的作用和影响。

（2）确定数据元及其属性。企业应依据行业相关规定或借鉴同业实践，结合企业自身在数据资产管理方面的规定，在各个数据标准类别下，明确相应的数据元及其属性。

9.2.1.3　标准评审发布

数据标准的评审发布工作是保证数据标准可用性、易用性的关键环节。在数据标准定义工作初步完成后，数据标准定义需要征询数据管理部门、数据标准部门以及相关业务部门的意见，在完成意见分析和标准修订后，进行标准发布。

标准评审发布的主要流程包括以下三个过程。

（1）数据标准意见征询。对拟定的数据标准初稿进行宣介和培训，同时广泛收集相关数据管理部门、业务部门、开发部门的意见，减小数据标准不可用、难落地的风险。

（2）数据标准审议。在数据标准意见征询的基础上，对数据标准进行修订和完善，同时提交数据标准管理部门审议的过程，以提升数据标准的专业性和可管理执行性。

（3）数据标准发布。数据标准管理部门组织各相关业务单位对数据标准进行会签，并报送数据标准决策组织，实现对数据标准进行全企业审批发布的过程。

9.2.1.4　标准落地执行

数据标准落地执行通常是指把企业已经发布的数据标准应用于信息建设，消除数据不一致的过程。数据标准落地执行过程中应加强对业务人员的数据标准培训、宣贯工作，帮助业务人员更好地理解系统中数据的业务含义，同时也涉及信息系统的建设和改造。

数据标准落地执行一般包括以下 4 个阶段。

（1）评估确定落地范围。选择某一要点作为数据标准落地的目标，如业务的维护流程、客户信息采集规范、某个系统的建设等。

（2）制定落地方案。深入分析数据标准要求与现状的实际差异，以及落标的潜在影响和收益，并确定执行方案和计划。

（3）推动方案执行。推动数据标准执行方案的实施和标准管控流程的执行。

（4）跟踪评估成效。综合评价数据标准落地的实施成效，跟踪监督标准落地流程执行情况，收集落地标准的修订需求。

数据标准落地路径可以有以下两种方式，分别是按数据主题逐步推进和按业务目标逐步推进。两种方式的优缺点和适用场景见表 9-1。

表 9-1 数据标准的两种落地路径比较

方式	按数据主题逐步推进	按业务目标逐步推进
优点	·全局性强，真正意义上的企业级标准 ·中立、扩展性好	·目标需求明确，有对口业务部门配合 ·标准落地系统清晰、推动力强、见效快
缺点	·可能缺乏业务目标，使业务部门难以深入参与 ·定义过程容易与实际业务目标脱节 ·标准落地动力不足	·缺乏整体观，数据标准的内容易出现交叉或遗漏 ·会随着业务目标的增加不断完善
适用场景	·业务需求不具体 ·技术部分主导	·业务部门参与度高、数据标准管理目标明确 ·配合主题集市及应用系统建设

资料来源：中国信息通信研究院《数据标准管理实践白皮书》。

数据标准落地原则主要包括以下 5 个原则。

（1）整体规划。数据标准体系建设工作是规划与计划、制定、执行、维护、监督检查等持续深入的动态过程。

（2）分步实施。综合考量战略价值、业务优先级、实施难易度、数据满足度和投资回报比，优先定义和执行战略价值高、优先级高、数据重组、易实施、投资回报比较高的数据标准，并找到合适的数据标准建设的切入点。

（3）价值驱动。业务价值是数据标准工作的原始驱动力，需结合战略目标，与 IT 系统建设相结合，可以在数据标准工作初期以项目为载体，逐步推进。

（4）确保执行。保证数据标准在业务领域和技术领域的执行是标准工作的宗旨。

（5）管控保障。建立强有力的组织、制度和管理流程，以保证数据标准工作的顺利进行。

9.2.1.5 标准运营维护

数据标准并非一成不变，而是会随着业务的发展变化以及数据标准的执行效果而不断更新和完善。

在数据标准维护初期，首先需要完成需求收集、需求评审、变更评审、发布等多项工作，并对所有的修订进行版本管理，以使数据标准"有迹可循"，便于数据标准体系和框架维护的一致性。其次，应制定数据标准运营维护路线图，遵循数据标准管理工作的组织结构与策略流程，各部门共同配合实现数据标准的运营维护。

在数据标准维护的中期，主要完成数据标准日常维护工作与数据标准定期维护工作。日常维护是指根据业务的变化，常态化开展数据标准维护工作，如当企业拓展新业务时，应及时增加相应的数据标准；当企业的业务范围或规则发生变化时，应及时变更相应的数据标准；当数据标准无应用对象时，应废止相应的数据标准。定期维护是指对已定义发布的数据标准定期进行标准审查，以确保数据标准的持续实用性。通常来说，定期维护的周期一般为一年或两年。

在数据标准维护的后期，应重新制定数据标准在各业务部门、各系统的落地方案，并制订相应的落地计划。在数据标准体系下，由于增加或更改数据标准分类而使数据标准体系发生变化的，或在同一数据标准分类下，因业务拓展而新增加的数据标准，应遵循数据标准编制、审核、发布的相关规定。

9.2.2 数据标准管理的保障措施

（1）数据标准管理组织架构。数据标准管理组织是企业建立的以推动企业数据标准化工作为目标，负责并落实开展数据标准管理工作全过程的组织体系。数据标准管理组织的设置应遵循数据资产管理组织体系的相关规定，并依据数据标准管理所涉及的不同工作职责，将数据标准管理组织划分为数据标准决策层、数据标准管理部门、数据标准工作组。

数据标准决策层是企业数据标准管理的最高决策组织，主要职责是组织制定和批准数据标准规划、审核和批准拟正式发布的数据标准、协调业务和IT资源，解决在数据分类规划、体系建设、评审发布、执行落地中的全局性、方向性问题，推进企业整体开展数据标准化工作。

数据标准管理层是企业数据标准管理的组织协调部门，主要职责是根据业务需求，组织业务和IT部门，开展数据标准落地工作组织业务部门和IT部门参与数据标准管理相关工作，并推进数据管理工作的进程，及时将数据标准管理过程中的成果或问题报决策层审批。

数据标准执行层是指具体开展数据标准编制和体系建设的数据标准管理部门，通常由数据标准管理专家、相关业务和IT专家组成，主要职责是解决编制数据标准、推进数据标准落地工作中的各类具体业务问题和技术问题。

（2）数据标准管理制度体系。数据标准管理制度体系是指企业为开展数据标准管理工作而制定的一系列规章制度。数据标准管理应遵循企业数据资产管理的相关制度和原则。数据标准管理制度主要包括数据标准管理办法文件、数据标准规范文件、数据标准管理操作文件。

数据标准管理办法文件：企业制定的内部开展数据标准管理工作的工作办法。一般包括企业数据标准管理目标、数据标准管理组织中各部门的职责、数据标准管理各项工作的主要过程，以及开展数据标准管理工作的相关机制，如沟通汇报机制、审核机制、考核机制等内容。

数据标准规范文件：企业已编制并发布的一系列数据标准文件，如客户数据标准、产品和服务数据标准、统计指标标准等文件。

数据标准管理操作文件：各业务部门根据企业数据标准管理办法制定的，在本部门或本业务领域内开展数据标准化工作的具体实施文件。数据标准管理操作文件也可包含数据标准管理办法各主要过程配套的工作模板文件。

9.2.3 数据标准管理的挑战与应对建议

当前，企业在推进数据标准化过程中仍然面临许多困难和挑战，阻碍了数据标准管理工作，使得数据标准化的效果难以体现。这些挑战主要体现在：①业务部门参与度不高。对于以IT部门为主导的数据标准管理工作，各业务部门参与度不高，导致数据的业务含义难以准确定义和统一，降低了数据标准的可用性。②技术实施不彻底。对于大多数已投运但未按照数据标准相关规定建设的系统，由于建设时间较早、运行时间较长，使得数据标准在这些系统中的落地工作难以开展。③数据标准管理周期长、见效慢。对于一套完整度和可用性较高的数据标准体系而言，由于数据标准应尽可能涵盖企业所有的业务活动，使得数据标准的编制、维护的工作复杂，数据标准管理的动力不足，影响数据标准管理工作的后期开展。数据标准管理工作应遵循以下原则。

原则一：高层负责，机制先行

数据标准工作应得到高层重视，并指定企业高层负责数据管理和数据标准管理工作，组织制定数据标准相关管理办法。应在企业内部建立专门的数据标准管理机构，负责数据标准管理的日常工作，并赋予管理权限和资源，同时可制定数据标准管理工作的考核要求。

原则二：明确定位，合理规划

数据标准化是企业的基础性工作，短期内较难在每个应用和业务上体现价值。企业应从长远出发，分阶段规划数据标准管理工作，明确各阶段的数据标准管理的优先级以及主要工作内容，确保数据标准管理工作的阶段性成果输出可作为下一阶段数据标准管理工作的有效输入。

原则三：贴近业务，切合实际

企业应把握标准与业务需求的关系，标准来源于业务、服务于业务，是对业务的高度提升和总结。企业应分析业务现状，挖掘业务需求，引领业务部门的广泛、深入参与，更易获得业务部门的认可。数据标准应以落地实施为目的，并在国家、行业标准的基础上，结合现有 IT 系统的现状，以对现有生产系统的影响最小为原则编制和落地标准，才能确保标准的切实可用，让标准最终回归到业务中，发挥价值。

原则四：循序渐进，成效说话

企业根据业务需求，结合系统改造和新建系统的契机，选择适当的数据标准落地范围和层次，对亟待解决的标准问题进行落地。同时，还需及时总结、建立和实施数据标准对企业带来的价值和成效。

9.3 数字财务的地基：财务元数据

如图 9-3 所示，如果把会计信息标准体系比作一座房子，那么元数据就是房子的地基。如果没有地基，即使房子的外观再富丽堂皇也会坍塌。数据接口的标准则是与外界沟通的窗口，可扩展商业报告语言（Extensible Business Reporting Language，XBRL）标准则是房子的外表，也是呈现在人们眼前的表现形式。XBRL 是可扩展的标记语言（Extensible Markup Language，XML）于财务报告信息交换中的一种应用，是目前应用于非结构化信息处理尤其是财务信息处理的最新标准和技术。XBRL 是由一个国际公共联盟开发的一种开放源代码标准，该联盟由来自 27 个国家将近 500 个组织构成，其中包括企业、投资机构、分析师、审计机构、监管机构以及财务数据集成商，如标准普尔等。最后，安全控制则是为房子上锁，保障房子的安全。本节将介绍元数据的概念、分类、管理方式、管理价值以及目前元数据在财务领域中的应用。

图 9-3　会计信息标准体系内各部分关系示意图

（资料来源：胡仁昱《会计信息化标准体系的演变过程及发展趋势》2009）

9.3.1 元数据的概念

元数据（Metadata），又称中介数据、中继数据，为描述数据的数据，主要是描述数据属性的信息，用来支持如指示存储位置、历史数据、资源查找、文件记录等功能。元数据算是一种电子式目录，为了达到编制目录的目的，必须描述并收藏数据的内容或特色，进而达成协助数据检索的目的。都柏林核心集是元数据的一种应用，是1995年2月由国际图书馆计算机中心和美国国家超级计算应用中心所联合赞助的研讨会，邀请了52位来自各国的图书馆员、计算机专家们，共同制定规格，创建了一套描述网络特征的电子文件。

元数据是关于数据的组织、数据域及其关系的信息，简而言之，元数据就是关于数据的"数据"。

想要认识元数据，首先要认识"元（meta）"。meta在西文中含有"归纳""总结"的意思。而在汉语中，元，就代表着"本原"的意思。以文学领域为例，后现代主义文学中有一种小说叫作"元小说"，也就是"关于小说的小说"。例如，传统小说关心的往往是人物、事件，关注的是作品所叙述的内容；而元小说则更关心作者本人是怎样写这部小说的,作者用了何种手法等。对应的，元数据就是指"关于数据的数据"。元数据标记、描述或刻画其他数据，并且使检索、解读或使用信息更容易。

如图9-4所示，以一本书为例，书的封面和内页向我们展示了这样的元数据信息：标题、作者姓名、出版商和版权细节、背面的描述、目录、页码。从这个例子可以看出，我们日常生活中都会有相应的元数据信息保留下来。在数据治理中，元数据便是对于数据的描述，存储着关于数据的数据信息。我们可以通过这些元数据去管理和检索我们想要的这本"书"。

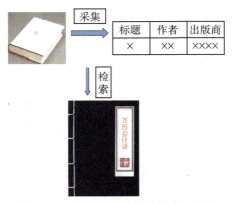

图9-4 利用元数据去检索信息示意图

9.3.2 元数据的架构

元数据架构主要包括了元数据应用、元数据功能、元数据存储以及元数据获取。如图 9-5 所示，元数据架构最核心的部分是元数据的应用环节，而其功能、如何存储以及从何获取都是在帮助我们更好地应用元数据。

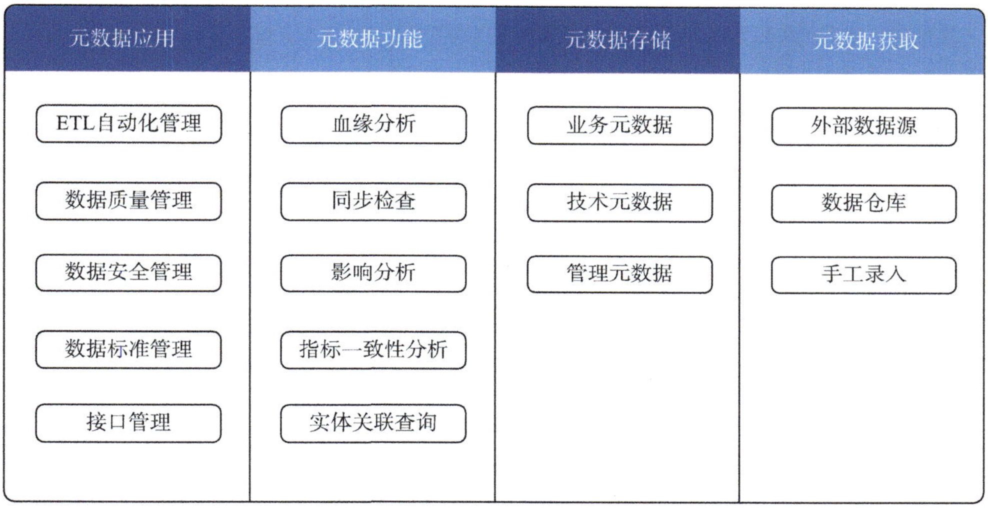

元数据应用	元数据功能	元数据存储	元数据获取
ETL自动化管理	血缘分析	业务元数据	外部数据源
数据质量管理	同步检查	技术元数据	数据仓库
数据安全管理	影响分析	管理元数据	手工录入
数据标准管理	指标一致性分析		
接口管理	实体关联查询		

图 9-5　元数据架构

元数据主要有以下三种类型。

（1）**技术元数据是用来描述技术和数据结构的元数据。**技术元数据的实例包括字段名称、长度、类型、谱系和数据库表格设计。技术元数据又可以分为多种类型，如物理元数据，描述物理资源的元数据，包括但不限于服务器、操作系统、机房位置等信息；数据源元数据，描述数据源的元数据，通常包括数据源地址（IP、PORT 等）、物理拓扑（主备、角色等）、权限（用户名、口令等）以及库名、版本、域名等。

（2）**业务元数据是描述数据及其用途的非技术特征。**实例有域定义、报表名称、报告和网页的标题、应用程序显示名称、数据质量统计，以及负责解释特定领域中数据质量的团队。业务元数据可以再细分为三类：模型元数据、应用元数据以及分析元数据。数据建模是一种对业务的描述，通过模型可更好地了解业务。常见的建模方式有范式模型、维度模型、多维建模等。应用元数据则是描述数据应用类的元数据。分析元数据，顾名思义，则是从数据分析的角度描述业务的元数据。

（3）管理元数据是描述管理领域相关的概念、关系和规则的数据，主要包括管理流程、人员组织、角色职责等信息。

如图9-6所示，元数据的获取途径主要有三种，分别是外部数据源、数据仓库和手工录入方式。

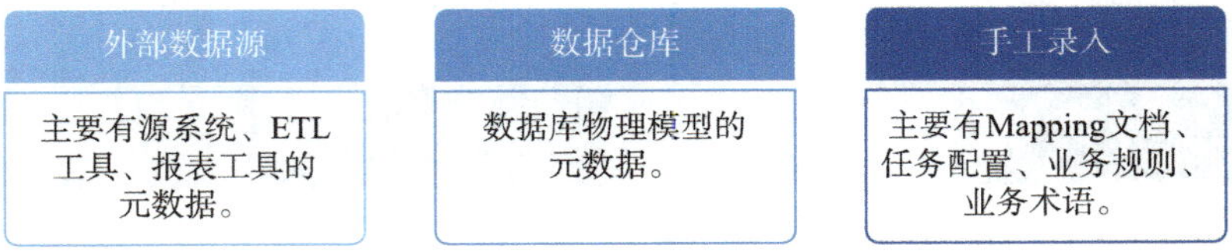

外部数据源	数据仓库	手工录入
主要有源系统、ETL工具、报表工具的元数据。	数据库物理模型的元数据。	主要有Mapping文档、任务配置、业务规则、业务术语。

图9-6 元数据的获取途径

元数据的功能有五大类，分别是血缘分析、影响分析、同步检查、指标一致性分析以及实体关联查询。血缘分析指的是向上追溯元数据对象的数据来源。影响分析则是向下追溯元数据对象对下游的影响。同步检查是检查源表到目标表的数据结构是否发生变更。指标一致性分析，顾名思义，是指定期分析指标是否和实际情况一致。实体关联查询则是事实表与维度表的代理键自动关联。

元数据的应用多种多样，主要包括：①ETL自动化管理，是指使用元数据信息自动生成物理模型、ETL程序脚本、任务依赖关系和调度程序。②数据质量管理是使用数据质量规则元数据进行数据质量测量。③数据安全管理是使用元数据信息进行报表权限控制。④数据标准管理是使用元数据信息生成标准的维度模型。⑤数据接口管理是指使用元数据信息进行接口统一管理。

9.3.3 元数据的管理价值

在数据治理战略实施的时候，元数据管理是企业数据治理的基础。然而，数据治理在国内还有待于普及和发展。作为企业管理人员和IT人员以及数据行业从业者，理解数据治理的首要任务，是在理解元数据的概念和作用之后，必须要深入理解元数据管理。

随着互联网的发展，近几年企业每年收集和使用的数据成倍增长，很多企业大数据环境中的数据形态很多样，且标准不统一，在这些类型不同的数据之间要进行采集、传播和共享就成了难事。这就势必要求企业对这些数据进行统一管控，即元数据管理。企业元数据管理，首先需要对企业所有的元数据进行整体规划、抽象描述，进而设计出所需元模型。

图 9-7　数据、元数据、元模型的关系图

（资料来源：胡仁昱《会计信息化标准体系的演变过程及发展趋势》）

有了元模型，就能根据元模型来采集元数据信息。这样一来，就能通过层层的关键信息将重要目标展现出来。具体而言，元数据库可以理解为是汇集了企业各类业务数据的数据仓库，如图 9-8 所示。

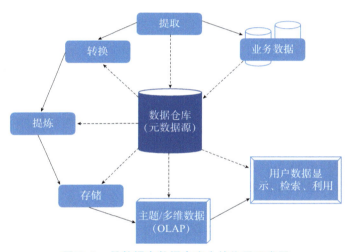

图 9-8　元数据在数据仓库中的作用示意图

（资料来源：胡仁昱《会计信息化标准体系的演变过程及发展趋势》）

2011 年，全球权威 IT 调研机构 Gartner 就提出了基于企业元数据管理的信息能力框架 ICF，该框架逐渐成为企业构建现代信息框架的指导方针。元数据管理对企业管理来说具有很大的价值。

（1）全面梳理企业信息资产。企业数据通常呈现碎片化分布，一共有多少系统，各系统之间有哪些关联，对应的关联表又有哪些，企业一时很难厘清。

如图 9-9 所示，元数据管理可以通过自动化的采集方式，帮助企业完成数据信息、服务信息与业务信息的采集，自动调取企业内部的元数据，为企业展现完整的信息资产，从而进一步帮助企业集中管理所有的信息资产，方便数据的交互和共享。

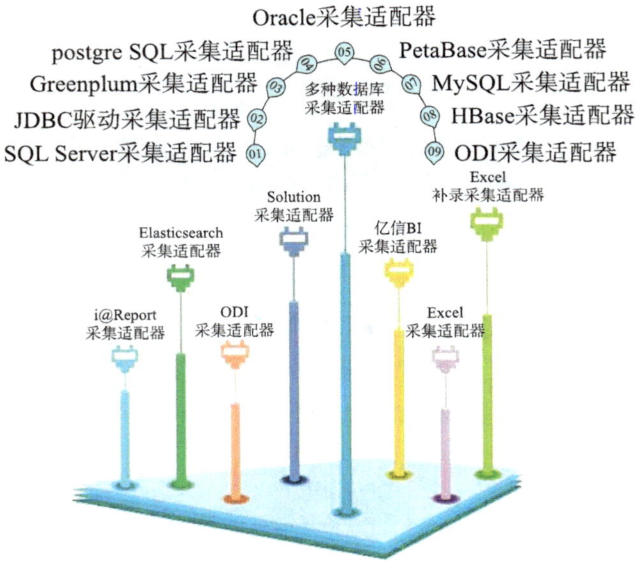

图 9-9　采集企业元数据

（2）迅速响应业务数据问题。在企业中，往往会遇到业务人员发现分析报表中有问题的情况，要求 IT 部门进行修改，但由于数据加工链路长，修改将涉及多个部门，甚至整个企业，很难精准定位到问题数据的相关表和字段。

但是，通过元数据管理则可以很好地解决这一问题。元数据管理通过多种分析方式帮助企业分析数据流向，具体到字段级的数据解析，如血缘分析、影响分析、关联度分析等，帮助企业获取数据上下游、关联对象等关系，快速定位问题字段，帮助企业降低数据问题的定位难度，如图 9-10 所示。

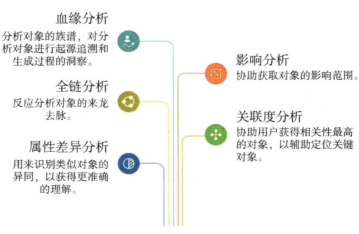

图 9-10　元数据能支持多种分析

（3）消除企业数据质量隐患。由于元数据是很多数据管理活动的基本，所以元数据的质量极为重要。元数据质量的稽核也很重要，因此元数据管理需要建立标准稽核制度，如一致性检核、属性填充率检核和组合关系检核，可以保障元数据质量。这也意味着企业在进行元数据管理中，要保证元数据、元模型的一致性和连续性，这样才不会改变元数据结构，避免元数据错乱。

元数据管理的响应速率相比传统模式更为迅速、高效，企业能够实现对元数据实时变更监控，查看明细信息。在这种管理方式下，企业可随时监察并消除问题隐患。

9.3.4 元数据在财务领域的运用

正如本章开篇所说的元数据标准是会计信息标准体系的基石那样，财务元数据也是推进财务数字化的基石。

财务信息资源是指各类经济组织或政府部门在其业务活动中形成或提供的有关财务、审计、税务和会计等的各种类型和形式的数据组成的集合，是进行经济分析、经济决策、经济监管等方面所需要的信息资源。由于企业信息化程度的提高，各类组织和机构已经保存了大量的财务信息资源，要对这些数量巨大的、非标准化的财务信息资源进行研究和挖掘，以及长期地保存和充分利用，目前的技术关键是要构建完善的财务元数据仓库，如图9-11所示。而数据仓库的建立，需要有一个规范的元数据标准，即财务信息资源元数据标准。用以描述财务信息资源各种形式的数据或数据集的数据就是财务信息资源元数据，是元数据概念在财务信息资源领域的具体应用。目前，财务信息资源核心元数据已有相应的标准。

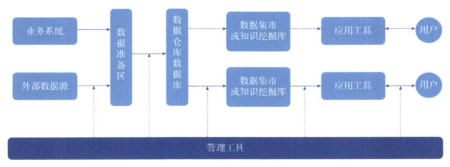

图9-11 财务元数据仓库

（资料来源：王张琦《财务决策中的元数据应用》）

财务元数据有利于财务信息资源的挖掘和利用：①财务元数据能够为财务决策人员提供便利。财务元数据仓库可以帮助财务决策人员实现各种联机检索方案，可以形成各种多维的数据报表和透视表，能够更快、更精确地检索到所需要的数据和信息。②财务元数据有利于构建企业业务系统与决策支持系统之间的桥梁。企业业务系统在日常业务中采集的各种业务信息转换为可存储的数据是极为复杂的过程，但是通过元数据的描述和标识将这一过程简化，将数据重新整合和转换成决策支持系统所需要的信息。③财务元数据的应用有利于财会信息资源的长期保存，通过元数据描述资源的相关属性，可以比较好地完成这种信息资源的转换，能够随着时间的流逝来跟踪数据结构的变化，使信息资源能够得到长期保存。

★ 本章知识点回顾 ★

概念掌握：数据标准、财务元数据

问题思考：

（1）数据标准的建立对企业数字化、财务数字化有何意义？

（2）企业数字化过程中，传统的数据管理方式为什么难以为继？元数据又可以起到什么作用？

第 10 章
数字财务的风险控制

与传统财务风险一样，数字财务风险的定性、定量分析是建立在风险管理的目标基础之上的。1992 年 9 月，美国 COSO 委员会发布了《内部控制——整合框架》（COSO-IC）；2004 年 9 月，美国 COSO 委员会根据《塞班斯法案》的相关要求，颁布了《企业风险管理——整体框架》（COSO-ERM）。COSO-ERM 框架是一个指导性的理论框架，为企业的董事会提供了企业所面临的重要风险，以及如何进行风险管理的重要信息。企业风险管理本身是一个由企业董事会、管理层和其他员工共同参与的，应用于企业战略制定和企业内部各个层次与部门的，用于识别可能对企业造成潜在影响的事项，并在其风险偏好范围内进行多层面、流程化的企业风险管理过程，它为企业目标实现提供合理保证。数字财务存在的风险也会对企业的风险管理带来新的影响。COSO 框架，如图 10-1 所示。本章将从数字财务系统相关的人员、流程和环境方面对风险进行阐述，并提出相应的风险控制手段。

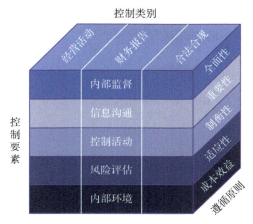

图 10-1　COSO 框架

10.1　数字化转型的风险及应对

10.1.1　数字化转型的风险

数字化转型利用了新一代信息技术，打通企业内部不同层级与企业外部不同利益相关者间的数据壁垒，成为大型企业必然的发展方向。

然而，数字化转型给企业带来价值增值的同时，也带来了风险。业界发生的滥用爬虫技术、非法爬取数据并借此获利、数据欺诈以及关键信息基础设施故障等事件，就是忽视数字化转型风险而招致严重后果的典型事例。

除了传统意义上的基础设施、网络环境和系统应用方面的信息安全风险，企业数字化转型面临的风险更多地产生在数据安全风险和创新风险方面。普华永道2019年发布的《数字信任洞察之中国报告》显示，在中国，28%的受访企业高管和企业IT团队认为企业数字化转型中面临数据治理或隐私的风险，成为最严峻的风险；19%的受访者认为数字化转型将带来推出新产品、服务和流程的风险，即创新风险成为第二大风险；紧随其后，18%的受访者认为传统意义上的网络安全风险将产生。

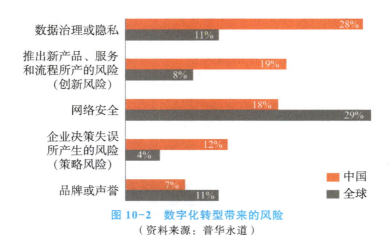

图10-2　数字化转型带来的风险
（资料来源：普华永道）

10.1.2　内部风险

虽然多数企业对数字化转型的意愿强烈，但对数字化转型的认识并不到位。很多企业普遍缺乏清晰的战略目标，没有从企业发展的战略高度来谋划数字化转型，而是更多地考虑如何在业务端引入先进的信息系统，却忽视了企业制度重设和组织架构重塑，也缺乏有效的配套激励体系，容易引起企业战略层和业务层之间的矛盾。数字化不仅是技术的更新迭代，而且是在数字技术的基础上，进行企业经营理念、战略方针、组织架构和运营模式等的全方位变革。数字化转型意味着业务流程、商业模式的转变，必须突破传统的观念和体制，建立新的流程和业务模式，在企业全局层面实现有效协同。

数字化转型也为企业带来了高昂的成本，以至于部分企业受制于人力和资金的约束，数字化转型不彻底。缺乏战略咨询、架构设计和数据运营的一体化变革，核心数字技术供给不足，将使得企业数字化覆盖面不广、带来的功能不完整、带给企业的价值增加不明显，甚至会削弱企业的价值。

10.1.3　外部风险

大数据、云计算、AI、区块链等技术增加了企业管理的复杂性，这可能会导致基础设施发生故障的可能性增加，甚至会增加组织的攻击面，并且越来越难以可靠地识别。

企业外部第三方泄露是很大的风险来源，根据 Ponemon Institute 的统计，56% 的企业和组织都曾因第三方供应商的缘故而遭受数据泄露问题。随着企业生态系统理念的渗透，企业间数据的流通变得更加频繁。传统的企业往往只与供应商、客户进行信息沟通，而在企业生态体系中，除了供应商和客户，企业还与竞争对手、融资机构和其他利益相关者沟通，企业的敏感数据泄露的可能性变得更大，风险将呈指数级增长，外部竞争者进行商业间谍活动变得更加容易。

10.1.4　数字化转型风险应对

面对数字化转型的风险与挑战，企业风险管理的思路与方法都面临着变革。在风险管理的范围上，不能只防范安全风险与合规风险，还应在数字战略、业务流程、业务数据和 IT 治理等方面进行全方位的防控；在风险管理流程上，在开展新业务前，要在每一环节与流程上进行规划、设计和嵌套必要的安全防护措施。内控、风控及审计部门作为企业的内部防线，也应对企业数字化转型进行积极的风险应对，提供相应的支持。

对于企业外部生态系统带来的数据泄露风险，企业应正确识别第三方风险。企业可以通过与第三方签订数据使用条例与数据保密协议，限制数据使用范围并对数据泄露责任进行落实；对于企业自身，也应对数据进行保密分级，从源头上控制数据泄露风险。

此外，解决数字创新人才紧缺问题也有利于应对企业数字化转型风险。可以通过深化校企合作、政企合作，积极营造良好的环境，鼓励高校根据业界人才需求开设相应的课程，培养既懂技术又熟悉管理的人才，推动数字专业技术人才与业务的融合。

10.2 传统财务风险

10.2.1 传统财务岗位的风险

在实际的工作中，传统财会的职能主要通过财务人员的劳动来实现，尤其是大多数中小企业信息技术的应用不多，会计电算化对财务工作的支持性作用比较小。因此，传统财务风险之一在于岗位带来的固有风险，主要是由于内控环境松散引发的财务人员方面的风险。

10.2.1.1 内部控制环境松散

虽然很多企业根据《企业内部控制基本规范》等制订了完整的财务流程和财务制度，但往往并不重视内部控制，只是为了应付内部检查或外部审计，企业整体风险防范意识也比较弱，财务流程和财务制度在实际执行过程中打了折扣。部分企业由于规模较小或者为了节省费用而精减财务人员，出现了不相容职责集中于一个人身上的现象。再如，若企业财务人员岗位调动较为频繁，工作移交过程中"点到为止"，移交人没有向被移交人具体说明该岗位的岗位目标、工作流程、需解决的遗留事项以及对工作优化的建议，容易导致被移交人开展新岗位工作时不熟悉情况，遇到问题难以立即解决，不仅效率低下而且容易出现差错。

10.2.1.2 财务人员工作懈怠

很多财务工作属于单调性的重复劳动，财务人员容易因烦琐的工作而产生倦怠感。财务人员也往往存在一些人为懈怠因素引起的问题，如不及时填制会计凭证，到月底一次性成批处理；与客户、供应商联系不紧密，没有及时核对应收账款和应付账款；对业务部提供的单据不仔细审核，随意签字和通过……财务人员的懈怠增加了工作出错的可能性，容易给企业造成较大的损失。如果财务人员将会计凭证月底一次性填制，在财务系统中便无法及时地反映与供应商和客户的真实往来，难以进行密切的跟踪并及时发现问题，当供应商和客户的经营或信用出现问题时，将给企业带来巨大的经营风险。

10.2.1.3　财务人员道德风险

部分财务工作是为企业经济业务把关的最后一道"防线"，如果财务人员在道德思想上存在问题，利用岗位便利，采取贪污、挪用、内外勾结等手段损公肥私，将给企业带来巨大的损失。实际工作中，个别财务人员与业务人员勾结，在费用报销、采购和销售结算、工程结算等过程中，不严格执行相关制度，不认真执行合同条款，多计或少计相关金额，获取业务人员给予的好处，人为形成财务管理漏洞，造成企业的损失。

10.2.1.4　财务人员工作差错

财务人员在处理业务过程中，也时常因为个人工作习惯、性格或工作态度等问题，工作不细致、不严谨，造成资金收付出错、财务数据混乱和会计信息失真等问题。财务人员也会由于业务知识和业务水平达不到岗位要求，难以胜任岗位。在企业的筹融资管理、预算管理、税务筹划等关键岗位，一般要求财务人员具有扎实的财务知识功底、较强的沟通协调能力以及对业务流程比较熟悉。如果财务人员的"复合"能力不足，就不能充分发挥财务管理的作用，如果采取了错误的决策，将给企业带来更大的潜在损失和负面影响。

10.2.1.5　财务信息化建设落后

实际工作中，部分财务人员的工作方式和观念还停留在多年以前，没有与时俱进地根据工作的需求对系统进行深入开发和充分利用，依然存在较多的手工操作。此外，有些企业对企业信息化建设重视程度不够，没有及时维护升级系统，很多重要文件和科研成果都分散存储在个人计算机上，无法集中管控，也容易造成财务数据的遗失和泄露。

10.2.2 传统财务管理的风险

从经典的财务管理理论出发，传统财务管理风险是指企业在各项财务活动中由于各种难以预料和无法控制的因素，使企业在一定时期、一定范围内所获取的最终财务成果与预期的经营目标发生偏差，从而形成的使企业蒙受经济损失或取得更大收益的可能性。风险贯穿于企业的一切投融资和经营活动。

10.2.2.1 筹资风险

筹资风险指的是由于资金供需市场、宏观经济环境的变化，企业筹集资金给财务成果带来的不确定性。企业为了取得更多的经济效益而进行筹资，必然会增加按期还本付息的筹资负担，由于企业的资金利润率和借款利息率都具有不确定性，从而使得企业的资金利润率可能高于或低于借款利息率。筹资风险主要包括利率风险、再融资风险、财务杠杆效应、汇率风险、购买力风险等。

10.2.2.2 投资风险

投资风险指企业作出投资决策，投入一定资金后，因市场需求变化及其他不可控和随机因素的影响，造成最终收益与预期收益偏离，甚至本金损失的风险。企业对外投资主要有直接投资和证券投资两种形式。投资风险主要包括利率风险、再投资风险、汇率风险、通货膨胀风险、金融衍生工具风险、道德风险、违约风险等。

10.2.2.3 经营风险

经营风险又称营业风险，是指在企业的生产经营过程中，受供、产、销各个环节不确定性因素的影响导致企业经营性现金流量发生变化，从而影响企业的市场价值的可能性。经营风险主要包括采购风险、生产风险、存货变现风险、应收账款变现风险等。而政策、市场、法律、企业团队都会对企业经营产生不确定性的影响。

10.2.2.4 流动性风险

流动性风险是指企业资产在价值不损失情况下的变现能力和偿债能力，主要是由于企业资金筹措不力，现金流动不畅，不能偿还到期债务而形成的无法正常经营的风险。一旦企业出现流动性危机，发生资金周转困难等情况，就会造成企业的破产。

10.3 数字财务的功能和风险

10.3.1 数字财务的功能

10.3.1.1 对传统财务岗位风险的控制

数字财务系统平台为业务的全部流程与财务的对接提供服务。以采购业务为例，数字财务系统对采购申请、供应商管理、合同管理、付款申请、财务记账等一整套完整的流程进行管控，跟踪合同付款的全流程，提供智能预警和检查，杜绝异常支付；事后能够追溯发票核销流程，对于错误发票在源头录入时给予提醒。通过数字财务系统的全流程控制，企业能够减少传统财务工作岗位中经常发生的诸如内部费用重复报销、款项异常支付、超预算、超标准等不合规操作问题。

数字财务系统也能够代替部分人工作业，比如自动生成费用凭证，凭证对接与自动生成合并报表。系统操作能够在保证数据的一致性、及时性和准确性，保证数据质量的同时，优化流程，提高工作效率，使财务人员有更多的精力提高运营支持服务，大大减少财务工作量。

如此，便能够避免财务人员因疏漏、懈怠以及道德问题而产生的差错。

10.3.1.2 对传统财务管理风险的控制

数字财务系统还有智能报表分析和财务预警功能，实时获取信息的同时，对财务报表进行分析，并对潜在风险进行实时监控。

财务预警系统包括预警功能、矫正功能和免疫功能。

（1）预警功能。当出现可能危害企业财务状况的关键因素时，财务预警系统能够预先发出警告，提醒相关人员采取措施应对风险。

（2）矫正功能。当危害企业财务的状况出现时，预警系统不仅能预告风险，还能寻找导致风险的相关原因，对于架构中预先设定为系统可以自定阻断的风险，将直接采取阻断措施；对于其他风险，也能够提供有效的措施给财务人员以参考，预防或控制危机的发生和恶化。

（3）免疫功能。为避免未来再次发生类似的财务风险，数字财务系统通过机器学习、AI技术，参考历史风险的发生、风险的应对措施及相应的结果，并结合企业所处环境的变化，对系统应对风险的能力进行不断的优化和改进。

10.3.2 数字财务的风险

10.3.2.1 员工风险

(1) 会计人员对数字财务系统的操作风险。引入数字财务系统，原有会计人员对新系统不熟悉，缺乏相应的专业技能，容易产生信息输入错误、操作失误以及信息利用不当等风险。

数字财务系统流程中可能存在不适合企业流程的内容，可能引起与之配合的员工产生反感情绪，导致项目开展困难，与系统相关的业务流程中断，使企业经营活动受到影响。

(2) 部分员工工作被替代，面临失业或淘汰，造成员工的抵触风险。随着科技的进步，基础性、重复性的简单工作完全可以由机器来完成。例如，识别小票和发票，机器可以根据账本配置自动过账，而且从事简单、重复的工作，机器比人工更加高效、准确，未来从事基础性财务工作的员工将面临被替代和被淘汰的风险。因而这部分员工可能会产生抵触情绪。

(3) 诚信与道德风险。尽管数字财务系统能够部分克服员工的诚信与道德风险，但是依然无法百分百地防范风险，只要有人员的参与，人员的职业道德素养就会对工作产生影响。

10.3.2.2 数据安全风险

(1) 管理上的风险。企业管理不规范，信息安全组织不完善，文件共享过程中无法控制使用者的权限，对重要文件没有保护措施，将会给数据安全造成巨大的隐患。

财务人员日常工作相关政策不完善，会导致信息处理设备滥用、误用的情况发生，对数据信息的安全造成危害。此外，部分员工在离职前，将核心数据下载至个人计算机，并加入竞争对手企业或创立自己的企业，也将给企业带来威胁。

金融行业、政府机构，还有特殊的行业，都会对行业的合规性要求有一些非常明确的、特殊的规定。

(2) 技术上的风险。企业数字财务管理模式，必然会依赖于更多的硬件设施，这就面临着更大的硬件设施故障与人为或自然灾害造成的设备损坏问题。

即便数字财务系统操作权限有着严格的限制，但是系统在执行工作任务时，接触的信息范围较大，如果不采取措施进行科学的管理，可能会产生较大范围的信息泄露；数字财务系统的产品架构可能不合理；系统平台的开发升级中，如果采用了一些面临淘汰或冷门的技术，将使得系统的更新升级存在兼容性问题，此外，也更难找到合适的运维人员进行后期运维。

在实际应用的过程中，很多财务工作有潮汐规律，月底、年底会有很多工作集中式爆发，存在系统过载风险。

10.3.2.3 环境风险

（1）内部环境风险。引入数字财务系统后，如果不对企业组织结构进行调整，现有的组织结构可能会产生矛盾和冲突；在数字财务系统的设计上，可能仅考虑了操作流程的自动化，没有根据企业内部控制规范对系统进行设计和开发，存在内控风险；数字财务系统的运行需要企业各个部门的合作与支持，企业内部若缺乏 IT 信息部和人力资源部等的支持，将产生系统难以正常运行的风险；数字财务系统流程较为复杂，维护量大，会造成高昂的维护成本或无人维护的风险。

（2）外部系统变动风险。数字财务系统的技术实现依赖于外部系统（外部环境），外部系统的变动、升级、改造都可能会对数字财务系统造成影响。例如，国家税务政策的变动，造成税务系统频繁变动，那在税务相关的业务流程中，流程的运用可能达不到稳定运行的状态。

数字财务系统中存储着海量的数据，也将成为外界恶意攻击的首要目标。部分企业采用云计算服务商提供的服务，云服务提供商共享基础设施、平台、应用等服务，一旦漏洞发生，会波及每个客户，构成巨大的威胁。另外，云服务中心也面临自然灾害发生带来的风险。

（3）企业生态系统多元风险。如图 10-3 所示，企业在所处的生态系统中共享了部分财务或者业务数据，生态系统中包括供应商、合作商，甚至是竞

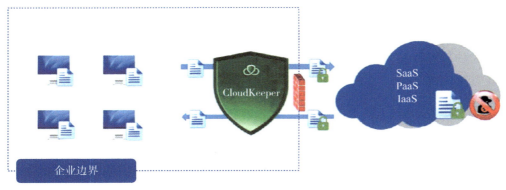

图 10-3　企业生态系统数据的泄露与防护

争对手等。企业的部分数据属于商业机密，存在泄露风险。企业生态圈进行部分数据的共享，如果数据使用不当，也有不当竞争的风险。

10.4 数字财务风险防控

与传统财务风险的防控一致，数字财务风险控制的目标为：确保流程的风险控制在与总体目标相适应并可承受的范围内；确保流程应用部门及外部，尤其是业务关联部门、数据信息上下游、信息部门之间实现真实、可靠的信息沟通，包括流程的节点、权限、数据来源的真实性、可靠性；确保流程设计及控制节点符合内控要求并合法合规；保障企业经营管理的有效性，提高经营活动的效率和效果，降低实现经营目标的不确定性；确保企业建立各项重大风险发生后的危机处理计划，保护企业不因灾害性风险或人为失误而遭受重大的损失。

10.4.1 员工风险防控

(1) 对会计人员数字财务系统的操作风险的防控。为员工提供适当的技能培训；设置专门的位置放置数字财务系统的服务器和终端，避免不相关人员干预运行；加入校检规则，把校检结果推送给相关操作人员进行人工复核；在输出的数据文件中添加使用说明；成立内部数字财务系统专家组。

(2) 对部分员工面临失业或淘汰，造成员工抵触风险的防范。在数字财务系统的计划阶段，流程设计应适合企业自身的流程，进行事前预防；在业务开展阶段，根据不同项目的需要，设计相应的危机补偿计划，化解可能存在的其他危机；将数字财务技术的影响以积极的方式向员工进行宣传和普及，对员工进行岗前培训，互相适应流程。

(3) 对诚信与道德风险的防范。可以通过企业诚信文化建设、完善企业道德诚信规章制度、表彰企业优秀道德模范等措施，加强对企业员工的职业道德与诚信道德教育培训。

10.4.2 数据安全风险防控

(1) 对企业信息安全组织不完善的防控。设立完善的企业组织架构，成立信息安全部门，并对数字财务系统进行相应的监管，将责任落实到个人。针对自身所持有的数据进行分级分类，而后对特定等级的数据进行更进一步的保护。例如，将数据分级为绝密、机密、内部、公开4个等级，并针对绝密和机密数据实施数据防泄露保护和加密传输，如图10-4所示。部分行业有专门针对数据分级分类的国家政策规定或指导，如证券期货行业的《证券期货类数据分级分类指引》，企业可根据国家规定、行业实践进行相应的数据分级分类工作。

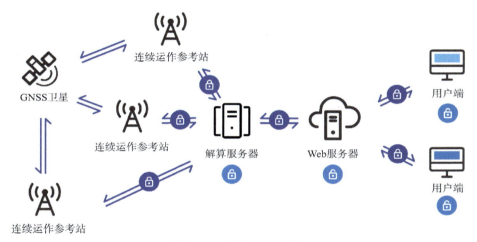

图10-4　数据加密传输

（2）对来自人员的威胁的防控。明确员工的角色及责任，定向制定培训计划进行人才培养，如岗前培训、产品培训、业务培训、安全意识培训。并对所有有可能访问到核心财务数据的终端，包括运维人员的计算机都会强制安装管控软件，严格限制包括物理设备使用权限在内所有可能的途径、记录所有的操作过程，做到过程可用、事后可追溯。

（3）对合规性风险的防控。数字财务系统要内网、外网分别部署，通过数据同步的机制，让内外网系统能够联通，同时不产生数据安全风险。例如，金融行业、政府部门的有些计算机是涉密的，必须由内网管理，有些接触外网的计算机则必须与内网进行隔离。在软件开发的过程中，其开发标准、质量控制标准、信息安全的规范等，都要考虑合规性风险。

（4）对物理风险的防控。设置专门的位置放置数字财务系统的服务器和终端，设立严格的进入权限机制；成立相关部门负责IT、硬件运维；设立备份机制。

（5）对系统面临的风险的防控。对数字财务系统设置细分板块，设置不同的操作和数据下载权限，避免误操作、越权查询等容易导致信息泄露的风险；对系统接触到的数据进行加密传输，以免将企业各种系统的账号密码和系统数据暴露于无人监管的状态下；对数字财务系统的运行情况要进行实时的监控和记录。

对当前主流技术和产品以及未来的技术发展趋势做更深刻的理解和准确的判断，选择合理的产品、技术和架构，保证数字财务系统的可用性和可维护性，增强系统的生命力。

（6）对应用过程中的风险的防控。合理规划服务器容量，优化服务器的资源配置，设计合理的方案对高峰时段进行限流或分流。通过波峰波谷期的规律对工作量做合理分配，尤其注意应对波峰系统资源的配置。

10.4.3　环境风险防控

（1）对内部环境风险的防控。引入数字财务系统，不仅是财务方面的一个项目，如果整个企业认为自动化、智能化是未来的发展方向，即企业的流程性工作交给机器，人工则承担更多管理类、战略性工作，则企业的组织结构、战略计划都需要与之匹配。企业对现有的工作模式、工作流计划等一系列工作体系要进行一定规模的优化或改造，以适应数字财务系统的应用，提高企业的组织效能。

不同的企业控制环境不同，组织财务部、审计部等相关专业部门对数字财务系统对内部控制遵守情况进行评审，保证系统的运行严格按照企业内部控制管理规范进行。在当前弱人工智能阶段，人为监督依然有必要。

根据企业自身的需要，判断数字财务系统的复杂性以及必需的功能，节约资源；组建相关的IT信息部门，对系统的日常运维人员进行培训；与提供系统的企业保持联系，以获得及时的帮助。

（2）对外部系统变动风险的防控。外部系统的变动对数字财务系统流程的影响需要充分评估，如果外部系统处于频繁变动的阶段，需要根据系统的变动随时调整相关程序。此外，提前对这些流程的变化进行识别，以便发生变化后快速响应，并在发生巨大变化时，考虑如何用人补偿因无法快速应对变化而带来的疑难问题。

云服务商最好建立异地容灾备份机制，加强保护措施来维护应用和数据，如图10-5所示。此外，供应商应该使用深度防御体系，包括对主机的多因素

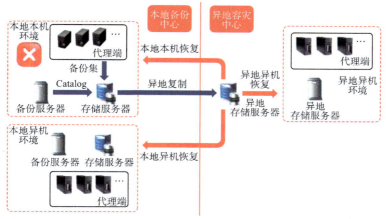

图 10-5　云服务异地容灾备份机制
（资料来源：百度图片）

认证、基于主机和网络的入侵检测系统、使用最小权限原则、合理的网络划分、及时更新补丁等。

（3）对企业生态系统多元风险的防控。对企业的数据进行严格的分级，包括可对生态圈共享的和不可对生态圈共享的。对于企业私密级别的信息，要通过数据加密技术进行双重或多重加密，以防竞争对手通过信息共享渠道获取。此外，企业也要按照相关法规所规定的条例进行信息的分享以及使用，避免构成合谋等损害市场的行为。

★　本章知识点回顾　★

概念掌握：数字财务的风险
问题思考：
（1）传统财务有什么风险，数字财务是怎么克服这些风险的？
（2）数字财务的风险是什么？企业该如何防范呢？

第 3 篇 CHAPTER 3

数字财务的智能生态构建

行业数字化转型是未来 5～10 年最大的商机，生态成为最强的武器。在数字化进程中，主要玩家都在构建或重构生态环境，通过运营以解决方案为中心的生态圈、建设生态架构体系来支撑 E2E 的生态环境，通过群体竞争优势争夺产业或行业的话语权。

——华为

内容提要：本篇为数字财务的生态构建，共 6 章内容。本篇首先阐述了业务、管理、信息三大循环构成的现代企业生态循环体系，进而从信息循环中聚焦到财务信息循环的发展与框架，再逐一解析业务财务、战略财务、共享财务，最后引出数字财务未来的智能构架。本篇从内部软性的生产制造、经营管理与外部硬性的基础设施两个方面，分析了数字化和基础设施之间的关系，再通过互通互联与企业数字化的智能生产制造、智能经营管理、数字化产品服务进行交互，使得基于业财管税智能化的会计基础设施不断加速企业数字化转型，并引领软硬基础设施建设，以此打造以财务共享为中心的数字化生态系统。

第 11 章
现代企业的生态循环体系

现代企业的生态循环体系是形成数字财务智能生态的基础。企业如同生物，没有一个企业能够长期单独生存，总是直接或间接地依赖着外在的组织。而在企业内部也是如此，各职能部门相互作用、相互影响，共同维护着企业的正常运营。在未来万物互联的时代，想要顺畅地运行数字财务，必须依赖于企业的生态循环体系。每个企业的规模、经营模式、管理方式各不相同，但本质上都可以抽象成业务循环、管理循环、信息循环（见图11-1），这三大循环相互支持，共同构建成完整的、现代企业的生态循环体系。

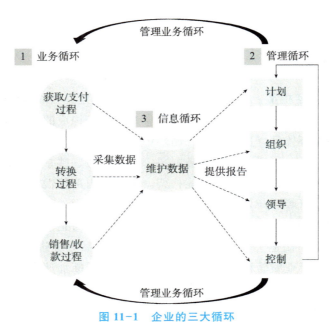

图 11-1　企业的三大循环

（资料来源：阿尼塔·S霍兰德等的《现代会计信息系统》）

11.1 业务循环

11.1.1 业务循环的概念

业务循环是指处理某一类型经济业务的工作程序和先后顺序的总称。企业内的业务循环总是基于资金在企业内部流动的过程：①企业需要一定的资金流入，即企业要筹集到必要的资金——可以吸引投资者的投入，也可以适当地借贷。②用筹集得到的资金购买企业正常经营活动必需的设施设备、原料，招聘员工，将货币资金转化为储备资金，为生产经营做好准备工作。③进入重要的生产环节，将储备资金转化为生产资金。④在将各项投入融合在一起形成产品后，将生产资金转化为成品资金。⑤到达业务经营的最后销售阶段，实现产品价值，将成品资金又转变成货币资金。当然，核算并扣除业务过程中发生成本后的利润分配也是业务循环中必要的一部分，除了以税金的形式上缴国家以及以股利形式分配给股东外，留归企业的部分又重新投入生产经营过程，循环周转。

11.1.2 业务循环的主要业务

在数字财务背景下生态循环中的业务循环也是基于筹资、投资、生产、销售、分配这5项主要业务，如图11-2所示。

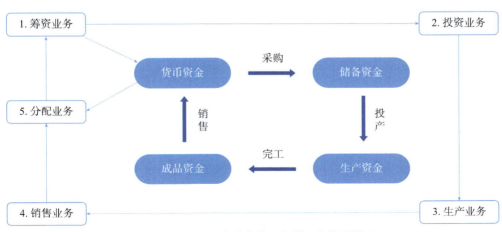

图 11-2 企业经济活动的业务循环和资金循环

11.1.2.1 筹资业务

企业从无到有、从小到大、从大到强都必须拥有一定数量的资金。发展至今，企业筹资的类型、渠道和形式都已经相对固定了下来。

企业筹集的资金，一般首先表现为货币资金，企业用货币资金购买材料、购置厂房和机器设备，为产品生产做好必要的准备。此时，货币资金就转化为储备资金和固定资金。在生产的过程中，劳动者运用劳动资料（机器设备、工具等）对劳动对象（材料等）进行加工，制造产品。在这一过程中会发生各种费用，如材料费用、工资费用、固定资产折旧费用和其他费用，这一过程既是产品制造过程，又是成本费用发生过程。这时，企业的资金由储备资金、固定资金转化为生产资金形态，随着产品的完工又从生产资金形态转化为成品资金形态。销售过程是产品价值和使用价值实现的过程，一方面企业要组织商品销售、办理结算、收取货款，这时企业的成品资金又转化为货币资金形态。另一方面，将企业一定时期的收入和费用相抵减，确定企业的经营成果。如形成利润，则经过分配，一部分退出企业，另一部分重新投入生产经营过程；如形成亏损，则需要以后弥补。由此可见，上述企业生产经营过程中，资金筹集、回收或退出与供应、生产、销售三个过程紧密相连，构成了工业企业的主要经济活动。

11.1.2.2 投资业务

供应过程是工业企业生产经营过程的准备阶段。在供应阶段，企业的主要经济业务一方面是建造厂房、购买设备，形成长期资产；另一方面是以货币资金购买原材料、辅助材料，形成材料储备，以保证生产需要。在采购阶段，企业需按购销合同和结算制度规定，与供货单位进行货款结算，支付货款及各种采购费用。因此，设备购置业务、材料采购业务、结算业务以及采购成本的计算构成工业企业供应过程会计核算的主要业务。

11.1.2.3 生产业务

生产过程是工业企业经营过程的重要环节，是从投入材料到产品完工并验收入库的全过程。在生产过程中，劳动者借助劳动资料对劳动对象进行加工，制造成产品。因此，生产过程既是产品的制造过程，又是物化劳动（劳动资料和劳动对象）和活劳动的消耗过程。生产过程中所发生的各种耗费称为生产费用。

11.1.2.4 销售业务

工业企业的销售过程,是生产经营活动的最后阶段,是产品价值的实现过程。

在销售阶段,通过销售产品,按照销售价格收取产品价款,同时交付商品,以及发生的运输、包装、广告等活动,按照国家税法的规定计算缴纳各种销售税金。

11.1.2.5 分配业务

工业企业除了生产、供应和销售产品以外,还要发生一些其他经营业务。企业的其他经营业务主要有:材料销售、技术转让、代购代销、房屋和包装物的出租等。企业为了合理有效地使用资金以获取更多的经济利益,除了进行正常的生产经营活动外,还可以将资金投放于债券、股票或其他财产等,形成企业的对外投资。利润是企业一定期间生产经营活动的最终成果,亦即收入与成本费用相抵后的差额;如果收入小于成本费用,差额即为亏损。利润分配就是企业根据法律、董事会或类似权力机构提请股东大会或类似批准机构批准的,对企业可供分配利润指定其特定用途和分配给投资者的行为。

11.1.3 业务循环的重塑

企业通过业务循环完成基本的增值活动,想要更好地服务于数字财务生态体系下的业务循环,不仅要求企业能够找到其正确的定位,分析核心优势所在,更要求企业在整个外部生态圈中也建立以自己为核心的网络结构,把资源与能力完美结合,重塑业务循环,构建起整个商业模式的运营机制,如图 11-3 所示。

麻省理工学院教授迈克尔·哈默曾说过:"对于 21 世纪的企业来说,流程将非常关键。优秀的流程将使成功的企业与其他竞争者区分开来。"优秀流程应具有 4 个特点:正确(Right)、便宜(Cheap)、容易(Easy)、快速(Fast),即在保证正确的流程输出(客户需要的产品或服务)的前提下,尽量能快速、容易和便宜地实现流程输出。这些特点看似简单,实则蕴含深意。对于不同发展阶段和特点的企业来说,优秀的流程都不尽相同,很难进行标准化的套用。想要构建业务循环系统,对于每个企业来说,都要寻找到构建适合自身特点优秀流程的方法。

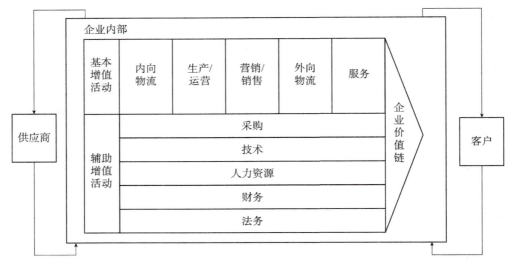

图 11-3 企业价值链
（资料来源：《财务就是 IT》）

下面着重介绍流程管理的"三阶段三循环"方法。

我国的很多企业，尤其是装备制造型企业，都经历了从生产配套车间到全资子公司，到参股子公司，再到独立公司的改制过程。改制阶段，企业的业务流程优化主要是流程规范化。在此情况下，并不是简单地调整部门职责就能解决企业当前所存在的问题，而需要从根本上改变企业长期形成的思维模式和思想意识，建立以"客户"和"产品"为中心的观念。

11.1.3.1 第一阶段三循环——流程显现化阶段

在此阶段，企业可以采用标杆瞄准法/基准化分析法，通过流程梳理将本企业的各项活动与从事该项活动最佳的企业进行比较，重新划分部门和岗位职责，并在此基础上进行局部优化，构建规范的业务流程，形成初级的流程蓝本。这就是"三阶段三循环"方法中的第一阶段的三循环。

11.1.3.2 第二阶段三循环——流程宣贯和固化执行阶段

在工业社会转向信息社会的背景下，企业的经营环境发生了巨大的变化，全球化市场中，"客户""产品"和"竞争"使企业面临越来越严峻的挑战。要求企业不仅要注重产品的成本和产量，还要注重产品的质量、上市速度、更新周期和客户服务。在此阶段，企业可以采用 ESIA 分析法，即消除（Eliminate）、简化（Simply）、整合（Integrate）和自动化（Automate），坚持"客户中心"原则,尽一切可能减少流程中的非增值活动,并调整流程中的核心增值活动,从而提升客户在价值链上的价值分配。这就进入了第二阶段的"三循环",包括流程的整体改进,流程宣贯以达到员工"知"的目的,流程固化达到"行"的目的,最终实现员工的"知行合一"。

11.1.3.3　第三阶段三循环——流程信息化与二次优化阶段

目前,我国企业流程的信息化程度相对较低,虽然很多企业都采用计算机代替手工操作,但信息技术应用水平并不高,流程的运作效率仍然低下。这种现状并不意味着企业缺乏信息化的意愿,事实上,越来越多的企业需要信息化来帮助企业实现更精细化的管理,而信息化程度较低的一个主要原因是很多企业的管理水平不高,即使使用了信息系统,最终也会导致失败,或者偏离原有的信息化目标。因此,企业有必要在第一阶段和第二阶段的流程"点""线"优化的基础上,搭建流程管理的体系,对企业流程进行二次优化,从而达到"点线面三次优化",实现企业流程信息化要求的精细化管理。

通过这三个阶段的不断循环,帮助企业不断实现流程的优化,最终借用信息化利器来固化流程,从而实现企业的精细化管理,为数字化生态打好基础。

11.2　管理循环

11.2.1　管理循环的概念

企业离不开管理。管理是指一定组织中的管理者,利用有限的资源,通过实施计划、组织、领导、协调、控制等职能来协调他人的活动,建立完整的过程控制,使别人同自己一起实现既定目标、产生新的价值的活动过程。管理循环是指按照管理工作的顺序进行科学分类,并研究其循环往复过程的理论。

11.2.2　PDCA 管理循环

企业内应用最广泛的传统组织质量体系运转基本方式是 PDCA 管理循环。PDCA 管理循环是美国质量管理专家休哈特博士首先提出的,由戴明采纳、宣

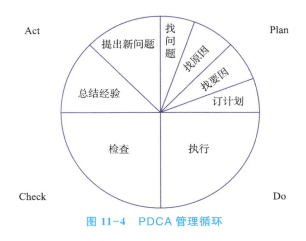

图 11-4　PDCA 管理循环

传,获得普及,所以又称戴明环。它将质量管理分为 4 个阶段,即计划(Plan)、执行(Do)、检查(Check)、处理(Act)。在质量管理活动中,要求各项工作按照作出计划、计划实施、检查实施效果的循环进行推进,然后将成功的工作纳入标准,不成功的工作留待下一循环去解决。这一工作方法是质量管理的基本方法,也已经延伸为企业管理各项工作的一般循环规律:从分析现状、发现问题到分析问题中的各种影响因素后找到主要原因,再针对主要问题提出解决措施并执行,然后检查执行结果是否达到了预定目标,最后把成功的经验总结出来,制定相应的标准,或者把没有解决或新出现的问题转入下一个 PDCA 管理循环去解决。

11.2.2.1　计划阶段

(1) 计划方向。根据客户的要求和组织的方针,为提供结果建立必要的目标和过程。强调的是对现状的把握和发现问题的意识、能力,发现问题是第一步,是分析和解决问题的前提。新产品的设计开发所选择的项目范围是以满足市场需求为前提、以企业获利为目标的。同时也需要根据企业的资源、技术等能力来确定开发方向。项目是本次研究活动的切入点,项目的选择很重要,如果不进行市场调研,论证项目的可行性,就可能带来决策上的失误,有可能在投入大量的人力、物力后造成设计开发的失败。

(2) 确定目标。明确研究活动的主题后,需要设定一个活动目标,也就是规定活动所要做到的内容和达到的标准。目标可以是"定性+定量化"的,能够用数量来表示的指标要尽可能量化,不能用数量来表示的指标也要明确。目标是用来衡量实验效果的指标,所以设定应该有依据,要通过充分的现状调查和比较来获得。制定目标时可以使用关联图、因果图来系统化地揭示各种可能之间的联系，同时使用甘特图来制订计划时间表，从而可以确定研究进度并进行有效的控制。

（3）确定方案。提出各种方案并确定最佳方案，区分主因和次因是最有效解决问题的关键。创新并非仅限于创新产品，还可以包括产品革新、产品改进和产品仿制等。其过程就是设立假说，然后去验证假说，目的是从影响产品特性的一些因素中去寻找出好的原料搭配、好的工艺参数搭配和工艺路线。然而，现实条件中不可能把所有能想到的实验方案都进行实施，所以提出各种方案后优选并确定出最佳方案是较有效率的方法。

（4）制订计划。有了好方案，其中的细节也不能忽视，计划的内容如何完成好，需要将方案步骤具体化，逐一制定对策，明确回答出方案中的"5个为什么和1个怎么做"，即为什么制定该措施、达到什么目标、在何处执行、由谁负责完成、什么时间完成、如何完成。使用决策程序图或流程图，将方案的具体实施步骤得到分解。

11.2.2.2 执行阶段

按照预订的计划、标准，根据已知的内外部信息，设计出具体的行动方法、方案，进行布局，努力实现预期目标。产品的质量、能耗等是设计出来的，通过对组织内外部信息的利用和处理，作出设计和决策，是当代组织最重要的核心能力。设计和决策水平决定了组织执行力。对策制定完成后就进入了实验、验证阶段。在这一阶段除了按计划和方案实施外，还必须要对过程进行测量，确保工作能够按计划进度实施。同时进行数据采集，收集过程中的原始记录和数据等项目文档。

11.2.2.3 检查阶段

确认实施方案是否达到了目标。方案是否有效、目标是否完成，需要进行效果检查后才能得出结论。将采取的对策进行确认后，对采集到的数据进行总结分析，把完成情况同目标值进行比较，看是否达到了预定目标。如果没有出现预期结果，应该确认企业是否已严格按照计划实施对策。

11.2.2.4 处理阶段

（1）标准化。标准化是维持企业治理现状不下滑，积累、沉淀经验的最好方法，也是企业治理水平不断提升的基础。对已被证明的、有成效的措施，要进行标准化,制定成工作标准,以便以后的执行和推广。

(2)处理问题。所有问题不可能在一个 PDCA 管理循环中全部解决,遗留的问题会自动转入下一个 PDCA 管理循环,如此,周而复始,螺旋上升。

处理阶段是 PDCA 管理循环的关键。因为处理阶段就是解决存在问题、总结经验和吸取教训的阶段。该阶段的重点又在于修订标准,包括技术标准和管理制度。只有标准化和制度化,才能使 PDCA 管理循环螺旋上升。

11.2.3 管理循环的新融入

PDCA 管理循环的新融入可以使思想方法和工作步骤更加条理化、系统化、图像化和科学化。

11.2.3.1 环环相互作用

PDCA 管理循环作为质量管理的基本方法,不仅适用于整个工程项目,也适应于整个企业和企业内的科室、工段、班组以至个人。各级部门根据企业的方针目标,都有自己的 PDCA 管理循环,层层循环,大环套小环,小环里面又有更小的环。大环是小环的母体和依据,小环是大环的分解和保证。各级部门的小环都围绕着企业的总目标朝着同一方向转动。通过循环把企业上下或工程项目的各项工作有机地联系起来,大小循环彼此推动、互相促进。

11.2.3.2 不间断提高

PDCA 管理循环就像爬高塔一样,一个循环运转结束,生产的质量就会提高一步,然后再制定下一个循环,再运转、再提高,不断前进。

11.2.3.3 门路式上升

PDCA 管理循环不是在同一水平上循环,每循环一次,就应解决一部分问题,取得一部分成果,工作水平就前进一步。每通过一次 PDCA 管理循环,都要进行总结,提出新目标,再进行第二次的 PDCA 管理循环,每循环一次,品质水平和治理水平都会更进一步,如图 11-5 所示。然而随着更多的项目管理中应用 PDCA,在运用的过程中也会产生一些局限,因为 PDCA 中不含有人的创造性内容,只是让人如何完善现有工作,所以会导致惯性思维的产生,习惯了 PDCA 的人很容易按流程工作,没有什么压力来实现创造性。

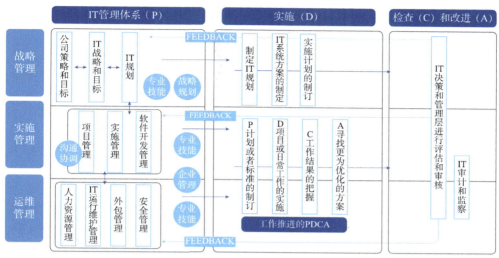

图 11-5　新技术下的 PDCA 管理循环
（资料来源：百度）

随着数字财务的推进，现代企业的管理循环已经逐渐融入新的技术，并不断完善，在整个生态圈中建立起一个个小型的生态循环，相互流转、相互推进。

11.3　信息循环

11.3.1　信息循环的概念

对企业来说，人、物资、能源、资金、信息是五大重要资源。人、物资、能源、资金这些都是可见的有形资源，而信息是一种无形资源。以前人们比较看重有形资源，进入信息社会和知识经济时代以后，信息资源就显得日益重要。因为信息资源决定了如何更有效地利用物资资源。掌握了信息资源，就可以更好地利用有形资源，使有形资源发挥更好的效益。所以，信息是决策的基础，决策是通过对客观情况、对客观外部情况、对企业外部情况、对企业内部情况的了解才能作出的正确的判断和决策。所以，决策和信息有着非常密切的联系。过去一些凭经验的决策经常会造成决策的失误，越来越明确信息是决策的基础；信息也是实施管理控制的依据，在管理控制中，以信息来控制整个生产过程、服务过程的运作，也靠信息的反馈来不断地修正已有的计划，依靠信息来实施管理控制。有很多事情不能很好地控制，其根源是没有很好地掌握全面的信息。

各种信息与媒介融合在一起形成信息循环，不仅维持着企业的正常运转，也是联系组织内外的纽带。企业跟外界的联系、企业内部各职能部门之间的联系也是通过信息互相沟通的。因此，要做好各部门间的联系，使整个企业能够协调地工作就要依靠信息循环。

11.3.2 信息循环的要素

人与人之间的沟通交流离不开信息循环，企业生态循环亦是如此。最基础的信息沟通交流过程包括7个主要因素：信息发送者、信息接收者、媒介渠道、编码、解码、反馈以及噪声。信息发送者通过编码过程将信息通过一定的媒介即信息渠道传递给信息接收者，信息接收者在收到信息后将其解码，再反馈给信息发送者。在整个信息循环的过程中都充斥着噪声，如图11-6所示。

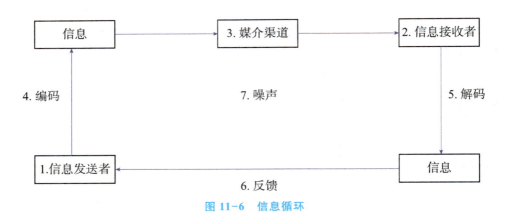

图 11-6　信息循环

现代企业的信息循环由基础的信息循环构建而来，并利用计算机硬件软件、网络通信设备以及其他办公设备，形成企业中一个以人为主导、进行信息的收集、传输、加工、储存、更新、拓展和维护的信息系统，如图11-7所示。它是生态循环中的一个子循环，有区别于其他子循环的相对独立性，不仅渗透到每个部门，而且可细分为营销信息循环、制造信息循环、财务信息循环、人力资源信息循环、信息资源信息循环等。企业业务循环与管理循环都对应着自己的信息循环，第12章将重点讲解与数字财务最相关的信息循环下的财务信息循环。

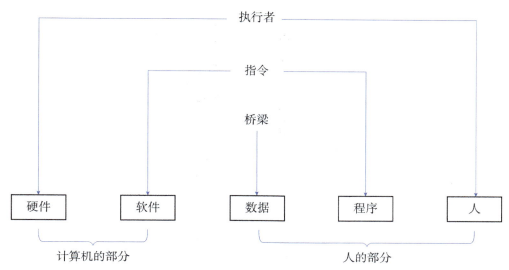

图 11-7　信息系统五大要素

11.3.3　信息系统的开发与功能

11.3.3.1　信息系统的开发

信息循环依赖着一个完善的信息系统。信息系统的开发主要分为 5 个步骤的循环：系统规划、系统分析、系统设计、系统实施、系统运行与维护。从开发设计出发，根据逐渐深入的调查与精细化的设计不断完善，投入使用后再反馈更新，循环升级。

系统规划阶段的任务是在对原系统进行初步调查的基础上提出开发新系统的要求，根据需要和可能，给出新系统的总体方案，并对这些方案进行可行性分析，生成系统开发计划和可行性研究报告两份文档；在系统分析阶段，根据系统开发计划所确定的范围，对现行系统进行详细调查，描述现行系统的业务流程，指出现行系统的局限性和不足之处，确定新系统的基本目标和逻辑模型；明确了做什么以后，在系统设计阶段确定怎么做，根据系统分析说明书中规定的功能要求，考虑实际条件，设计实现逻辑模型的技术方案；系统实施阶段的任务包括计算机等硬件设备的购置、安装和调试，应用程序的编制和调试，人员培训，数据文件转换，系统调试与转换等；在系统投入运行后，不断进行维护，记录系统运行情况，根据一定的程序对系统进行必要的修改，评价系统的工作质量和经济效益，如图 11-8 所示。

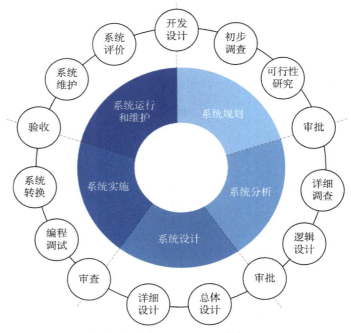

图 11-8 信息循环的开发步骤

11.3.3.2 信息系统的功能

信息系统有 5 个基本功能：输入、存储、处理、输出和控制。

信息系统的输入功能决定于系统所要达到的目的、系统的能力和信息环境的许可，它决定了信息的来源，是整个系统的起点与基础；存储功能指的是系统存储各种信息资料和数据的能力，服务于后续的数据处理功能，将繁杂的数据转变成有序的、直观的信息，保证数据输出的有效性；控制功能是对构成系统的各种信息处理设备进行控制和管理，按照计划对整个信息加工、处理、传输、输出等环节进行监督、检查、比较与修复。

11.3.4 信息循环与数字生态

信息循环是构建数字财务生态的基础，数字财务的运用又更好地支撑了信息循环。

首先，数字财务要求整体战略规划上的重视与要求。信息循环的建设是一项耗资大、历时久、技术复杂的工程，但信息早已成为企业的生命动脉，信息循环的建设直接关系着企业能否持久创造价值,能否最终实现企业的管理目标。只有一个有效的战略规划,才可以合理分配和使用信息资源,从而优化资源配置,提高生产效率;同时促进企业改革的不断深化,激发员工的创新热情。这些不仅是建立信息循环的必要条件,更是推行数字财务的长久之策。

其次,更加规范的管理体系能够做到工作程序化、业务标准化、报表文件统一化、数据资料完整化与代码化,这些都是信息循环的关键。企业的信息循环必须全面渗透到市场信息管理、财务管理、原材料供应与库存管理、成本核算管理、生产计划管理、产品质量管理、人事与劳资管理、生产与流程管理等功能,并与所有功能共同向一致的总体目标发展,才能建立起一套切合企业实际、能够真正促使企业实现现代化管理的高效管理信息系统,推动数字财务的构建。

最后,更多熟悉应用信息管理人才的引进能够更好地适配于循环所需要的开发、设计、实施与升级,形成良性循环,推动信息化管理。

业务循环、管理循环和信息循环共同构成现代企业的生态循环体系,每个基础循环中又包含着一项项的业务,一个个的阶段、要素与流程,它们从历史中来,也必将从历史中去,站在现在的节点上,三大基础循环的重塑造、新融入都必将与数字财务生态相得益彰。

★ 本章知识点回顾 ★

概念掌握:业务循环、管理循环、信息循环

问题思考:

(1)在业务循环的过程中,不同形式的资金是如何变化与流动的?

(2)管理循环是一个很早就提出的概念,请问在数字财务的建设过程中,有哪些值得努力的方向去创新这一理论?

(3)目前的财务信息化已经让我们意识到信息在财务变革中的重要作用,信息系统的不同要素是如何在开发过程中发挥作用的?

第 12 章
财务信息循环

信息循环渗透到每个角落，信息技术的快速发展早已带动企业的经营管理对财务要求的不断提高。从出纳到会计，从财务分析到资产管理，从业财融合到财务共享，财务与会计的巨大变革离不开信息循环中天然集成的财务循环。企业财务循环下的财务信息系统的发展过程，就是企业从粗放经营转向成本控制，从单一管理转向协同管理，不断推进数字财务在现代企业中集成应用的过程。

12.1 财务信息循环概述

财务信息采集过程源于企业的业务循环过程，包括从采购到付款流程、员工费用报销流程、人力资源与薪酬流程、固定资产流程、生产流程、销售到收款流程，业务流程中获得的数据按照会计核算程序都会流向总账到报表流程，产生财务报告后为外部信息使用者所用。业务流程同时伴随着资金循环，企业筹集资金、投入生产、提供产品和服务、收款实现资金重新流入。财务还有一个重要的循环——管理会计循环，将采集的数据转换成信息，为管理层提供决策支持，与资金循环共同构成企业财务信息循环的主要内容。

因此，财务从本质上来说就是一个信息系统。财务是企业所有业务数据的集成点，企业经营中的每一个事项和交易，相应的数据最终都会汇集到财务。财务的工作就是识别、收集、记录、加工、存储财务数据，生成所需要的财务信息，为经营决策者提供决策支持，以及向利益相关者报送、披露财务信息。财务信息系统可以是基于纸和笔的传统手工系统，也可以是运用了最新信息技术的复杂数字系统。

12.1.1　财务信息系统的基本处理

无论采用哪种方法与系统，其处理过程都是一致的，财务信息系统必须收集、输入、加工和报告数据与信息，如图 12-1 所示。

图 12-1　财务信息系统的基本处理

像所有的信息循环一样，财务信息循环是以统一的部门合作、疏通的信息渠道为依托，以计算机、互联网财务软件为手段，建立对财务信息进行收集、传输、加工、储存、更新、拓展和维护的工具。它运用本身所特有的一套方法，从价值方面对企事业单位、机关团体的经营活动和经营成果，进行全面、连续、系统的定量描述。财务的各项活动都与信息有关，收集原始凭证是为了获取用于生成财务信息的会计数据；设置账户是对财务数据进行分类；填制记账凭证和登记账簿是把财务数据转化成财务信息并进行信息的传递和存储；账簿和报表的查阅则是财务信息的输出。财务活动的各个环节相互联系、相互衔接，实现了由财务数据到财务信息的转换，全面反映和监督企业的经营状况，并为企业管理和经营决策提供重要依据。

12.1.2　财务信息系统的特征

财务信息系统作为管理系统的一个组成部分，与其他子系统相比，具有许多共同之处，如可分割性，能把财务信息系统划分为若干个更小的子系统；联系性，可与其他子系统相互联系；能扩展、能压缩、能根据管理要求加以变换等。但同时，从系统设计的角度看，财务信息系统又有其本身特有的一些特征：数据量大，数据结构复杂，数据的全面性、完整性、真实性、准确性要求高，数据具有可验证性，具有监督功能。

12.2　财务信息系统的发展

自 20 世纪 90 年代中期开始，为了确立竞争优势，各国企业更加关注进入市场的时间、产品的质量、服务的水平和运营成本的降低，并且为适应市场全球化要求，组织结构和投资结构也趋向于分布式和扁平化。企业家们意识到，企业不仅需要合理规划和运用自身各项资源，还需将经营环境的各方面，如客户、供应商、分销商、代理网络、各地制造工厂和库存等的经营资源紧密结合起来，形成供应链，并准确、及时地反映各方的动态信息，监控经营成本和资金流向，提高企业对市场反应的灵活性和财务效率。因此，伴随企业经济活动的发展而发展起来的财务信息系统越来越重要，自20世纪60年代开始至今，主要经历了以下4个阶段。

12.2.1 电子处理系统阶段

1954年，美国通用电气公司使用电子计算机实现工资与成本会计核算，成为使用电子计算机辅助人们进行企业管理的开端。与此同时，在软件方面产生了独立于应用程序的数据文件系统及各种高级语言，管理信息系统的雏形逐步形成，成为电子处理系统。

20世纪60年代中期，电子处理系统还停留在单项数据处理阶段，仅仅用计算机实现一些简单的单项事务处理的工作，延续到60年代末期的综合数据处理阶段，开始用计算机实现一些相互关联的单项事务处理的工作。整体而言，电子处理系统做到了保存精确的记录、分类汇总信息以及数据的检索和计算。但是，这个时期开发的计算机应用功能仍比较简单，仅用于解决个别部门局部的计算与管理问题，如运用计算机处理工资计算、存取款、库存材料的收发核算等数据处理量大、计算简单且重复次数多的经济业务。

在此阶段，还没有形成完整的财务信息循环，只有多种互相独立的会计核算程序，分别对应单一独立的会计业务，不同程序之间无法联系起来形成闭环，也不存在业务与财务一体化的理念和财务信息循环的战略。

12.2.2 部门内信息集成阶段

部门内信息集成即我们通常所说的管理信息系统。进入20世纪70年代，随着小型机和微型机的大量普及，以及局域网和数据库技术的出现，部门内部越来越多的功能环节开始使用计算机来加速业务处理。当部门内部的计算机应用达到一定程度时，开始考虑将部门内的各个计算机应用进行集成，使各个应用程序能够共享数据，这种集成可以称作部门内的信息集成。

局域网和数据库技术的出现为部门内的信息集成提供了实现的技术手段，

各个会计核算程序之间实现了数据共享,财务信息系统基本形成。在这个阶段,财务信息系统突破了传统的数据范围,开始形成了整体性的财务信息系统;应收应付、成本核算、总账、报表编制等子系统有机地结合在一起,基于这些核算功能自动生成多种会计报表,功能较为完备。这个阶段的财务信息系统有多种,包括采用文件系统的单机系统、采用文件服务器的局域网系统、采用数据库服务器的局域网系统,其中以采用数据库服务器的局域网系统对信息集成的支持程度最好,因而也最受规模较大企业的欢迎;报表输出源于会计恒等式,基于经济事件的财务影响强调信息的准确性,要求按照特定的规则,在特定的时机采用特定的方法,记录资产、负债或者权益构成的业务事件数据。主要功能是实现会计核算的自动化、会计报表的自动生成,在此基础上向管理者提供信息、辅助决策,如图12-2所示。但是这个阶段的财务信息系统依赖于业务部门提供的数据,仍然只是企业财务部门专用的信息系统,它在物理上独立于企业其他部门的信息系统;与其他业务系统之间形成相互独立的"信息孤岛",无法有效地集中控制。

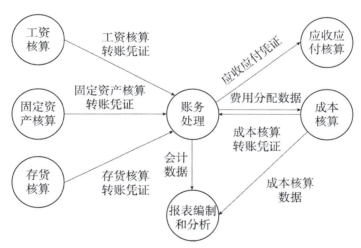

图 12-2 部门级财务信息系统的功能结构
(资料来源:《财务共享服务》2018 年版)

12.2.3 企业内过程集成阶段

20 世纪 80 年代中期,客户 / 服务器体系(C/S,Client/ Server)结构逐步成熟,以企业资源计划(Enterprise Resource Planning,ERP)为代表的企业范围内的集成应用开始出现。信息系统除了早期信息系统的信息集成外,主要特征是过程集成,企业事务处理系统间的资源实现应用间的协同工作,将孤立的应用集成起来形成一个协调的企业信息系统。这个阶段的会计信息系统(Accounting Information System,AIS)的平台是基于 C/S 结构的局域网系统,不仅在客户端和数据库服务器间合理分配数据和功能,而且覆盖的范围也不再局限于财会部门的局域网,而是整个企业的局域网系统。

ERP 系统是这个阶段 AIS 的代名词,它是一个信息高度集成的企业管理系统。AIS 则成为 ERP 系统的重要组成部分,这个阶段的会计信息系统是事件驱动型的信息系统,会计信息的采集、存储、处理和传输嵌入业务处理系统中,在业务发生时实时采集详细的业务、财务信息,执行处理和控制规则,从而不仅能执行事后的统计分析评价,而且能够进行事中控制。ERP 环境下的会计信息系统实现了从部门级系统到企业级系统的升级。这种类型的系统突破了"资产 = 负债 + 所有者权益"的模式,不以编制财务报表为主要目标,而是致力于提高业务处理和控制水平,进而辅助决策。在这个阶段,财务信息系统作为整个企业管理信息系统的一个有机子系统,已经和企业管理信息系统高度集成。因此,其设计目标充分考虑企业整体管理和决策的需求,如图 12-3 所示。

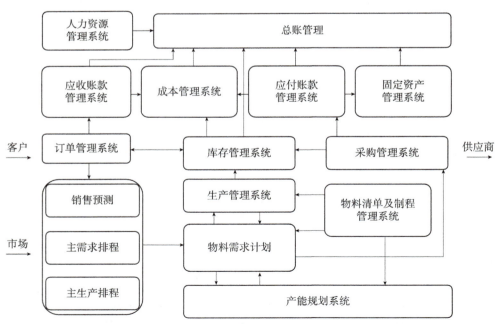

图 12-3 企业内过程集成阶段财务信息系统
(资料来源:《财务共享服务》2018 年版)

12.2.4　企业间过程集成阶段

20世纪90年代,市场竞争主要是围绕新产品的竞争而展开。因为新产品的价格总是高于其价值,通过竞争,价格才逐渐接近价值。一个产品失去其独占期,就意味着这个产品生命周期的结束。除了传统的对企业提供产品的低成本、高质量要求外,现代企业还要求生产经营需要能够适应以下的市场环境变化:市场细分、产品生命周期缩短、产品交货期缩短、产品复杂性增加、定制产品数量增加、环保要求日益增强、劳动力成本提高和工作时间缩短。这迫使企业开始关注自己内部的财务信息与外部产业链上的其他企业以及各类利益共同体的信息互通互联。

此时的信息技术快速发展,使数据仓库、联机分析处理(Online Analytical Processing,OLAP)和数据挖掘(Data Mining)技术,在20世纪90年代中期已经形成了潮流。OLAP技术中比较典型的应用是对多维数据的切片、切块、钻取、旋转等,它便于使用者从不同的角度提取有关数据,同时还能够利用分析过程对数据进行深入的分析和加工。而从人工智能、机器学习中发展起来的数据挖掘技术,擅长从数据库、数据仓库中挖掘有用的知识,对知识的推理形成智能模型,以定性分析方式来辅助决策。数据挖掘技术不仅是面向特定数据库的简单检索查询调用,而且要对这些数据进行微观、中观乃至宏观的统计、分析、综合和推理,以指导实际问题的求解,企图发现事件间的相互关联,甚至利用已有的数据对未来的活动进行预测。

进入21世纪以来,企业管理要求更高、信息技术迭代升级更快,企业与企业之间的竞争逐渐演变为价值链与价值链之间的竞争,企业的业绩越来越受到外部环境的影响,企业不仅需要了解并改进、协调每项内部职能,还需要在客户、供应商、第三方相关者之间建立高效的协作关系。为适应外部环境发展的要求,财务信息系统不仅要与企业内部的业务执行系统紧密融合,而且要能够与企业外部的信息系统交换信息、协作处理,实现同一价值链上财务信息系统在逻辑上的无缝连接。

在该阶段,AIS的目标不仅要实现企业内部的过程集成,还要实现企业间的过程集成;不仅要能建立企业现存业务流程的模型,还要包括支持企业持续改进的机制;不仅要提高事务处理的效率,还要从海量数据中提取出有效信息支持高层决策;建立和维护AIS的工作从企业内部转移到独立的应用软件供应商(Application Software Provider,ASP)方式逐渐发展。我国的财务软件厂商也作了积极的尝试,国内首家按照ASP模式为中小企业提供网上租用服务的伟库网,经过近半年的业务准备和业务运营,目前已经为 2 000 家中小企业提供财务软件的租用服务,正式发布了包括财务、出纳、进销存、客户管理、分销管理等企业全面应用的网上租用服务。

此阶段将企业内部信息系统与外部供应商的信息系统、与客户的信息系统,与银行、会计师事务所、税务工商、其他政府监管机构的信息系统集成起来,形成一个集成化的网络,强调与供应商、客户以及企业利益相关者建立良好的合作伙伴关系,如图 12-4 所示。

企业间的过程信息集成使得企业决策者能够更好地掌握市场变化,更加及时、准确、细致地了解企业内外部环境,初步实现财务信息系统的"内联外通",为接下来创建数字财务的智能生态系统积累财务管理和技术服务的双重实践经验。

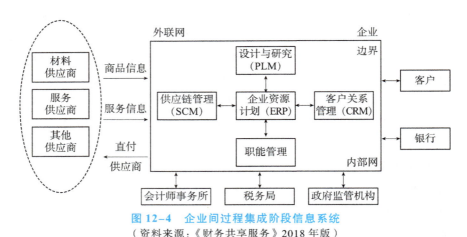

图 12-4　企业间过程集成阶段信息系统
(资料来源:《财务共享服务》2018 年版)

12.3　财务信息循环的内部架构

业务的拓展和科技的飞速发展,对财务管理提出了新的要求。传统的财务管理已经不能满足财务信息循环的要求,现代财务逐渐向业务财务、战略财务、共享财务转变。

12.3.1　架构建设的原则

财务信息循环的规划和设计需要与企业的战略目标、业务流程以及财务职能密切相关,财务信息系统的建设需要:①与企业业务战略与目标紧密结合，支撑企业的战略和目标。②支持企业端到端的业务流程，实现信息与流程的集成。③及时、准确地提供决策支持相关的信息。

财务信息系统的规划和设计需要具有前瞻性、灵活性，并充分考虑企业的未来发展和变化。一般来说，财务信息系统框架的设计需要符合以下 5 个原则。

12.3.1.1 集成性

良好的集成性是财务信息系统建设的整体性、全局性的策略原则之一。信息系统的集成性包括两方面的要求：①信息系统内部模块间的集成，包括销售管理、生产管理、采购和库存管理、财务管理、质量管理、服务管理等企业基础业务模块的全面集成，模块间有完全的整合性，一个地方录入原始数据，其他地方全程共享（数据一点录入，全程共享），并具有详细且严谨的数据追踪功能，即一个数据被查到，其他相关的数据也能被追查。②与外部其他系统之间的集成。具有先进的数据交换工具，与其他系统有完整的整合性，即时数据交换与自动生成。

12.3.1.2 技术先进性

信息技术日新月异，技术对信息系统使用的效果有着非常重要的影响，这要求企业信息系统必须建立在合理的技术体系上，具有技术上的先进性，主要表现在：系统结构的开放性、硬件平台的适应性和广泛性、融合当前最先进的信息技术并符合信息技术的发展趋势、技术开发工具的先进性和可掌握性等。

12.3.1.3 可扩展性和移植性

财务信息系统建设应考虑未来业务的需要，能以快速灵活的配置方式，将其管理范围快速扩充，以支持业务功能的扩展与重构；企业对信息系统的功能需求也是随着企业的变化而不断拓展，如从传统的采购订单到 B2B 的在线采购等，这要求财务信息系统必须有较好的可扩展性；建立在硬件和网络平台上的信息系统还必须有良好的移植性，在进行系统扩容、新业务扩展时，提供快速、方便和准确的表现方式。

12.3.1.4 适用性与灵活性

企业的组织、流程和管理不是一成不变的，随着企业的规模、外部环境、经营理念等内外部因素的变化而不断变化，支撑企业发展的信息系统需要具有适用性和灵活性的特点：①信息系统必须适应企业组织结构的变化，如企业新增业务、新设子公司等。②信息系统需要适应业务流程的调整，如分散采购向集中采购变化、财务核算由分散管理转向共享服务中心集中处理等。

12.3.1.5 安全性

财务信息系统涉及大量的企业经营数据及财务资金资产安全，需要把安全性作为系统建设的重要原则。在系统建设中要利用多种先进的安全控制技术，结合企业自身的内部控制体系与相关管理制度的建设，充分保证设备、网络、系统、应用和数据的安全。需要严格限定各级使用者的访问权限和操作权限，并具备良好的抵抗外部各种冲击的能力和灾难恢复能力，以保证系统的正常运行，并确保信息的安全、保密、完整。

基于以上5条原则，财务信息系统在企业中如何应用，需要参照诺兰六阶段模型（见图12-5）。一般来说，企业信息系统的发展经历初始阶段、推广阶段、控制阶段、集成阶段、数据管理阶段和成熟阶段。前三个阶段具有计算机数据处理时代的特征，后三个阶段则显示出信息技术时代的特征，其转折处是进行信息资源规划的时机。

财务信息循环可以参考诺兰六阶段模型，在确定开发策略或者在制订规划时，首先需要明确企业当前处于哪一阶段，进而根据该阶段的特征来指导财务信息系统的建设。因此，并不是所有的企业一开始就需要建设一套大而全的高度集成的信息系统。只有在业务量大、重复性高、业务复杂、劳动强度高

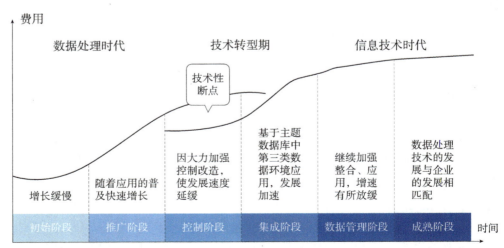

图12-5　诺兰六阶段模型

（资料来源：Richard. L. Nolan）

的工作模式下，信息系统发挥的价值才最大。企业需要选择适用的信息系统规划。

12.3.2 财务信息系统的整体框架

财务信息系统在企业中扮演着两种重要的角色：①支持财务业务流程和财务运营过程，提高财务业务运作效率。②支持管理者作出更好的决策。财务活动可划分为财务交易处理、管理控制、决策支持三个层次，企业的财务信息系统相应地也可以分为核算层、管理层和决策层三个层次，覆盖从业务系统数据采集，到财务作业处理，再到管理控制以及经营决策信息的发布展现，全面支持财务循环及财务职能的实现。财务信息系统整体架构如图12-6所示。

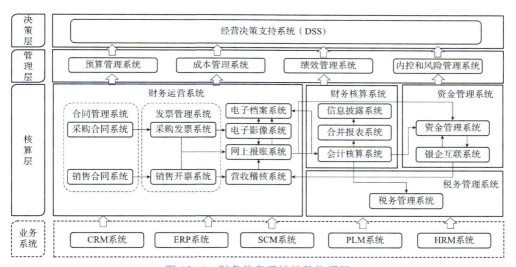

图 12-6 财务信息系统的整体框架
（资料来源：《财务共享服务》2018年版）

其中，业务系统覆盖企业价值链的业务过程和管理过程，支持企业主要的业务过程。业务层信息系统主要为业务人员使用，但设计业务系统时，在业务需求基础上充分考虑财务需求，将财务所需数据和信息的采集节点都放到业务前端，在业务人员进行业务处理的过程中，产生的数据和信息被传递至财务信息系。

核算层信息系统支持财务会计交易处理、财务报告、资金管理、税务管理的职能，主要处理源于企业业务系统与用于财务交易处理的数据，可以提供多种供企业内、外部使用的财务报告和财务信息。核算层信息系统可以分为财务运营系统、会计核算系统、资金管理系统和税务管理系统等,其中会计核算系统提供企业股东、政府、债权人等所用的财务报告和信息;资金管理系统满足资金业务处理和报告;税务管理系统则满足企业税务筹划、税务核算处理、纳税申报以及为税务机关检查所需要的信息加工和报送;而财务运营系统则为财务作业信息系统,是提升财务运作效率的财务事务处理系统。

管理层信息系统包括预算管理系统、成本管理系统、绩效管理系统、内控和风险管理系统等,企业从战略到经营计划、预算管理、成本管理、绩效管理以及内控和风险管理的相关信息系统功能和模块,与企业的经营过程及管理要求紧密相关。其数据来源于核算层信息系统,经过进一步加工和处理,为管理会计乃至管理提供财务信息。最后,决策层信息系统属于支持管理决策的财务信息系统,为管理者提供交互式管理决策支持。

从核算层、管理层和决策层系统的关系看,核算层信息系统关注的是财务交易处理以及财务报表等,并不直接为管理人员提供信息产品,核算层的数据将流转至管理层和决策层;管理层信息系统关注企业经营管理及过程控制;决策层信息系统,强调的是对管理者决策的支持,通常利用商务智能技术,对数据进行集成与标示,为管理层提供经营决策所需信息。

12.3.3 财务信息系统的核算层

业务层信息系统产生的数据,自动对接流转至核算层财务信息系统。核算层根据信息系统承担的职责和发挥的作用,可以分为财务运营系统、会计核算系统、资金管理系统和税务管理系统。核算层财务信息系统的架构以及核算层内各信息系统的关系如图12-7所示。

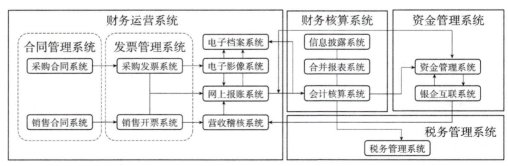

图12-7 核算层财务信息系统的架构
(资料来源:《财务就是IT》)

12.3.3.1 财务运营系统

财务运营系统可以说是财务信息系统中的事务处理系统（Transaction Processing System，TPS）或者交易处理系统，主要进行财务基本交易业务的处理，财务人员通过操作财务运营系统替代传统的手工运作，它与业务信息系统对接，收集、记录并处理财务交易事务产生的数据，并对财务基础数据信息进行统一管理。

财务运营系统主要的使用者是基层操作人员或者基层管理人员。财务运营系统主要包括：合同管理系统（销售合同系统和采购合同系统）、发票管理系统（销售开票系统和采购发票系统）、营收稽核系统、网上报账系统、电子影像系统、电子档案系统等。

12.3.3.2 财务核算系统

财务核算系统支持财务会计循环，是会计凭证财务信息自动生成、月末自动记账、过账、编制报表的系统。同时，通过合并报表功能处理复杂的股权关系业务和合并抵销等，出具合并报表并进行信息披露。财务核算系统包括狭义的财务核算系统（从凭证到会计报表）、合并报表系统、信息披露系统等，替代了原始的手工账务处理和合并报表。

财务核算系统处于核算层财务核算系统的核心位置，与企业内外部各业务系统、财务运营系统、资金管理系统存在着复杂的数据交互关系。

12.3.3.3 资金管理系统

资金管理系统是对资金计划、资金调度、资金结算进行运作管理的信息系统，和财务核算系统、业务系统、银行系统贯穿，实现资金的全流程管理。资金管理系统的功能一般包括账户管理、资金计划管理、资金结算、银企互联、资金监控、银企对账、票证管理、债务管理、外汇管理等。银企互联是资金管理系统资金支付模块中的一部分，是企业付款方式中的一种。很多企业会先单独上一套银企互联系统以提升资金支付效率。

12.3.3.4 税务管理系统

税务管理系统是企业税务核算、税务申报、税务管理的财务信息系统，包括税务政策维护、税务数据的采集、税务核算、审核、汇总、生成税务报表、纳税申报以及税务预测、分析等功能，涵盖企业的间接税、直接税以及转移定价管理等内容，是企业税务管理和监控的平台。

12.3.4 财务信息系统的管理层

财务信息化发展到一定的阶段之后，将会从关注财务会计转移到聚焦如何将财务信息系统与企业的业务信息系统融合，如何满足管理会计的需求，以信息化手段为支撑，更好地发挥会计管理功能，更好地为企业的管理决策提供服务。

管理会计属于信息循环的重要组成部分，其最重要的作用是提供信息和支持管理。企业管理是战略到绩效的循环，根据企业战略目标，制订经营计划目标，并落实到具体的经营指标体系，校验经营执行是否符合企业的发展战略以及寻求绩效提升的方法和空间。在经营管理的过程中，对未来业绩情况进行及时预测，监控经营过程中的风险并及时预警。以预算为过程监控主线，及时参与信息收集及分析，协助业务单位开展业绩推进工作，确保业务单位经营目标达成。因此，管理包括战略管理、经营规划、预算管理、成本管理、内控和风险管理、绩效管理等循环，如图12-8所示。

为更好地支撑管理决策，实现企业战略目标，企业财务信息系统对企业的经营活动进行实时的过程管理控制，需要覆盖战略、经营、预算、成本、考核、风险控制等管理过程。其中，管理层的财务信息系统主要为预算管理系统、成本管理系统、绩效管理系统、内控和风险管理系统等。

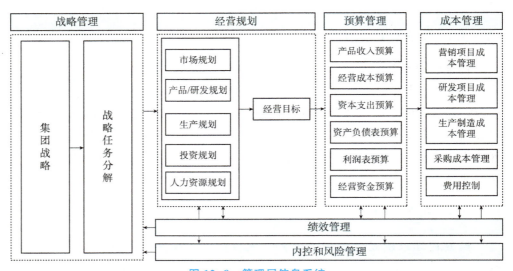

图12-8 管理层信息系统
（资料来源：《财务就是IT》）

12.3.4.1 预算管理系统

预算是衔接企业战略和绩效考核的重要管理工具，它作为企业整体管理框架中的重要组成部分，包含了从战略目标分解、经营计划制订、预算方案的形成、预算执行过程中的监控、分析和动态预测等一系列管理流程和工作方法。与预算管理的内容相对应，预算管理系统一般包括预算编制、预算执行与控制、预算分析与考核等模块。预算系统需要多种数据作为输入来源，如利润目标、费用数据、财务数据和人工数据等，而预算数据是绩效考核系统和经营决策支持系统所必需的。

12.3.4.2 成本管理系统

成本管理系统可以助力企业提高成本竞争力。成本管理系统覆盖价值链各环节的成本管理流程，包括在产品研发环节的目标成本管理，供应链环节的采购成本控制、制造费用管理库存周转管理、工程交付方面的工程成本管理以及对质量投入与质量损失进行评估的质量成本管理等。其中，研发项目成本管理关键在于设计成本的管理和控制；销售项目成本管理需要在销售订单签订评审阶段考虑全流程成本，企业一般可通过项目"四算"（概算、预算、核算、决算）进行销售项目的成本管理和控制。

12.3.4.3 绩效管理系统

绩效管理系统围绕企业战略规划和经营目标而设定，一般包括组织KPI指标设计、绩效监控、绩效考核、结果应用等闭环式管理。绩效管理系统需要覆盖企业各个管理领域，包括研发、生产、销售、工程售后、人事、财务、IT等全价值链各环节，发挥着推进战略规划落地、过程监控预警以及实施结果评价、绩效激励等全流程的管理作用。

12.3.4.4 内控和风险管理系统

风险控制，即风险、合规和内控，包含了风险管理、流程控制、访问控制、安全健康和环保、全球贸易服务以及内控审计管理等。风险管理是识别、评估和对不确定作出反应的过程。通过对风险的有效识别、控制和分析来实现企业的风险治理。内控和风险管理，即治理、风险及合规（Governance Risk Management and Compliance，GRC），涵盖了风险管理、内控管理、风险预警、审计管理等模块。

12.3.5 财务信息系统的决策层

财务信息系统必须被设计成能够提供各种信息产品的系统,以满足整个财务组织内各种决策者不断变化的需求。一方面,经营决策支持系统应该就战略管理层的决策者提供整体性更强的信息,尤其是计划外的报告、预测与和企业外部情报,以支持他们制定规划及进行决策。另一方面,经营决策支持系统应该为运营管理层的决策者提供事先指定的内部报告,这种报告更强调当前数据与历史数据的详细对比,可以支持运营管理人员完成日常的管理决策。

经营决策系统是支持企业管理层经营决策的最重要的信息系统之一,一般由数据仓库,抽取、转换和加载(Extraction-Transformation-Loading,ETL)过程,OLAP分析模型,数据挖掘模型以及指标展现工具等几个核心模块组成,如图12-9所示。从定义上来说,决策支持系统(Decision Support System,DSS)是为管理人员的决策过程提供交互式信息支持的计算机信息系统。决策支持系统使用分析模型、专门的数据库、决策者自己的洞察力和判断力、基于计算机的交互式建模过程来支持企业管理决策。经营决策支持系统强调的是对管理决策的支持,需要利用商务智能技术。

商务智能的基本任务是收集、管理和分析数据,通过先进的工具把数据转换为有用的信息,是数据处理技术与多种技术,如人工智能技术、统计技术、

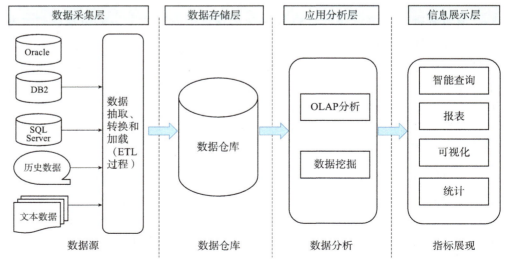

图12-9 经营决策支持系统——商业智能平台
(资料来源:《财务就是IT》)

数据库技术等的有机结合。商务智能平台先从许多企业业务系统的数据中提取出有用的数据并进行清理，以保证数据的正确性，再经过 ETL 过程合并到一个企业级的数据仓库里，从而得到企业数据的一个全局视图。在此基础上，利用合适的查询和分析工具、数据挖掘工具、OLAP 联机分析处理工具等对其进行分析和处理（这时信息变为辅助决策的知识），最后将知识呈现给管理者，为管理者的决策过程提供数据支持。

★ 本章知识点回顾 ★

概念掌握：
财务信息循环的特征　发展阶段　内部架构

问题思考：
（1）在发展的过程中，财务信息系统借助科技力量逐渐发展出哪些新的特点？
（2）在财务信息系统的整体框架下，各个层级是如何作用的？

第 13 章
业 务 财 务

在企业管理越来越精细化的今天，企业对财务核算的要求越来越高，尤其是财务分析所需的数据，在支撑企业战略性决策时需要更规范、更精准。以制造类企业为例，企业资金是通过销售赚回来、通过采购花出去的。因此，如果要讲财务业务一体化，除了最基础的管理费用外，还必须要把占大头的成本涵盖进去，同时把收入纳入其中。于是费用、收入和成本，就成为实现业财一体化的三个重要方面。业务主导的销售和成本系统，与财务主导的财务系统，完全分属不同的职能线。在业务向财务和财务向业务扩展的过程中，各方对存在的难度心存疑虑，同时迫于时间因素也没有动力去积极争取达成一体化。总的来说，传统的信息化管理方案是以业务线（如项目物资系统）或财务线（如项目资金系统、项目发票系统、财务记账 ERP）为切入点，业务和财务是分离的，弊端明显。如会造成一次业务重复录入多个系统、业务系统与财务系统"数据打架"、企业将分离的业务财务系统自行整合困难等多个难题。业财融合是必然趋势，业务财务应运而生。

13.1 业务财务概述

13.1.1 业务财务的概念

业务财务是业务与财务一体化，其基本思想是在包括网络、数据库、管理软件平台等要素的 IT 环境下，将企业经营中的三大主要流程——业务流程、财务流程、管理流程有机融合，将计算机的"事件驱动"概念引入流程设计，建立基于业务事件驱动的财务一体化信息处理流程，使财务数据和业务融为一体。在这一指导思想下，将企业的经营信息按使用动机不同划分为若干业务事件。当业务事件发生时，利用事件驱动来记录业务；业务事件处理器按业务和信息处理规则，将企业的财务、业务和管理信息集中于一个数据库，当需要信息时，具有数据使用权的各类"授权"人员通过报告工具自动输出所需信息。这种方式能最大限度地实现数据共享，实时控制经济业务，实现企业"三流合一"（见图13-1），真正地将会计控制职能发挥出来。

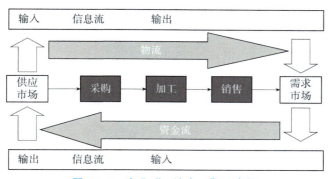

图 13-1　企业"三流合一"示意图

13.1.2　业务财务的设计目标

在企业管理精细化的追求下，企业对财务核算的要求越来越高，尤其是财务分析所需的数据，在支撑企业战略性决策时需要更规范、更精准。在财务业务一体化基本思想的指引下，企业结合ERP系统的搭建，推动ERP系统与业务系统的集成，以ERP系统为主定义集成映射规则，促进前端业务系统进一步规范和控制业务数据，保证财务数据与业务数据对接的一致性。

财务业务一体化的设计目标包括以下4个方面。

13.1.2.1　闭环管理

业务的信息自动集成到ERP系统财务模块，实现业务驱动财务。确保业务信息与财务信息的数据完整性。在企业中形成以计算机为核心的闭环管理系统，使企业的人、财、物、供、产、销全面结合，实时反馈、动态协调、降低成本，实现全面监控管理。ERP系统按照业务和财务管理颗粒度，直接从业务系统源头提取各环节、各业务类型数据，保障核算信息的完整，使得财务业务高度协同，杜绝中间加工环节，理顺财务业务之间的责任与权限。

13.1.2.2 数据准确性

业务信息对接于财务，帮助企业及时、准确地编制合并报表，与财务系统高度集成，提高合并报表制作的准确性。

13.1.2.3 反馈及时性

ERP 系统的实施使财务信息的反馈从事后的反应转变到业务事前、事中、事后的全面监控。运用 ERP 系统处理相关数据，可以全面、及时地反馈信息，推进企业管理会计的发展。

13.1.2.4 线索可溯性

打破财务与业务信息壁垒，充分发挥 ERP 系统横向集成、纵向贯通的优势，实现业务数据的可视化，便于历史追溯。

13.2 业务财务的框架与应用

业务数据在系统中经过网上报账、往来管理或项目核算等模块后，逐渐转化成为财务数据，由系统自动生成待处理凭证，最终生成总账信息，同时系统支持各分支模块数据的报表查询。基于信息平台的业务财务一体化建设，如图 13-2 所示。

13.2.1 成本管理的指导

计划部门需要根据企业在年初所下发成本预算细分到每一个部门，然后再将计划录入系统当中，同时设置出相应的预警线，如果达到预警线则对各项支出进行限制。当系统发生故障时，系统管理人员应当向指定人员进行授权，如果在维修时出现了其他方面的支出，应当由相关人员在客户端上进行录入，不同的支出部门能够在子系统当中对本期预算的具体下达情况进行查询，而发生的具体支出则需要由部门进行详细登记。系统管理人员还应当设置各个成本的支出科目和部门，每月底系统根据部门的要求来对各项成本支出进行汇总，在该汇总表当中能够显示出当月、累计以及年度进度预算。财务部门通过掌握各个部门的具体支出情况，并将该表当作是进行活动分析的重要材料,向管理层提供相应的决策与可靠的财务信息数据。由于汇总报表是数据的集成与汇总,报表是管理者决策的依据。在系统中通过取数,生成材料收发存明细表、大审计报表、项目盈亏分析表、入出库流水账等报表体系,简单、直观地反映项目实际的收入、成本情况,项目业务人员、管理人员、财务人员通过系统,了解项目的真实情况,为以后的项目管理、经济管控工作提供指导和帮助。

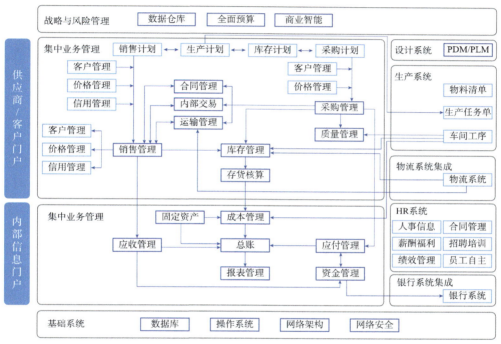

图 13-2 基于信息平台的业务财务一体化建设
(资料来源:知网论文插图)

13.2.2 人力资源的连接

人力资源管理部门根据企业各个部门的具体考核情况,下达相应的一体化总额,每个部门应当分配好一体化和当月考勤的具体数据和总额并上传到人力资源部门,经过该部门相关工作人员的仔细审核和确认以后再签署相应的考核、考勤表,通过系统对相关数据进行汇总与审核,并将汇总表应用到工资管理系统。在人事信息传递上,人力资源部门能够利用一体化系统将该系统的信息公布在人事动态栏当中,同时再将纸质命令交给个人和财务部门各一份。系统管理人员利用一体化系统能够进行有效设置，每一个岗位所对应津贴与工资和相关工作人员构建一定的联系，如果发生了人事变动，需要利用取数功能进行相应的更改，然后再通过该系统避免财务部门和人力资源部门进行重复工作，这对于工作效率的提升能够产生积极作用。在统计劳资报表时，系统管理人员需要设置汇总表和劳资报表的关系，最后利用系统数据自动生成功能形成所需统计报表。

13.2.3　工程管理的统筹

项目经济数据主要包括收入和成本两个大板块，将项目每月上报的产值，发生的人工费、材料费、机械费、现场管理费、业务收付款等通过综合项目管理系统及时传至财务，财务进行严格把关，核对系统数据，不再进行手工做账，直接在系统中取数生成相应的凭证，实现工程项目产值、实际成本、收付款的一体化。做到业务财务数据的一致性，方便业务、财务数据的核对，准确、及时、真实反映项目当月发生或者开工累计发生的收入、成本和收付款，大大减少财务工作量，提高工作效率，降低业务成本。因此，将业务财务一体化应用在工程管理上，能够促使工程管理有关于财务方面的工作变得更加规范。财务部门能够充分掌握项目完工进度，针对财务进度相对较慢的工程项目，需要和各个部门责任人进行沟通，如业务进度和财务进度存在巨大的差距，此时则需开出相应的票据。在每一个季度末期，根据项目实际发生支出情况来要求技术部门为其进行相应的验工与预算，然后再进行清算。当项目工程结束以后，系统将产生相应的移交记录，最后由相关工作人员进行审核和盖章。

13.2.4　材料管理的统一

期间是业务、财务核算项目收入、成本的一个时间范围，在 NC 综合项目管理系统中将业务、财务期间统一为自然月，按照规范的时间刻度，进行规范、准确的管理，方便业务、财务进行基础数据的录入、查询、核对，确保时间刻度的一致性和数据的一致性。技术业务部门以计划部门下发的各类计划做预算，同时分析出材料具体的使用情况、性能、型号等，通过一体化系统将其授权给相应的部门。物料部门根据技术部门所需项目材料来开展相应的采购工作，同时还需要做好材料出、入库等方面的操作，系统再对其支出情况进行审核，以此来了解材料支出是否合理，财务部门也可以通过该系统来对项目支出的实时情况进行查询和了解，之后根据系统自动生成所产生的成本和预算的对比，确认项目工程预计完成的进度和实际所完成的进度是否保持一致，进而向部门管理者进行汇报。将一体化系统应用在材料管理上，其所产生的效果较为理想，这对于项目管理工作的开展能够起到促进作用，不仅能够将材料支出控制在合理的范围内，而且还能够保证业务和财务部门在数据信息上的及时性和有效性，这对两个部门相关工作的开展具有积极意义。

13.3 业务财务的作用和未来发展方向

13.3.1 业务财务的作用

业务财务的不断发展，产生了以下三个方面的作用。

(1) 减少重复劳动，实现数据共享。以前企业的财务数据需要从凭证中整理录入，加大了财务人员的工作负担，这种重复性强、技术含量低的工作实际上是在浪费财务人员的时间。因此，财务人员的工作效率下降。现代企业的业务财务一体化，将财务人员从这种无意义的工作中解脱出来。财务人员可以通过财务软件中的业务板块直接导入业务数据，而且计算机准确性高，也增加了工作的准确率。财务人员能够及时掌握企业业务数据，实现了数据共享。

(2) 强化财务部门管理职能。实现业务财务一体化，财务人员能够实时监督企业的业务数据，进一步发挥了财务人员的管理职能。传统的财务业务分离的情况下，财务人员不能及时获得企业的业务数据。当企业的业务数据出现问题时，很难及时发现，只能事后调整，这在实际工作上是削弱了财务部门的管理职能。现在的业务财务一体化真正让财务人员能够发挥管理职能。

(3) 有利于财务部门对业务部门的监督。以往财务部门很少参与到企业的经营管理中，但是业务财务一体化的实现，使财务部门参与到企业的整个生产经营过程中去，在日常处理财务业务时，财务人员可以一边发现问题一边与相关人员沟通，让企业在生产经营过程中及时改进，这样财务部门能够对业务部门进行实时监督，做到事前控制、事中控制。

13.3.2 业务财务的未来发展方向

管理方面，一是很多企业集团客观存在的财务与业务脱节，由于管理的角度和思维等存在差异，财务对业务的影响较弱，无法从业务部门得到足够的支撑，也可能因为存在权责不清晰或者其他原因，业务与财务对同一流程存在不同的绩效目标，这就导致了业务财务一体化推行困难。二是业务财务一体化必然要对业务和财务流程进行梳理再造，这个过程是权利与义务的重新划分，各个部门由此会产生利益冲突和权力争夺或者是相互推卸责任，这是导致业务财务一体化推行困难的主观原因。

技术方面，由于财务部门、业务部门，甚至不同层级之间，对于同一经济业务或者是同一经济业务的同一环节，处于自身主业特点和管理要求，在规则上都存在差异。这些规则导致不同部门理解上的不同，会阻碍业务财务一体化的推行。例如，项目投资方面，项目建设的实施进度和付款进度存在差异，以至于财务部门与投资计划部门在核对和管理上存在困难。

系统方面，业务财务一体化系统在实施过程中会遇到大量的难题：业务财务在不同的管理层级和部门之间管理职权的划分、不同部门管理规则的统一融合如何在信息化手段中实现；不同部门信息化系统之间的兼容、融合、共享问题。

13.3.3　业财融合措施

业务财务的重要性已经在无数企事业单位的实践中得以验证，而目前的发展状态对于未来财务信息循环的建设以及生态体系的完善，仍需要不断地进行融合与创新。

13.3.3.1　数据统一化

搞好数据联通，进行数据统一。大数据时代的数据信息是企业的关键信息之一。企业要想做好业务财务一体化，就必须完善数据信息，实现数据共享。企业首先应该建立统一的数据库，以便于财务部门和业务部门同时掌握有效的信息，同时整理数据信息，分类相关数据，并及时更新。例如，企业在实现业务财务一体化的过程中，应该把企业的生产内容、销售内容、日常业务、企业基本信息等录入系统，分别归类，这种工作在一开始可能比较烦琐，但是在以后使用的过程中就会方便很多，同时也会加快企业的财务工作效率。数据统一即数据标准建设，在前文第2篇第8章中提到的XBRL技术与财务元数据在资产代码数据标准基础建设和应用方面将会推动财务和业务更加紧密联系在一起，二者的一体化是发展的必然趋势。

13.3.3.2 表单统一化

集中账簿管理，做好表单统一。企业的财务工作离不开账簿和各种表单的处理，企业根据表单信息登记日记账、序时账时，实际上是对业务信息的会计处理，也就是把企业日常发生的业务用会计语言表达出来。业财分离产生的造假使信息不一致，进而造成财务工作的阻碍。企业应该对财务、业务部门的账簿进行统一管理，并且做到两个部门表单的统一，这包括格式统一、内容统一，对于二者之间的不同要将其用共同的表示方式统一，对二者重复的部分可以合并处理，最终做到企业只有一套账簿、一份表单。例如，应收账款和固定资产是企业资产的重要组成部分，在登记财务账簿和业务账簿时，要统一应收账款的时间，这对于日后计算应收账款的账龄、坏账准备非常重要，对于固定资产，企业应该加强盘点，避免出现财务造假。要重视财务账簿和业务账簿的差异，满足差异性需求。

13.3.3.3 流程统一化

简化工作流程，施行一体化发展。财务部门的流程和业务部门的流程应该做到一体化，财务信息和业务信息本来就相互关联、不可分割，在二者统一的过程中，企业可以简化流程，对于二者重复的工作只保留一种，以提高工作效率。业务部门应该及时向财务部门提供信息，财务部门也应该将工作中遇到的财务问题及时反馈给业务部门，二者之间的一体化会让企业节约资源、促进发展。企业对信息的统一管理，应该制定统一的标准，对于相同的业务处理以及认定要统一规定，否则每个部门有每个部门的标准，企业再管理起来就非常麻烦。会计电算化为企业的业务财务一体化提供了很好的平台，借助财务系统，财务人员可以只在几秒内就了解企业的信息，大大提高了工作效率。业务人员也能够及时获得财务部门反馈的问题，做出相应的改进。随着计算机技术的发展以及大数据时代的到来，业务财务一体化会越来越好。

★ 本章知识点回顾 ★

概念掌握：业务财务、业财融合

问题思考：

（1）业务财务的设计目标能够在哪些具体应用中发挥作用？

（2）请结合实际案例，分析业务财务现存的问题与未来改进的方向。

第 14 章
战 略 财 务

每一项业务的进行犹如士兵的动作，每一个动作背后需要有章法可循，财务循环中的业务离不开企业的战略指导，由此形成的战略财务是管理企业财务的规划与引领。战略财务是指将企业的长期目标（包括财务目标、客户目标、内部流程目标等）和行动计划转换为财务预测模型，在不同的经营、投资和筹资的预设条件下，模拟和分析单个目标企业或集团的盈利、资产负债和现金流量的可能情况。根据不同的企业价值评估方法对企业和股东价值进行评估，以便高层管理者分析判断不同战略对企业的长期财务影响，最终选择对企业具有最佳财务效果的战略方案。

企业财务管理环境是指影响企业财务活动和财务管理的各种条件的缘由。作为一个广泛的背景环境，企业的财务管理环境包括财务运作的有效性、风险程度和收入的多少以及资金如何分配。在进行财务管理的过程中，有效的战略分析都可以称为战略财务。通过对其进行定位，管理人员能更好地对企业的财务活动进行控制，以此来提升企业在市场中的竞争力。企业必须实施相关的战略财务管理政策，科学制订战略财务管理计划，有效促进企业财务工作的开展，为不同的金融市场提供资金支持。企业活动有助于全面提高企业的经济能力，在企业财务方面，管理环境以及战略财务管理之间的联系是非常紧密的，财务战略管理更是直接影响着企业整体的财务环境，因此其与基础管理之间有着不可分割的关系。企业管理的财务战略是基于企业管理的财务环境，并在其基础上保证企业财务可以按照规划和预期来进行活动。在确保企业资金运转正常的情况下，更好地提升企业资金的利用效率，最大限度地提高企业的经济效益，战略财务管理在一定程度上是财务管理业务环境的扩展。如图 14-1 所示为以银行为例的战略财务管理。

图 14-1 以银行为例的战略财务管理
（资料来源：百度百科）

14.1 战略财务概述

14.1.1 战略财务的基本特征

战略财务深受企业的战略管理思想的影响。战略财务一般是由企业的财务决策者，通过对企业内、外部环境的分析，以企业整体发展战略为指导制定的。战略财务管理是一个动态的管理过程，根据企业内部的财务能力，对财务实施过程进行一定的控制和评价。战略财务管理区别于传统财务管理的特征有全局性、外向性与长期性。

14.1.1.1 全局性

传统的财务管理主要是进行企业日常的财务管理，注重事务性，在全局性方面比较薄弱。战略财务管理受企业战略管理的影响，会从更高的角度看待理财环境，关注的范围更广。战略财务管理在面对有形资产和无形资产时同等重视，在乎管理非人力资源，同时也关心人力资源的管理。它关注企业现有的活动，也留意企业其他可能的活动，如分析企业在未来的发展中，可能涉及的经营范围等。两者相比较不难发现，传统财务管理的信息局限于财务信息，而战略财务管理的信息则更加宽泛，涉及市场前景、需求量和占有率等方面的内容。

14.1.1.2 外向性

现代企业经营中面临着复杂多变的内外环境，这就需要企业不断解决和平衡内外环境及企业目标间的关系。传统财务管理专注于企业内部环境的管理，缺少对企业外部环境的了解，面对环境变化经常束手无策，更无好的应对之策。战略财务管理会将企业内部与外部的环境进行融合，抓住企业发展的机会，并规避其中的风险，进一步提升企业的市场竞争力。

14.1.1.3 长期性

传统财务管理在战略意识上相对缺乏，注重股东财富，缺少长远计划，适应能力较差，导致企业在市场上没有长期优势，影响企业的可持续发展。战略财务管理在战略意识上相当明确，财务决策者要有战略意识，尤其是在企业的理财项目和长远目标方面。要发挥好财务管理功能，特别是在资源配置和财务预警方面，以提高企业综合的、可持续的竞争能力。

14.1.2　战略财务的内容

战略财务在目标管理、管理控制、结果评价的过程中完成着管理过程与循环，为财务信息循环指引方向。从实施端业务财务来看，战略财务职能主要分为战略融资管理、战略投资管理、战略运营管理、战略风险管理以及战略预算管理。

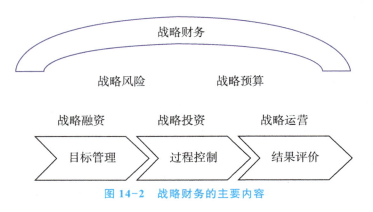

图 14-2　战略财务的主要内容

14.1.2.1 战略型融资管理

任何企业的长远发展都离不开资金，这也是企业在激烈的、瞬息万变的市场环境中击败对手的强有力武器。这一强有力武器将帮助企业拓展市场、抢占市场份额、为自身的发展创造有利的条件。例如，有的企业通过上市融资的方式进行市场扩张，健康的、稳定发展的企业在其发展过程中的各种融资都是有效的。进行战略性融资不仅是保证现代企业战略发展规划顺利实施的前提，更是增强企业长期竞争力的保障。因此，如何有效、科学地进行融资成为财务管理部门的一项重要工作内容。在企业进行融资的过程中，一般都会受到特定动机的驱使，但是，不管怎样，财务人员必须对影响融资的各种因素进行认真、细致的分析，一定要保证企业的融资活动是在可承受的范围内实现的，并达到了资金的最高使用效率、企业最好的经济效益。在融资活动开始之前，财务人员一定要对企业的未来投资收益做一个合理化的、可靠的预测与分析，只有当企业的投资收益大于资金成本时，企业的融资活动才是科学的、合理的、有意义的，否则就被视为无效。这也是战略型财务管理赋予融资活动的新内涵。

14.1.2.2 战略型投资管理

企业在其经营发展过程中，为了能够在未来取得可预见的收益或是让资金产生增值，企业在一定时期向一定领域的标的物投放足够数额的资金、事物等货币等价物的经济行为，就称为投资。将战略型财务管理的理念深入融合到企业的投资活动中就形成了以战略为导向的投资，这是保证企业战略顺利实施的动力源泉，更是企业在竞争中获得持续竞争力的关键性因素。由于现代企业所处的环境日益复杂化，因此，在进行投资决策前，企业必须进行可行性分析，并对各种策略进行全面的分析和研究。例如，市场规模的变化、国家新出台的政策、社会与自然环境的变化、政治环境的突变、企业内部资源的变化、企业的财务等因素都会对企业的投资产生影响。

14.1.2.3 战略型运营资金的管理

运营资金是保证现代企业正常运转的血液，是维持企业正常经营所需的资金，是保证企业的经营顺利实现的基本前提。在战略型财务管理的思想理念下，企业的资金运营非常重要。对企业资金的管理能够有效地降低企业的资金成本，但是，管理失误将使企业财务陷入重重困难中。因此，加强对资金循环的管理、完善对资金循环中各环节的分析与评价将是战略型财务管理的基本前提。企业运营资金的管理具有高效务实、动态调整、创新性强、种类繁多的特点。

在战略型财务管理理念的渗透下，现代企业运营资金管理业绩评价体系的构建将是企业资金运营的保证。对于企业运营资金的评价必须选定关键性指标，这些指标必须具有易变性、不可预测性、可计量性、综合性的基本特征。当企业的管理部门通过仔细辨析后取得在经营过程中具有上述特征的关键指标，从而形成一个能够进行监测的日常资金运营管理绩效信息系统，该系统将对企业的不同层次发挥出不同的作用。例如，对于运营资金综合管理的指标可以关注资产现金回收率、现金流动负债比率；对于应收账款的管理可以通过设立应收账款周转率、应收账款账龄分析台账、应收账款客户跟踪台账等关键指标进行绩效评价。

14.1.2.4　战略型财务风险管理

企业在激烈的竞争中所面临的财务风险是不可避免的，也不以企业的意志为转移，是客观存在于企业的经营环境中的。有的企业虽然十分重视自身管理水平的提升，但是提升的速度远不及内外部环境变化的速度。频繁发生的各种财务风险案例为现代企业的管理敲响了警钟，很多企业意识到必须进一步提高管理的精细化程度，建立一套完善的、科学的管理机制，用于对企业的各种间接的、直接的财务风险进行分析，能够有效地帮助企业规避风险或将风险带来的损失降到最低。战略型财务风险管理主要是指企业根据自身的总体经营目标，通过在战略管理、财务管理中的各环节执行风险管理的基本流程，在企业内部树立良好的风险管理企业文化，使全体员工树立风险管理意识，建立完善的风险管理体系。战略型财务风险管理体系的构建需要构建风险信息管理系统、风险评估系统、风险管理组织职能体系、风险管理策略等。战略型财务管理是一项系统性工程，需要不同的系统做支撑，需要企业具备专业的人才队伍。

14.1.2.5　战略型全面预算管理

在战略财务规划中，预算企业的财务资源和运营支出至关重要。当企业财务部门审视企业的投资决策并考虑如何融资时，这就是预算。预算编制旨在确定未来资金的来源和用途，且通常使用经济分析（包括预测）手段。如图 14-3 所示，一旦这些计划付诸实施，管理层必须将实际结果与计划进行比

图 14-3　战略与预算流程

较,这被称为事后审计,包括评估管理层绩效、分析实际结果与计划的偏差、评价计划流程。

　　企业全面预算管理的实施与执行是以企业的发展战略为导向的,通过对各种资源合理的、科学的配置与优化,对企业的各项成本、费用、支出、资金的运行等进行全面的分析、预测、决策,并用以指导、协调、控制企业的生产经营活动,从而顺利地实现企业战略发展目标的管理体系。战略型全面预算管理是以企业的战略目标为导向进行编制的。一般而言,很多企业都是在对现有的市场环境进行充分的预测后对自己的未来发展方向确定出一定周期的战略发展目标,一般以 5 年为一个周期,然后再将这些目标分解到不同的年度内,最后再根据分解后的年度战略目标编制本年度的全面预算指标,并在未来一年内通过严格的管理、动态化的跟踪、及时的信息反馈等方式确保本年度预算管理的顺利实现。

　　总之,战略型财务管理将企业的战略发展与财务管理密切地联系在一起,并以战略为导向开展财务管理工作,为企业总体战略规划与目标的实现提供系统性的支撑。

14.2　战略财务的实施过程

　　战略财务管理需要通过一定的技巧和技术来制定、实施和评价。财务战略的实施影响深远,需要复杂的技术来进行制定,这也是目前战略财务管理面临的问题。

14.2.1 战略财务的制定过程

通过对企业的内外部环境进行分析来制定财务战略，目的是全方位地掌握机会与挑战，以及企业发展的优势与劣势。通过对企业自身的分析，判断企业的竞争力，制定有效的财务战略。根据企业的现金流量、股东财富等状况，进行相关财务战略的制定。战略财务管理主要是结合企业的内外部环境因素进行制定，基础是要通过财务决策者做战略分析。财务战略包括成本、投资和筹资等方面。

14.2.1.1 外部分析

战略财务管理要对企业外部环境进行分析，全面分析影响企业长远发展的因素，包括对宏观环境、整体行业结构和竞争企业的分析。宏观的环境分析主要包括法律、金融市场和经济方面。通过一系列的环境分析，掌握宏观发展趋势，抓住有利于企业发展的机会并规避其中的风险。整体行业结构对企业的竞争力影响深远，对企业能否获利起主导性作用，正因如此，对整体行业结构的分析显得尤为重要。通过对整体行业结构的分析，可对企业未来的获利情况进行预测，帮助企业寻找更多的机会，创造企业优势。俗话说"知己知彼，百战不殆"，要不断地了解竞争企业的优劣势，掌握其经营目标和经营能力等。通过各种渠道收集竞争对手的信息，了解其经营策略，认识到自身的不足，并不断完善企业。

14.2.1.2 内部分析

企业的内部环境与战略财务管理的关系密切。企业内部资源和能力的稳定是企业长期发展的基础，当外部环境变化莫测时，企业内部环境的稳定就至关重要了。企业内部环境分析包括资源、企业能力和市场地位等方面。企业的竞争能力是企业内部环境分析的重点。企业经营需要具有一定的物质资源，但这并不能创造价值，它的利用效率取决于企业本身的物质资源统筹能力，企业拥有这个能力会让物质资源不断升值。战略财务管理制定的过程中，要结合企业财务的优缺点，要贴近企业的自身承受能力。财务战略的制定也要结合企业的股东权益和资金周转等方面，排除不适合的财务战略。企业的竞争力要通过全面的财务状况评价来进行判定，要坚持评价的客观性。

财务决策者要在财务战略的备选方案中选择能让企业获益最大，并且企业有能力实施的。财务决策者选择财务战略时要考虑风险因素，要与之前的财务战略进行对比，权衡其他管理人员的想法等。

14.2.2 战略财务的具体实施

财务战略的实施包括财务相关政策的制定、财务报表的分析、制定预算等工作。财务政策主要用来辅助企业经营战略，是规范企业内部财务活动的财务制度，包括信用、折旧、分配、资金运营等方面。预计财务报表主要是预测战略实施的影响。一般的金融机构都会有预计财务报表、计算金融比率。财务预算一般以年度预算的形式进行。企业做好财务预算可以使企业资源被有效利用，让企业获得最大的利润。财务预算通过对未来的预测，优化配置企业资源。预算的类型包括经营、资金、支出、销售等方面。财务预算可以引领企业走出财务困境。

14.2.3 战略财务的评价与控制

企业财务战略要随着内外部环境的变化进行调整和修改，企业财务战略要适应环境的发展，不能一成不变，否则将会过时。企业财务战略的实施要做好相关工作，包括系统化的检查、评价，同时不能缺少系统化的控制。企业财务战略要随着系统评价进行修正，财务战略由 5 个阶段组成其评价和控制的过程：确定财务控制的内容和目标；财务制定的容差范围要符合标准；财务战略要做好定期业绩测量，对整体企业效益进行评价；加强对财务战略中的问题进行预测，提出切实可行的解决办法；根据财务战略实施中的评价反馈，及时纠正其中的问题。

为了更好地适应现阶段财务管理的发展趋势，企业要实施战略财务管理，要掌握战略财务管理的特征，加强财务管理实施过程的分析，做好企业的财务战略选择，明确财务控制的目的，及时修正战略实施评价中的偏差。

14.3 战略财务的发展

财务规划分配企业的资源以实现其投资目标，必要性显而易见：①战略财务有利于管理人员评估特定战略对企业财务状况、经营成果、现金流量以及外部融资需求的影响。②通过制定财务规划，管理层可以更好地应对市场条件的任何变化，如销售低于预期等。③通过构建财务计划，管理层更熟悉企业现金流的敏感性及其对销售变化或其他因素的融资需求。在新一轮的科技革命和产业变革日新月异、国内外政治经济形势复杂多变的背景下，财务如何发挥资本战略引领作用对企业的高质量发展十分关键。

14.3.1　战略财务管理计划

依据企业战略目标，充分考虑企业内外部环境、人员素质、资金状况等一系列因素制定企业未来的财务管理发展和战略财务管理目标，充分发挥财务管理的资源配置和预警功能，需要在更大的范围内进行企业的财务管理，并且充分考虑到现代社会的实际情况，在此基础上，通过对现代设备以及数字技术的应用，来提升战略财务管理质量，为企业的不断发展打下良好的基础。在市场竞争不断激烈的情况下，企业面临的风险也有所提升，为了更好地应对市场的变化，对风险信息控制进行强化是必然的选择。为了更好地达到这个目标，管理人员在制定财务战略管理的过程中，需要对各种因素进行综合考虑，无论是材料设备的采购，还是商品价格的制定都需要充分了解，只有这样，企业才可以更好地应对各种可能出现的风险，并在激烈的市场竞争之中占据有利地位，为企业财务管理水平和企业经济效益的提升提供更好的保障。

建立科学机制，完善财务管理战略。为企业财务战略提供科学的管理，有必要根据企业的实际需要制定合理的财务战略，创建和完善各种运作机制和制度。精简机制将使财务部门的战略管理更为协调，使财务处的战略管理更为详细和更具业务性，并使整个实施过程得以顺利实施。财务战略的发挥效果与计划制订与企业的财务管理环境有密切的关系，只有在以企业为基础的财务管理环境中，战略财务管理才能发挥作用，为企业发展做出更好、更大的贡献。

14.3.2　制度和机制建设

长期以来，战略财务管理主要是在缺乏高水平的专业精神和理论知识的情况下，没有明确的定位。为有效解决这一问题，企业必须积极引进和培养全面的专业人才，加强对特殊人才的针对性培训，丰富团队员工的知识和技能。由于现代信息技术的快速发展，需要升级财务管理战略，进一步加强信息设计和软硬件投资，从多方面来增加财务管理信息的技术水平，帮助财务管理在时间上高效、及时，在工作需求上快速、方便，在信息的价值上更加准确、真实。尤其在数字经济时代环境下，传统的财务管理观念已经无法满足当前企业发展的需要，企业需要在现行的管理基础上，不断创新财务管理观念，使其与数字经济发展相适应，为高层管理者提供更广泛、更准确、更深层次财务及非财务信息，及时抓住市场发展机遇，降低企业经营风险，做出有利于企业发展的决策，使企业在市场竞争中获得相对优势。

鉴于战略财务管理的重要性，要充分关注影响战略财务的市场政策和与企业发展有关的因素，高效、及时地制定科学、合理的战略财务管理制度体系，确保战略财务在企业管理中的重要地位。促进企业资产和资金的正常和有效利用。因此，企业需要更加关注管理财务战略，充分利用信息时代大环境下的先进信息技术，逐渐丰富、更新先进的基础设备与软件，促进对企业战略财务管理的数字化、智能化的不断探索。

★ 本章知识点回顾 ★

概念掌握：战略财务的特征、实施、职能

问题思考：

（1）战略财务的职能有哪些？如何实现？

（2）战略作为企事业单位发展的指引，我们可以做些什么为未来制定发展战略做准备？

第 15 章
共 享 财 务

共享财务是基于共享服务的财务，覆盖财务职能的执行层，以全球统一的流程、政策、信息系统，集中进行全球的交易处理，涵盖核算、报表、资金、税务、审计等，是业务财务、战略财务、共享财务的重点集成。

15.1 从共享服务到共享财务

15.1.1 共享服务

20世纪80年代，美国的福特公司率先实施共享服务；1993年，古纳合伙人（Gunn Partners）公司的创始人罗伯特·古纳等人首次明确了共享服务的思想，随后共享服务在理论和实务界得到了广泛的探讨和实践。众多企业跨国业务的增加以及科技的迅猛发展，促进了业务流程的融合，加速了共享服务及外包行业的发展。不少企业在东欧和爱尔兰建立了内部的共享服务中心。与此同时，更多的企业将目光投向亚洲。20世纪90年代末至21世纪初，印度出现了第一批业务流程外包企业。

结合国内外专著和案例的研究，共享服务是一种创新的管理模式，其本质是由信息网络技术推动的运营管理模式的变革与创新。不同于传统的集中式或分散式管理，它以客户需求为导向，按照市场价格和服务水平协议为企业内部各业务单位及外部企业提供跨地区的专业化共享服务。它将企业各业务单位重复性的业务整合到共享服务中心进行处理，促进企业集中有限的资源专注于自身的核心业务，创建和保持长期的竞争优势，并达到整合资源、降低成本、提高效率、保证质量以提高客户满意度的目的，如图15-1所示。

第 15 章 共享财务

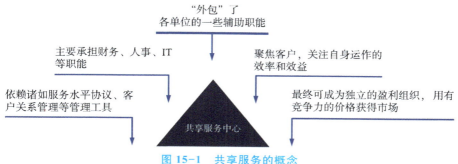

图 15-1 共享服务的概念
（资料来源：《财务共享服务》2018 年版）

共享服务作为一种创新的管理模式，颠覆了传统职能部门的工作方式，借助精细化的专业分工、标准化的流程和先进的信息技术，具有如图 15-2 所示的六大特点。

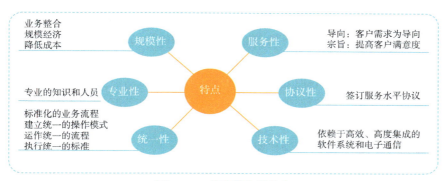

图 15-2 共享服务的特点
（资料来源：《财务共享服务》2018 年版）

虽然共享服务的特点能够极大地提高企业的经营效率，但任何企业的变革都需要满足收益大于成本的要求，具有财务可行性才可以执行。共享服务将分散在企业各个业务单位的资源、业务整合到一起共同运作，要求业务是可标准化的，图 15-3 列示了实践中应用共享服务涉及的比较普遍的业务范围。

15.1.2 共享财务服务的发展

共享服务广泛应用于财务会计领域，衍生出专门的共享财务服务，建立起共享财务体系。财务共享服务最早出现在中国是在 1999—2004 年，摩托罗拉、通用电气、埃森哲、惠普等外资企业先后在中国建立了共享服务中心。

数字财务

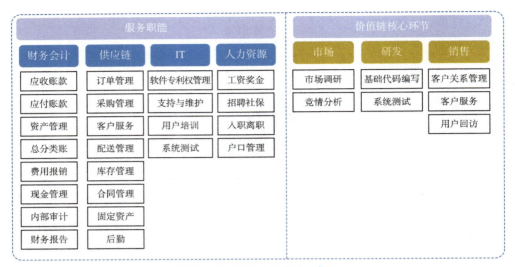

图 15-3　共享服务的适用范围
（资料来源：《财务共享服务》2018 年版）

自 2005 年开始，中兴通讯、华为、海尔、中国平安等先后建立了共享服务中心。2013 年以来，财务共享服务在中国进入了快速发展阶段，越来越多的大型企业集团开始实践共享服务模式，如图 15-4 所示。共享财务从孕育到诞生、从成熟到发展，伴随着财务管理模式的变革，经历了四个阶段：分散—集中—共享—外包。而在当今社会技术日新月异的大环境下，共享中心的未来在四个阶段的基础上，将不断向更为广阔的方向发展。

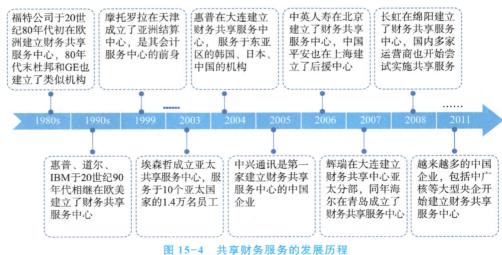

图 15-4　共享财务服务的发展历程
（资料来源：《财务共享服务》2018 年版）

15.1.2.1 分散

共享财务服务的发展与企业自身的经营和发展密不可分。在初期，会计核算通常采用按会计主体进行分级核算的模式，即下属企业仍保留原来固有的一套财务组织。随着企业经营的扩张而扩张，每建设一个子公司或分支机构，在达到一定的人员或业务规模后，就会设置一个财务机构支撑当地的财务需求，这就造成了分散型财务核算模式。此种模式在大型企业中非常常见，各个子公司设置财务部门，独立核算，定期将报表层层上报并汇总合并。

这些分散的财务管理部门，"在不同的地方以相同的标准做事"，自身业务处理完整，但存在着不少弊端：①管理层次多，会计主体多，存在大量的内部交易，核算复杂，合并报表的工作量大，财务报告层次多、流程长、效率低。②各下属企业通常各设银行账户，资金被分散沉淀和闲置，资金周转速度慢、使用效率低。③会计信息准确性和及时性差，决策支持功能弱。集团无法对下属企业的运行状况实施有效、及时的监管，容易形成信息孤岛，使得集团整体的信息收集和政策制定都存在死角，存在风险隐患。

15.1.2.2 集中

随着20世纪90年代Internet和ERP技术的发展，企业财务信息系统的集中成为可能，集中的财务模式得以发展。集中式财务管理，即集团总部将财务人员、银行账户、资金乃至资源配置权、管理控制权都集中于总部，以此来加强整个集团的财务管控。集中处理业务简化了核算层次，避免了内部交易抵销不充分的现象，缩短了财务报告流程，并规范了会计核算，加强了财务监控能力。同时，集中核算促进了资金集中管理，降低资金沉淀和资金成本。集中的财务管理模式规避了分散模式下的诸多问题，加强了企业对分支机构的集中控制，通过将人员和业务集中"在同一个地方以相同的标准做事"，打破原来的壁垒，使信息得以充分共享，财务政策得到有力的执行。

15.1.2.3 共享

随着经济全球化和信息化的发展，在资源有限的条件下，基于价值链的管理，寻找新的经济增长点和企业增值模式，资源整合成为落实企业目标的关键，共享财务服务应运而生。

共享财务服务对流程进行优化再造，对操作进行标准化，对人员进行专业化分工，以一个独立运营的"服务部门"方式再造了财务核算，相对于财务集中而言，其财务工作的方式、理念都发生了质的变化。由共享财务服务中心对财务业务进行集成封装，一个服务端（共享服务中心）向多个客户端（成员单位）提供服务，客户端共享服务端的资源。服务端可以根据不同客户端业务量的多少在其内部的账务处理单元实现负载均衡。因此，财务会计的工作是对多个企业相同的流程进行的专业化分工处理，在对某一个企业进行账务处理时，不必掌握全部的财务流程就可胜任。

由于基础的财务工作由专业的财务会计人员来完成，保证了会计记录和报告的规范、标准。财务管理人员则从繁杂的财务工作中解放出来，将精力集中于经营分析和战略规划，提高了对企业的经营决策支持，财务管理人员的职能得以转型，成为企业管理者的参谋、业务伙伴和企业策略合伙人。

15.1.2.4　外包

共享服务充分发展后，又将向社会化方向进一步延伸。各企业的财务工作可能会外包给社会上更专业、更具成本优势的财务企业，企业内部的财务部门则专注于对信息的监管、使用和需求规划。外包具有流程效率、灵活性、可扩性、不断改进等优点。

15.1.3　共享财务服务的内涵与特点

布莱恩·伯杰伦在《共享服务精要》（*Essentials of Shared Service*）一书中说到，共享服务本质上是人力、资本、时间以及企业其他资源的优化。应用到共享财务服务之中，可以理解为将财务领域核算、报告等相近的职能和工作整合到一个新的组织机构之中，由它来提供一个企业、团体和组织之中各项财务会计方面的服务，共同为整体利益和战略目标的实现努力。这个组织机构必须是集中统一、有着明确职责和任务分工并由专人进行负责的，它不需要承担其他工作任务，存在的目的只是为企业，为集体提供更加高效、便利且真实、准确的服务。

从严格的定义上来讲，共享财务服务是一种将分散于各业务单位、重复性高、易于标准化的财务业务进行流程再造与标准化，并集中到共享财务服务中心统一处理，达到降低成本、提升客户满意度、改进服务质量、提升业务处理效率的目的。

共享财务服务中心通常是一个独立的实体，设有专门的管理机构，甚至可以在公开市场上和其他企业展开公平竞争。其对所有成员单位采用相同的标准作业流程，废除冗余的步骤和流程，对"来料"进行加工，输出高质量的财务数据，并消除了由于分散的地域、独立的规则造成的信息孤岛。共享财务服务中心保证了数据逻辑的有序、财务信息的准确和及时，并且拥有成员单位的所有财务数据，数据的汇总、分析不再费时费力，更容易做到跨地域、跨部门整合数据。因此，共享财务服务中心可以说是企业集团的财务服务平台，是各成员单位的会计业务运作中心、财务数据中心和服务中心。共享服务中心建立在信息技术及系统之上，有效地支撑集团制度的标准化、流程的科学化和精简化，实现降低成本、提高效率、强化集团内部风险控制的目标。

所以，共享财务的目的不是将这一组织机构独立出来，而是要使其变成一个不以营利为目的，只是单纯地为集体服务，以使集体运转更加高效的服务机构。综合来说，共享财务服务有以下特点：①工作性质都有共通之处，也就是说彼此连接，有交叉和衔接。②标准化运行，在一个统一集约的组织机构中，内部人员做事和各项工作流程必须有明确的要求和规定，才能更加高效。③信息技术在其中的重要性很大，要实现财务共享不可避免地需要信息技术的支持，才能在畅通的信息共享中无缝衔接财务工作的各个进程。

共享财务服务的本质就是财务数据处理中心：将大量的、同质的、重复的、简单的财务业务进行标准化和流程化处理，使财务数据在源头上进行统一后，整合到共享财务服务中心进行集中处理，以形成规模效应，降低人力财力成本，提高业务流程的处理效率，不断提升企业的价值。由此可见，共享财务服务有4个明显特征：规模性、标准化、流程化、服务性。

发展至今，首先，共享财务服务的作用体现在成本的节约上，将财务各方面的相关工作高度地集中起来，可以避免很多汇总和审核等重复性工作，使得人力成本和资本成本得到节约，人们可以从繁杂的财务账单流程中解脱出来。其次，共享财务服务还可以更加合理地分配集体资源，将有限的资金和人力投入到更加需要的业务上，避免浪费和无效、重复工作。最后，共享财务服务也可提高用户体验，通过统一的标准和流程，产出符合要求和优质的工作成果，进一步提高用户的满意度。

15.2 共享财务服务框架

共享财务服务框架是指在共享财务服务发展各阶段所包含的关键影响因素及各关键因素间的相互关系所构成的组合。共享财务服务框架主要包含以下 6 个方面（见图 15-5）：战略定位、业务流程、组织与人员、信息系统、运营管理和变革与风险管理。共享财务服务框架构建了后续工作的蓝图，项目人员可以利用共享财务服务框架树立项目的整体观，保证共享服务的整体建设在既定的范围内有序进行。

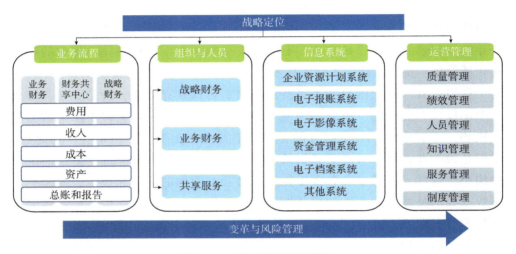

图 15-5　共享财务服务框架
（资料来源：《财务共享服务》2018 年版）

15.2.1　共享财务服务框架的基本内容

共享财务服务的战略定位处于框架的统领位置，从战略层面决定了整个共享服务的导向，指导框架中其他模块的实施不偏离既定的轨道，始终与组织战略保持一致；业务流程、组织与人员、信息系统和运管管理模块如同共享财务服务框架的 4 根支柱，支撑起了整个框架的实体，为共享财务服务的实施奠定了基础；而变革与风险管理贯穿共享服务的各个阶段，是在实施共享财务服务过程中降低变革冲击、规避项目风险、优化管理模式的重要工具。

战略定位是共享财务服务框架的主干和灵魂，在进行共享财务服务框架的设计时，战略定位是首先需要考虑的内容，它在很大程度上决定了业务流程、组织与人员、信息系统和运营管理 4 个模块的方向。

业务流程是一组为客户创造价值的相关活动。共享财务服务中心的所有业务都需要流程来驱动，组织、人员都是靠流程来实现协同运作的，流程的标准化和统一是共享服务的核心。业务流程通过对组织人员的工作步骤进行描述，以流程视角规范工作步骤、标准工作接口。流程的标准化和科学化是共享财务服务得以高效运作的基础，也是实现信息化的前提。同时，业务流程也是制度管理、标准化管理等运营管理制度的根基，一方面影响着运营管理的实施，另一方面又被运营管理手段所支撑，使得流程可以在管理的监控下，保证流程的时效、质量和成本目标。组织与人员的构成和运作多依赖于其他模块：战略定位决定了组织人员的设计依据；业务流程明确了组织人员如何设计和配备；信息系统又对组织目标提供了强有力的支撑和保障；运营管理则肩负着对组织人员绩效、发展、培训的管理责任，使得组织人员始终处于优化提升的过程之中。

信息系统是共享财务服务功能的实现工具。信息系统对组织目标、流程制度、运营管理提供了强有力的支撑和保障，系统设计的好坏直接影响着共享服务中心的效率和效果。信息系统的设计与业务流程、组织与人员、运营管理紧密连接，信息系统的设计过程依赖于各个部门的业务骨干、系统人员、运营管理人员和项目人员的全程参与。

运营管理肩负着对业务流程、组织与人员、信息系统进行不断优化的责任。如果说流程、组织、系统是在原有模式基础上的改造，那么共享财务服务中心的运营管理模块则是专门针对共享中心全新构建的管理体系。一套符合自身发展阶段、适应企业战略的运营管理体系是共享财务服务框架中必不可少的一环。运营管理模块发挥了资源调配、质量控制、成本管理、流程优化的作用。

15.2.2 共享财务服务标准

基于 2018 年我们对中国共享服务领域的调研与行业观察，总结出共享财务的 5 个服务标准，如图 15-6 所示。

（1）服务对象广泛。成熟运营的财务共享服务中心承担了企业或企业集团内部大多数子公司、分支机构的财务基础业务。

（2）流程覆盖全面。财务共享服务中心承担了核算、资金结算、税管理等流程。

（3）财务信息化程度高。成熟运营的财务共享服务中心，从交易数据采集、财务处理到数据分析，流程自动化程度较高，应用了多个信息系统。

（4）专业化分工明确。成熟运营的共享服务中心，业务标准化程度高，组织内部按照流程、业务模块分工明确。

（5）运营体系成熟。成熟运营的共享服务中心，有完整的运营管理机制，推动共享服务中心的稳定运营和持续改进。

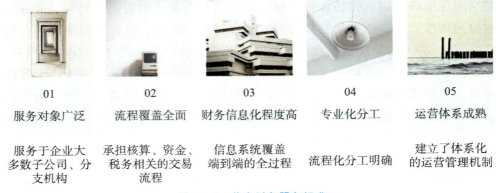

图 15-6　共享财务服务标准

15.2.3　共享财务服务再造

作为财务领域的重大变革，共享财务服务是一次观念再造、流程再造、组织再造、人员再造、系统再造，通过实施共享财务，跨国集团企业真正实现了优化组织结构、规范流程、提升效率、降低成本、创造价值的目的。

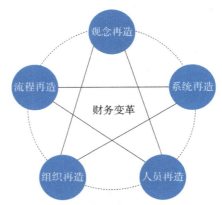

图 15-7　共享财务服务变革与再造

（资料来源：《财务共享服务》2018 年版）

15.3　共享财务转型数字财务

15.3.1　共享财务转型的趋势

（1）共享财务服务越来越关注质量、效率和服务满意度。

（2）共享财务服务在加强总部管理与控制、业务处理标准化、形成企业数据中心、促进财务转型等方面取得了良好的成效。

（3）共享财务服务呈现数字化和智能化趋势。如图15-8、图15-9所示，从全球以及中国共享服务的特点和发展来看，多年来，共享服务模式不断在企业中得到验证、改进和发展，作为更高效、更有效的服务模式，共享服务为企业提供了集中和标准化的作业流程，提供了可靠的"非核心"职能服务，以支持企业发挥其竞争优势。

在信息技术的快速发展下，全球和中国的共享服务中心不约而同地看到了新的发展机会，未来的财务是数字化的。共享服务中心的价值正在从基础交易处理转变为大数据中心，需要利用AI与数字技术，对海量、异构、多类型的数据进行处理与挖掘，共享服务中心将不再是"会计工厂"，而真正成为"数据云图"。

图15-8　2018年受调研企业共享服务中心的评价标准

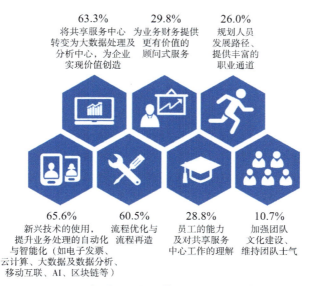

图15-9　2018年受调研企业共享财务服务的未来规划

15.3.2 共享财务服务于数字财务

财务信息化是伴随财务软件、数据库技术以及网络技术的发展而发展的。目前来说,共享财务主要从提升企业内部效率,降低核算成本,增加信息安全程度,平台建设与人才培养方面服务于整个数字财务的发展与循环,是未来数字财务重塑与改革的主力。

集团企业大都具有经营规模大、子公司分布广的特点。而每个子公司都是一个相对独立的会计主体存在,这就使得集团企业的各项会计核算制度以及管理规章很难得到全面的落实。部分集团企业在实际的财务管理上,表现出了较为分散、管理费用高、沟通成本高、人力成本高等实际运行问题。而共享财务服务可以将集团企业的各类资源有效整合,通过业务模块合并来优化财务处理流程。这种集中式处理分散经济业务的方式消除了中间不必要的非增值过程,使得管理层级减少,组织架构趋向扁平。另外,共享财务运作模式会集中各岗位财会人员,增强不同业务间的关联性,及时、有效的沟通减少了信息不对称带来的各项运营风险。而且,能使不同地区、不同机构之间的流程、差异、信息系统以及核算制度趋于精细化、规范化和统一化,使得各岗位财会人员迅速熟悉企业的全部业务,高效处理各分支机构的经营事项。这不仅打破了数据的空间限制,实现了账务处理的高效、准确,也极大地降低了人工成本和核算成本,提升了财务工作的效率和质量。

15.3.2.1 提高财务效率,降低核算成本

会计档案通常是指会计凭证、账簿和报表等专业材料,它代表了会计工作的严肃性和规范性,也意味着经常会有审计部门或者主管部门进行核实和查证,必须保存好以便日后加以利用。传统的纸质会计档案不仅不利于保存,经常会发生遗失和损毁等不良事件,同时也不利于快速、高效地查阅。故此可以对这些会计档案进行电算化,保存在硬盘终端或者云端中,便于实时查询和安全存放。统一的核算平台,很大程度上提升了会计核算质量。共享财务需要以标准的流程和系统为载体,集中处理各子公司交易事项的确认、计量和报告,实现财务管理专业化、财务业务一体化。按照集团企业的要求制定或修订各种内控办法和流程,制定或修订财务结算、资金管理、成本费用管理等办法;监督指导子公司的日常会计核算工作。这在管理模式上避免了各子公司在具体业务管理上的会计差异,实现了信息的统一化传递,使各项财务管理制度的执行更加统一,形成上下贯通的统一模式,这对于集团企业

进行各级的统一财务管理是非常有利的，避免了集团因为不能准确掌握各子公司的经营状况而迷失对业务的市场走向的掌控。共享财务统一了核算标准与核算质量，明确了财务管理的目标。以此提高财务数据的准确性、真实性、可比性，使得业务流程精细化，降低了财务舞弊发生的可能性，也提高了会计核算的质量和效率。

15.3.2.2　提升财务信息的安全与监管

安全永远是财务信息化建设中不可回避的一个首要话题，财务安全是任何企业必须考虑的问题。一个安全的会计信息化系统既能保证信息不外泄，又能实现财务信息的共享。同时，要在财务系统中设置财务报警系统，对于一些违规行为及时进行防范和警示，设置会计信息系统的进入和下载权限，分级别进行授权，使得各类财务会计人员能够充分履行好自身的职责，最大限度地保证财务安全。

要使员工尤其是内部的财务管理人员明白：风险无处不在，企业只有时刻保持强烈的忧患意识，保持自强不息的精神，才能在日趋激烈的市场竞争中生存和发展自己。危机管理的重点应放在预防，"预防是最好的解决问题的方法"。为此有必要在企业内部成立一个危机管理小组，建立财务预警系统。对于主要的财务指标进行实时监测，并且要设立专门的风险基金，用来应对财务危机的发生，危机小组还应该制定危机应对预案，以备出现危机时及时采取应对措施。由于财务风险存在于财务管理工作的各个环节，任何环节的失误都可能会给企业带来财务风险，因此财务管理人员更要将风险的防范贯彻到财务管理工作的每一个环节。

在内部账务合规和风险管控方面，集团企业对于子公司的财务管理不仅是在空间上，而且在时间上也有很大的难度。传统的财务管理模式需要各子公司在编制完财务报表后上报给集团总部，集团总部再根据子公司的经营状况汇总、合并财务报表，这会耗费大量的时间和人力成本。而且受到实际业务开展情况的影响，各子公司的财务报表在统计上可能会出现一定的偏差，存在对于子公司产生的财务风险发现不及时的情况。加入共享财务模式后，各子公司的财务核算、审批、报送全部集中在共享平台上进行，这个过程也保证了核算过程的准确、及时、规范。从而使集团企业的高管及股东也会对集团的财务信息有更加可靠、完整的财务信息，进而监控子公司的财务信息和经营状况，掌控企业的发展方向，提高集团的资源配置和综合管控能力，减少运营风险发生的可能性。

15.3.2.3 助力信息化平台的整体

共享财务服务下的会计信息化也需要搭载一个关键性的服务平台,将各项财务分工的分级授权系统、会计档案查询系统、会计工作流程和安全监测系统融入其中,由后台统一管理。会计信息化平台将搭载非常多的资源和工作运行系统,所以,其信息的储存和使用不建议在计算机终端进行,而是要基于当前较为发达、便利的云端存储来进行,将资源储存到云端,便于随时随地查询,提高了工作效率。

云计算是未来信息技术发展的趋势,将云计算运用于会计信息化建设过程中具有几大优势:云计算广泛的接入功能可以实现企业内外部协同运行;通过按需向云计算服务供应商购买服务,可以降低企业信息化建设成本;云计算高效、灵活、准确的特点,又可以进一步提高会计人员的工作效率。因此,在现今我国会计信息化水平较低的情况下,鼓励已建立共享财务服务中心的企业引入云计算平台,是一条推进会计信息化发展的可行路径。

15.3.2.4 专业人才培养,优化组织与流程

由于会计信息化需要较高的技术支持,对于许多传统业务部门来说,人员流动较少,相关的技术培训也不多。共享财务督促着企事业单位可以采用技术外包和外派培养的方式培养自己的专业技术人才,一方面可联系技术较为先进的会计信息技术企业,签署保密协议,暂时性地将一些本单位不做的工作外包;另一方面也可以派遣内部财务人员外出学习培训,学成后组建专门的财务办事机构,提高单位各项工作的财务辅助和支持效率,进而带动整个组织架构的优化与管理,做到扁平化、专业化。

组织架构是企业组织内部各个机构间相互作用的联系方式或形式,在共享财务服务背景下,企业各级财务部门的组织架构已趋向于扁平化发展。通过减少管理层次、压缩职能部门、精简组织机构及裁减工作人员的方式,企业的操作层和决策层之间的管理层级尽可能减少,工作效率得以不断提高。

组织架构的改变又进一步推动传统模式改变,实现业务流程重组。在传统的会计核算中,会计流程与业务流程相分离,信息采集与信息加工基本不同步,常常出现"财务账"与"实物账"两本账,这影响了会计信息的及时性、有用性。同时,传统会计往往是事后核算,无法对经营活动进行事前计划和事中控制,使得会计流程与管理流程相脱节,这种重核算、轻管理的模式严重阻碍了管理会计职能的发挥。因此,在共享财务服务背景下,搭建企业的

会计信息化系统，必须考虑会计流程重组问题。通过业务流程重组，一方面实现会计信息化管理，另一方面实现管理会计的真正功能，做到事前计划和事中控制。

15.3.3　共享财务转型的关键任务

从我国实行会计电算化以来，虽然各种财务软件层出不穷且更新完善速度较快，但是，目前国内各企业的财务信息化进程不一，财务信息化建设的水平也参差不齐，还有一些企业的财务信息化建设仍然停留在会计电算化阶段。

共享财务服务涵盖了区域、组织、流程及信息技术等多个方面，要建立一个高效的共享财务系统，必须处理好集团企业运营模式、共享范围、组织架构、业务流程、系统建设与共享财务系统之间的关系，结合规模经济，打造可行、高效的集团型共享财务系统。

15.3.3.1　确定共享范围

对于集团企业来说，其涵盖的业务范围极其广泛，主要包括共享服务范围内各单位的会计核算、财务预算、财务报表编制等工作，这些都需要进行统一化规范。所以，在建立共享财务服务模式时要采用循序渐进的方式，逐步扩大共享的业务领域。初期可以就集团下属的子公司成立共享财务试点，逐渐探索最优的共享流程，完善共享财务的相关管理制度。初见成效后，再逐步扩大试点范围。另外，共享财务服务中心不仅可以为整个企业提供财务服务，还可以向外提供财务管理咨询服务，从而为企业打造一个新的利益增长点。

15.3.3.2　创新组织架构

建立共享财务中心会改变企业财务系统的组织架构，在某些方面来说可能会出现各岗位职责分工不明确、部门职能与职责不匹配的现象。职责范围不明确、层级关系不清晰会引发各部门的责任推诿或者内部矛盾，甚至会导致整个财务系统的瘫痪。因此，必须创新组织架构，建立有力的管理制度和组织结构管理体系加以保障。企业可以通过分离基础核算与管理职能，区别于传统的财务部门，将财务工作中会计的记录、确认、计量的功能都集中到集团的共享财务中心平台上，并结合各项业务完成具体的财务核算。另外，还需要结合财务人员的工作情况以及平台利用情况，采取问责机制，将责任落实到具体的部门和相关责任人,以此实现基础核算与管理的分离。

15.3.3.3 再造业务流程

企业各部门都需要围绕业务流程来开展工作,从而可以看出共享财务管理中业务流程明确的重要性。共享财务能够帮助企业进行业务流程和财务流程的优化,由各部门的独立工作转变为财务集中处理。但是如果不能整合财务以及业务流程制度,不能统一标准就可能会导致后续流程衔接不畅,甚至会出现共享中心财务与企业实际业务断层的现象。共享财务服务中心系统专为集团企业提供财务服务,其权责范围与操作权限能够保障信息数据的安全,因此有必要制定完善的业务及财务统一性管理流程。这可以通过云技术以及企业数据资源平台并参照商业银行系统的设计模式,开发"财企直连"系统,强化对企业财务状况的掌控力度,以此升级优化企业管理,实现大范围财务数据的集中处理。

15.3.3.4 信息系统安全建设

财务系统会涉及企业的经营状况、现金流量、成本利润等重要的数据,所以财务系统是否具有可靠的安全保障对于一个集团企业来讲尤为重要。而共享财务中心的信息数据安全更是如此,它储存的是企业本身以及各个关联方的重要数据。一旦系统被攻破,关系到的不只是一个单独的事业部,而是整个企业。在系统建设方面,要保证财务信息系统的数据安全规范,要对财会人员的操作流程加以规范,并要对财务系统的日常登录操作进行安全培训。解决好共享财务系统对安全管理制度的高要求以及日常检查、维护的制度缺陷。需要注意的是,在系统管理建设的同时要明确系统权限的设定。基于此,企业可以通过ERP平台进行系统改造或者外包给专业的系统开发机构,以完善原有的系统,同时建立配套的管理制度。在人员管控方面可以采用责任落实到人、双向评估等制度,提高财会人员的业务能力以及信息安全意识,提升共享财务系统的安全性。

15.3.4 共享财务转型的实施路径

15.3.4.1 精准规划与定位

共享财务要与企业集团的战略方向保持一致,并且要有精准的战略定位和规划。只有做好了顶层设计,确定好了共享财务实施的方向,才能进一步在企业管理层及各股东的意愿下明确建立共享财务模式的相关要素，包括战略目标、服务范围、运营模式、组织结构设置以及共享中心地址的选取。同时，结合现金流、成本等风险点，对建设共享服务中心所需要的资源以及可能达到的效益目标做一个可行的经济效益评估分析，以做好风险点管控工作，促进共享中心的顺利建成。要精准定位共享财务战略目标，也即是为创造企业价值而服务，不仅是现金流量中的价值，也包括营销效益的测算、业财核对、营收稽核等其他综合收益。将战略与财务、财务与业务高度融合，这更有利于财务发挥其成本费用分析、预算编制、风险防范、决策支持、资源配置等方面的管理作用。精准规划与定位实施共享财务服务的战略目标，组织各子公司进行财务预决算编制及执行情况分析，对实现企业利润最大化至关重要。

15.3.4.2 创新流程再造

流程再造是共享财务模式的理论基础，是实现共享财务服务的核心要素。它是在相关会计政策和规范下，依据企业自身的具体情况，对原有复杂重叠的流程进行拆分重组，优化流程结构，将共性、关联性和标准化的账务流程并入共享财务服务的范围，并对资金流、信息流、实物流等多个流程实行统一的标准规范。在流程设计中要注重新旧流程衔接的问题，保证流程设计的合理性以及可持续的改进和优化。在新旧流程衔接方面，可以通过先进的互联网技术，结合企业战略方向进行流程再造分析，依据相关利益者的需求和分析结果实现创新型财务业务流程改造，以此促进业务与资源的高效整合。例如，在传统的财务报销流程下，由于各子公司分散核算的原因，集团总部很难有效控制对子公司的费用核销业务，可能会出现多报、谎报的情况。但在新的流程中，企业可以结合网络支付平台、银企互联、影像系统等信息技术以强化集团控制和全面预算的有效实施，从而设计和优化传统的费用报销流程。

15.3.4.3 搭建高效的 IT 系统

共享财务服务系统作为一个独立的组织架构，不仅需要配置工作流，还要实现跨部门协作的功能，即一个贯穿始终、业财融合流程的共享财务平台，全面覆盖企业各层级的设计，以实现 IT 系统的信息高度集成作用，并满足企业管理层、员工、供应商、关联方等不同利益相关者对财务信息的需求。始终贯穿强调 IT 系统以信息系统规划、设计、选型、实施为脉络，完善系统各个业务模块的功能；融合流程强调系统要并入信息流程、财务流程、管理流程等，通过优化创新和流程再造实现终端的资金流、信息流、物流的统一和财务业务的协同。另外，搭建 IT 系统时还要秉承 5 个原则：全程系统支持、权限系统管理、数据一点录入、归并同质功能、强化内部控制，以减少系统在运行时出现数据错误以及其他故障。最后，一个高效系统的功能应该涵盖企业所有的业务范围。在开发系统功能时，要充分划分明晰子系统，如电子报账系统、进项发票系统、销项发票系统、税务共享系统、资金管理系统、影像管理系统、电子档案系统、预算管理系统、银企直联系统、运营管理系统。此外，还要加强系统的安全防御指数，研发稳定的防火墙、病毒防范、入侵检测、DDOS 攻击溯源、APT 攻击防御技术，以保证数据信息的安全。

15.3.4.4 完善运营管理机制

共享财务的有效运作与完善的运营管理制度密切相关，所以需要建立稳健、可靠的风险评估机制，增强风险防范的主动性和自觉性。首先，要从组织及绩效层面建立科学、合理的内部组织架构，明确各岗位职责，考核标准和汇报制度，并遵循"业务归并、协作高效、人员均衡、跨度合理"的职能部门，持续优化内部管理。其次，明确流程管理的对象，主要包括运营管理流程、各经济业务流程和相应的标准化文档，通过设计、优化、执行、固化、再优化的方式，采用文本化、表单化等手段，吸收整合、总结提炼业务流，形成标准化、专业化的流程制度体系，用以指导业务操作。再次，要加强时效管理，共享财务中心可以通过科学的统计分析方法，具体分析每个环节所耗用的时间和资源的情况，结合处理流程、员工素质、软件平台、业务管理、业务量等多个方面确定作业时效"瓶颈"，定期发布时效报表，实现共享中心的高作业率。最后，加强信息安全管理，共享中心负责人需要根据不同的业务部门和信息使用者对财务数据的需求，设置多级别、多层次的系统权限，并对一些重要数据实行多重权限管理制，即需要多个负责人的审批才能获取数据，以此明确安全责任人。

★ 本章知识点回顾 ★

概念掌握：共享服务、共享财务

问题思考：

（1）共享服务是如何应用于共享财务方面的？

（2）共享财务与未来的数字智能财务是如何连接的？

第 16 章
数字财务的智能生态系统

从手工记账到企业电算化会计,企业的财务逐渐形成自己内部的微循环;再延展至上下游产业链,形成行业之间的互相融合;未来的财务,将是数字财务构建出的智能生态系统,将包含每一个人、每一个部门、每一家企业、每一个行业,也将包含每一笔转账、每一道流程、每一项业务。未来的智能财务中,独立个体将很难存在,在数字财务生态系统的形成过程中将逐渐融合其中。

16.1 企业数字生态系统

企业数字财务转型的目标,便是构建出数字化的生态系统。数字化生态圈是指企业借由云计算、区块链、物联网、AI 等数字化时代的前沿技术与企业供应链上下游伙伴共同形成的利益共同体。数字化转型不是一个孤立的工程,它是在创新商业模式的引领下,由组织变革、业务变革、运营变革、财务变革、IT 变革共同组成的一项系统性工作。财务是企业管理中一个至关重要的环节,其在资源统筹与配置、数据掌控与分析、价值衡量与预测、监管对接与洞悉等方面与生俱来的优势,促使其内涵、边界及其实践方式随着企业数字财务转型而发生转变。在这个庞大而有完善秩序的生态系统中,元数据是基础,各种技术是手段:区块链用其分布式记账、非对称加密、点对点传输等技术组合,确保数据不可篡改、全程可追溯,构建初始数据库;大数据从初识数据库中将信息分门别类,并根据不同的需要筛选出各种包含结构化、半结构化和非结构化信息的子数据库;云计算大规模处理信息,增大信息数据库的价值密度,进而形成核心财务数据库;再通过 AI 归属到标准化的共享体系中,运用 5G 通信技术与内外部相连到物联网,形成综合的循环生态圈,如图 16-1 所示。

图 16-1　企业数字生态系统的技术支持
（资料来源：王泽霞、郭佳妮）

16.1.1　企业数字化的生态特征

企业数字生态系统将新的技术与理念融入日常的业务与管理过程中,而又没有使其变得冗杂与烦琐,简化、优化与创新使得生态圈形成服务共享化、业务数字化、管理智能化、企业平台化的特征,打造出智能财务的完整体系,如图 16-2 所示。

图 16-2　企业数字化的生态特征
（资料来源：浪潮集团、杭州电子科技大学）

16.1.1.1　服务共享化

在越来越复杂的商业环境下，一些成熟的生产线转型外包业务加成，一些企业采取集中化战略，二者形成的价值交换便离不开服务共享化。共享服务早就成为一种节约成本而又控制服务的手段，从本质意义上来说，服务共享化是一种实现资源利用最大化的途径，即资源利用优化。对于企业的数字生态系统来说，这里的服务共享包括财务共享、人力共享、采购共享、IT 共享，即将管理会计中常说的人、材、物加上技术资源共享，完成了企业与业务单元的过渡与合作。数字化的智能财务允许企业内部各个单元之间的互相支持、互相服务，共同提供更好的支持与服务。

16.1.1.2　业务数字化

区别于基础的信息数字化，业务数字化不仅仅是利用云计算、大数据、AI 等技术把现实存储在计算机世界，而是进一步基于 IT 技术所提供的一切支持，让业务和技术真正产生交互，利用数字技术改变商业模式，并提供创造收入和价值的新机会。从信息数字化到业务数字化，价值诞生在数字营销、智能制造、电子采购与数字化设计一项项具体的业务中，既是连接虚实、连接繁简的桥梁，又是创造与转型的重要推力。当然，业务数字化还在数字化转型过程中更加凸显自身的战略性、综合性与生态性。

16.1.1.3　管理智能化

管理智能化，就是将传统的管理融合 AI、个人智能与组织智能、企业智能与社会智能，协同发挥作用以应对可持续挑战的现代管理模式。企业的数字化生态系统将大量的智能工具运用其中，智慧洞察问题与突破点，智慧决策，流程优化，智能运输，将资源灵活化，将管理可持续化，对环境有感知能力，对变化有分析能力，更快、更优地处理环境、人流、业务、财务及设备运行状况等信息，以不变应万变，真正实现生态系统的自主调节功能。从而解放企业管理层，更大程度地将管理提前统筹，让管理能够将重心放置于疑难杂症中去。

16.1.1.4　企业平台化

企业数字生态系统本身就是一个平台，将企业的各个生态圈融合在一起，而各个生态圈又分别融入不同的业务。企业平台化的本质就是帮助企业内部的产业链从"纵队"变成"横队"，从而建立一种协同生产机制。组织扁平化消灭了很大一部分噪声，解决了从上往下传递信息的滞后性与不精确性；团队柔性化灵活多变，适应性地对变化的不同情况做出临时性调整；团队社会化让员工整体接受企业的价值理念与期望，更好地适应与学习企业文化；工作移动化则允许随时随地、快速便捷地完成一道道工作程序，在非常时期仍然能够远程、及时、准确地操作。企业平台化帮助企业在虚拟世界中搭建出第二个企业，包含员工与团队、业务与交流以及促使企业在数字时代的移动化、智能化。

16.1.2 数字生态平台的整体架构

企业数字化的 4 个生态特征相辅相成，也是企业在未来实现智能财务的四大优势，是构建数字生态平台整体架构的准则。企业数字生态平台主要依靠数字制造、数字营销、数字管控和数字服务，在新技术的加持下对数据、算力、算法进行改进，赋能企业创新。云平台以促进组织与个人访问 IT 资源为导向，任何利益相关者都可以使用任何设备在任何地点、任何时间凭借广泛的网络接入，调用数据、算力、算法，实现实时、个性化的信息输出。一体化云平台最重要的特征就是 SaaS 云服务模式。如图 16-3 所示，一体化云平台提供已知的通用决策模型算法、模块化组件，在信息输出方面，借助于商业智能、数字仪表盘、虚拟现实等技术动态地、可视化地展示多维业财融合报表信息和实时查询信息，以适应广泛的内外部决策者的需求。

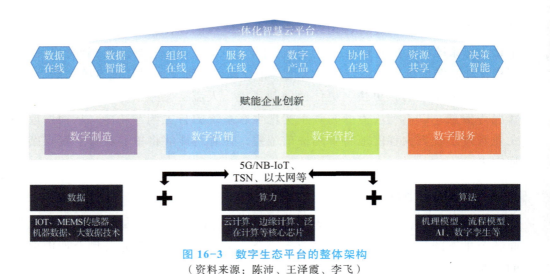

图 16-3　数字生态平台的整体架构
（资料来源：陈沛、王泽霞、李飞）

利益相关者根据需要，选择相关决策主体图形界面，在数据交互规则下获取实时的数据并输入相应的决策模型，呈现出个性化的输出结果，从而做出经济决策。算法的积累与迭代赋能内外部利益相关者，增加了会计信息的可理解性和可读性。一体化云平台提供数据可追溯路径。对于已有的决策模型，用户可以自行组合不同层次的模型、组件，也可以通过追溯路径了解相关的事项信息、反映经济业务的全貌；对于个性化的决策，如果没有相应的决策模型，用户可直接查询与决策相关的事项信息并按照自己的决策模型自定义进行分析。云端一体化平台包含深度信息反馈环节，隐性知识认知和显性化，通过AI、认知计算等技术，不断分析、迭代各类用户个性化的决策模型，以此进一步丰富和完善决策模型算法，高度适应难以预知的多样化决策场景，实现知识的累积、智慧的演进。

16.2 以数字财务为核心的生态系统综合云

企业的数字生态系统离不开云平台的基础与系统性作用，以数字财务为核心的行业生态系统亦是如此，随着物联网、AI技术的不断进步，实现全社会的"万物互联，信息互通"数字化管理状态即将成为可能，目前基于云平台的资产管理服务云得到了发展，并且实现了可视化、联网化管理，同时跟税务部门联网的税务云、发票云也逐步完善，数字财务生态体系中的财务云、资产云、税务云、发票云、报销云、银行云等互联互通、越发完整，促成数字财务生态体系的智能升级。

16.2.1 企业资产云服务平台

资产数字化管理不论是对于企业还是政府来说都是一个新型的价值管理方向，立足于整个设备生态，利用公有云概念，实现设备制造方、使用方、维修方、行业专家、备件供应商的全面应用融合，带动传统制造型企业向"服务型"制造转型，以更新的技术，更广阔的视角促进更宽泛的融合，构建"社会化、轻量化、物联网化、智能化"的管理理念。

用友云资产服务就是一个基于工业4.0时代的专属社会化平台的典范，其立足于设备资产管理本源，建立社会化的生态体系，促使工业企业的产业协同。

16.2.1.1 设备资产"超融合"生态体系构建

如图 16-4 所示,在典型的资产管理应用实践的基础之上,整合了更加先进的 IoT 智慧感知技术,并通过对社会化生态要素的全面赋能,实现更加广泛的协同链接,实现更优的设备状态跟踪机制,实现全面的技术融合、产业融合、资源融合、角色融合。

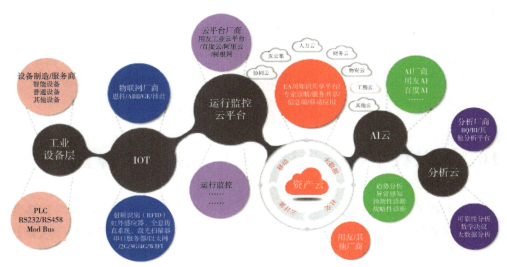

图 16-4 用友超级资产云
(资料来源:用友官网)

16.2.1.2 社会化的"资产共享"平台

随着生产技术的革新,淘汰更换的资产成为企业大量闲置资产的重要构成,通过有效途径提升闲置资产的处置效率和处置收入,是企业追求的方向;获取符合生产要求,又能够减少企业固定资产投入,同时对资产历史追根溯源,是急需资产管理的企业的理想目标。资产信息发布平台为供求双方提供有效的信息获取和沟通渠道,实现闲置资产的社会化盘活,从而满足售买双方的利益最大化需求。

16.2.1.3 智慧化预知性维修的核心平台

用友云资产服务,通过底层集成平台,实时获取由各类 IoT 设备采集的技术参数信息,并通过云平台内置的"设备稳定性预测模型",有效展现各类设备的运行趋势及劣化趋势,并适时给出有效的诊断建议。与此同时,用友云资产服务平台内置各类设备技术参数的标准阀值，一旦设备的性能参数超过阀值的范畴，系统将自动预警，并以不同的途径向设备管理人员发送预警消息。除此之外，用友云资产服务平台的设备预测模型本身具备"自学习性"的智能，可通过接入社会化的资源（如行业专家、协会和权威机构）来不断地扩展各类设备的预测性分析模型库，从而不断地更新知识体系。

16.2.1.4　为维修服务提供商寻求更大的市场平台

如图 16-5 所示，以设备资产作为本源，建立面向设备维修服务的社会化的生态体系，建立面向设备使用企业、维修服务商、设备厂商间的社会化协同网络，利用平台作为链条，把不同的组织链接到统一的平台中，并打通不同组织间的沟通桥梁，导入"维修抢单"机制，设备使用企业可在平台上描述故障，而维修服务商及设备厂商可根据故障情况与企业使用方洽谈维修事宜，由最早的"发生故障找厂商"逐步转化为"维修服务商主动找故障"的模式，为三者之间建立多对多的网状布局，提供更多优质的设备服务资源，成就多方利益。

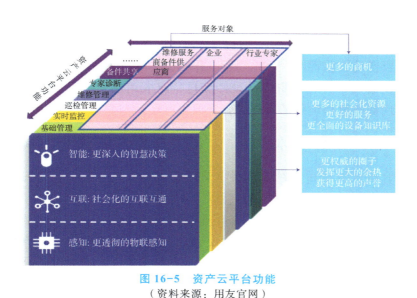

图 16-5　资产云平台功能
（资料来源：用友官网）

16.2.1.5　链接设备使用方与内外部专家诊断协同的平台

可链接企业内部设备管理专家及外部权威机构设备管理专家，在线实现坐诊，对企业日常发现的设备问题进行权威诊断，从而帮助企业设备经理、维修主管、维修工程师进行设备健康情况的评估。用友云资产服务，以全新的视角、深度的聚合、广泛的融合投入市场，颠覆传统设备资产管理理念，立足于社会化产业协同的大趋势，构建完美的设备资产社会化生态体系。

16.2.2 政府资产云服务平台

16.2.2.1 政府资产云的建设目标

十九大以来，中央要求建立国有资产报告制度，这是党和国家关于国有资产管理和治理的基础性制度安排，关乎国家治理体系和治理能力现代化的一项重要工作。如何利用互联网、云计算、大数据、物联网和AI等技术，将分散、独立的国有资产管理信息系统整合成一个互联互通、业务协同、资源共享、监管统一的云平台成为一个迫切的现实需求。

2018年7月，浙江省财政厅和杭州电子科技大学共建"资产云开放协同创新中心"，这一政府、高校、企业、协会等多方共同参与的协同交叉创新中心创建的主旨是开放、协同、创新、共建、共享、共赢。

浙江省在搭建行政事业单位资产管理云平台时，即明确总体目标是综合应用物联网、大数据、云计算、AI技术，解决国有资产盲目配置问题，旨在打造国有资产动态监管网，形成创新、开放、共享、绿色的数字经济新业态；同时，分类管理个性化的资产，设计满足特定应用场景的资产管理技术解决方案，实现资产数据统一汇聚与综合管控的资产动态监管与绩效评价体系。

16.2.2.2 资产云平台技术路径

目前，资产云平台已经在杭州电子科技大学试运行，相关模块也在行政事业单位推广中，具体技术路径包括以下3个。

（1）资产云平台以资产卡片库和资产报表数据库为基础数据源，初步涵盖了省、市、县和使用单位的资产档案数据，并积极推动进一步的接口规范定义和多源数据对接，逐步构建统一的资产云数据中心。通过结合行政事业单位的资产管理工作事务，将资产管理业务通过调研、抽象、提炼和标准化规范，以资产管理流程模块的形式加入原资产云开放平台体系中，包括资产大数据概览、资产云盘点、资产绩效分析和资产预算管理等功能模块，能够进一步完善监管主体的真实数据获取能力和大数据分析能力。

（2）综合利用射频识别（Radio Frequency Identification，RFID）电子标签、NB-IoT物联网模块、标准二维码、视频监测等技术手段，实现对资产状态的高效便捷盘点清查和实时状态监测，加强"资产云"对各类固定资产的监管功能。主要可以实现：①资产动态管理能力的完善，包括资产设备运行状态数据采集、安防监测位置数据信息采集、资产设备使用率和共享数据采集。②通过新技术体系提升资产管理效率、提高资产账实相符度，包括通过更智能、便捷的盘点技术实现节省盘点人工的目的和通过客观的资产物联网数据促进资产档案数据逼近真实的目标。

（3）在基于物联网数据的进一步采集汇聚后，结合已有的资产档案数据和资产物联网数据，进一步打通资产管理在资产配置计划管理、预算申报和财务审批等流程的数据节点。重构部分资产管理的政务流程，实现从资产使用申报单位到资产主管审批单位政务办公的数字贯通，提供给管理者在各个环节的量化数据决策支持，达到将原资产管理政务流程逐步转变为数字政务的目标。

16.2.2.3　资产云平台的总体架构

资产云平台集编码服务平台、政府云平台与商户服务平台于一体，为大数据融合提供基础支撑，能够实现资产数据跨领域、跨行业、跨系统的信息共享共用、互联互通，夯实数字资产基础建设，推进高质量标准化的资产管理模式创新。如图 16-6 所示为资产云平台系统的架构框架，以物联网为主要基础，用资产编码云、资产物联云、资产管控云打造资产动态管理和绩效评价体系。

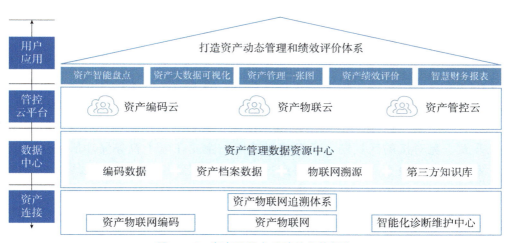

图 16-6　资产云平台系统的架构框架
（资料来源：浙江省资产云协同创新中心）

目前，浙江省资产云平台架构已基本完善，其数据已内嵌入省政务云公共数据中心，同时，资产云运营中心功能模块也在不断成熟。经过一段时间的摸索和验证后，已进入大规模的开发、测试阶段。截至目前，全省2.5万多家单位全部完成上云，各级财政国有资产监管业务全部通过资产云办理，信息系统整合目标基本完成。借助该系统，国有资产管理部门可以随时概览本部门或者所管辖单位的相关资产数据，实现数据的实时管理监控和绩效评价；使用资产云移动端，结合物联网技术，资产的盘点变得快捷、方便和有效。云服务模式的支持单位按业务选择下载所需的资产管理服务，无须采购服务器、网络设备等，也无须承担基础设施维护任务，快速响应业务需求的变动，大幅缩短应用上线周期，有效降低系统建设成本。同时，资产云平台兼顾了单位资产精细化管理的需求和各级财政、主管部门对政府资产宏观信息分析和监管的需求，避免了国有资产的重复建设和投资浪费。

16.2.3　发票云与税务云

除了渗透到企事业单位日常活动的资产云平台，每一笔财务处理也都少不了与发票云、税务云的同步更新。对于企业来说，发票云与税务云能够及时、准确、大容量、成批次地记录收支信息与所对应的税款，从而更好地进行内部管理；对于政府财税相关单位来说，自身的云平台连接到每个企业云平台中，不仅加强了监管，也有助于统筹政策的安排。

2018年8月10日，金蝶携手腾讯开出全国首张区块链电子发票。深圳市税务局携手腾讯及金蝶软件打造了"微信支付—发票开具—报销报账"的全流程、全方位发票管理应用场景。

2020年3月2日，在新冠肺炎疫情期间，针对企业面临的"发票荒"和非接触服务需求，深圳市税务局联合腾讯区块链、微信支付开发上线了区块链电子发票极速版。企业工商注册登记时直接赋予区块链电子发票使用资格，实现"开业即开票"。还没有开通区块链电子发票的存量企业也可以注册使用免开发、免对接的区块链电子发票极速版。企业在电子税务局注册区块链电子发票、绑定服务商并开通微信商户号，简单配置后即可使用区块链电子发票极速版，最快30min就能用上区块链电子发票。目前，已支持微信支付开票模式和不限支付方式的扫码开票模式，解决了疫情期间企业复工无票可用的难题。在区块链等技术的赋能下，区块链电子发票可以追溯发票的来源、真伪和报销等信息，解决了发票流转过程中一票多报、虚报虚抵、真假难验等难题。金蝶财务软件率先对接深圳税务局区块链开放接口，实现了金蝶云用户的区块链报销和入账，可对接金蝶最新财务区块链账本，实现全流程无纸化智能财税管理。具体描述见本书第4篇区块链电子发票相关案例。

发票云与税务云的创造，开启了财税管理的新时代。从纸质发票到需要存储在中央服务器上的电子发票，再到全新的发票云与税务云，存储在服务器多个节点上的信息既有共享性，又不可篡改。对于这个新的财税管理世界，从开票的角度理解，交易即发票；从收票的角度理解，发票即交易。发票和交易建立了实时的一对一关系，这是一个很重要的改变。最重要的一点是，交易即信用。所有交易记录在区块链上展示出来，不可篡改，交易记录即形成了企业的信用链，这条信用链将会产生巨大的价值，包括企业的贷款额度、供应链金融等。在未来，发票云与税务云本身就是价值，是金矿、是资产。

资产云、发票云、税务云等生态系统基础云，围绕着数字财务打通企业内部管理渠道，也连接企业外部的沟通与共同发展。正如生活中的空气在大自然生态圈中的循环，基础云平台为数字财务智能生态体系提供了良好的基础与可能性。

16.3 数字财务智能生态系统

在未来数字财务的智能生态体系中，企事业单位的数字生态系统犹如自然生态体系中的一个个生物个体，有着自身的循环生态结构，也离不开外部的联通与共享。整个智能生态体系由无数企事业单位数字生态系统组成，通过基础云系统内通外联，又都作为不可或缺的部分共同支撑着智能生态系统相得益彰。

16.3.1 智能生态系统的管理新模式：内通外联

企业想要完成财务转型，成功地由信息化、自动化、智能化、数字化四步走向数字神经网络，内通外联是解决之道，也是当今信息技术最主要的特质；当把组织的管理、经营等行为由线下搬到线上，再把各组织相同的经营管理活动合并、连通，就变得简单、高效，并逐步走向智能化。

内通指的是企业内的集团层面，将各个部门与业务、不同资源与信息统筹管理起来，形成统一的可复制式模式。财务部门本身就具有两大优势：

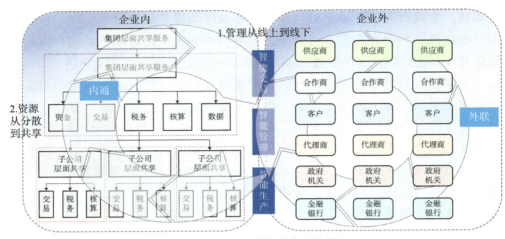

图16-7 数字财务的内通外联
（资料来源：陈沛、王泽霞、郭佳妮）

①财务部门是天然的大数据中心。②财务部门天生中立，数据客观、真实。财务部门要充分运用这些优势，将自己转化成企业的"总参谋部"。如果仅提供会计报表，财务部门就只是"倒后镜"，在企业中很难有较高的地位；当财务部门能够展示企业经营状况，包括合同、收入、库存、采购、收款、费用开支和预算执行情况，财务部门就会成为"仪表盘"，能够得到管理者的关注。形成统一的模式也能够让不同的企业间可以共享沟通，为外联打好基础。

外联，顾名思义，便是将企业对外的触角与外部的供应商、合作商、代理商，以及客户、政府部门、金融机构联系起来。对于财务部门来说，外联要求财务部门能够与外部互联，以不同的视角、更加高远的切入点，提供内部无法接触到的宏观走势、行业信息，高屋建瓴地告诉管理者接下来怎么走，成为企业的"导航仪"，这样财务部门才会得到重视，才能实现财务职能化的转型。

16.3.2 智能生态系统的业务新模式：生态协同

内通外联管理离不开具体业务的智能实施。智能生态系统下应运而生的业务新模式是将企业的采购、物流、生产、管理、销售、决策高效一体化，形成生态圈内的协同效应，将内通外联在业务新模式下发挥出最大的作用。

生态协同的业务新模式从销售、内部管理、生产、决策4个方面有着4个主要特征。从对外客户开始，未来的销售业务将线上线下共存，既能线下体验，又在线上精准营销，打造智能化、全系统的新销售模式；再通过客户订单传到内部管理业务,智能生态系统将采用智能交易平台,实现客户订单、人财物等基础资源、企业内部信息管理、外部生态伙伴的实施协同,支持企业扁平化、自动化、去中间化的高效组织准备;具体的生产业务将大量地应用物联网、AI 技术,实现生产自动化、柔性制造、海量大数据自动优化生产,加以合作、外包、代加工等外联效应,进一步让产品通过物流"流"入客户群体中去。在业务新模式的循环过程中,决策融汇在每一项业务中,用数据驱动业务决策,基于工业大数据、交易大数据、生态大数据,生成管理驾驶舱,给予三维立体智慧业务决策实时的建议。生态圈的伙伴们共同创造出生态圈大数据,又相互受益于生态圈,实现智能生态系统业务新模式下的共享、共赢与共创,如图 16-8 所示。

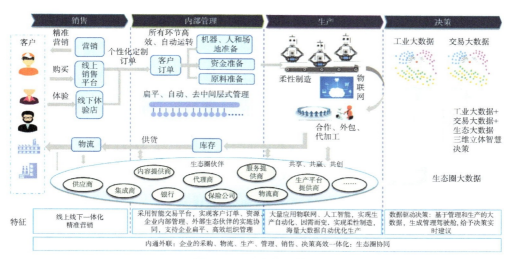

图 16-8　生态协同模式
(资料来源:陈沛、王泽霞、郭佳妮)

16.3.3　智能化的主要环节

在生态系统的智能化循环中,每一环节都必不可缺,必须完成自己的改造与重塑,才能与其他环节相得益彰。从业务新模式中可以提炼出最主要的智能化环节中有可能起到关键作用与带动领先地位的三个环节。

16.3.3.1　智能交易

内通外联的智能交易能够提升交易效率,同时降低交易成本。企业内部将主要通过企业服务总线(Enterprise Service Bus,ESB)或者面向服务的架构（Service Oriented Architecture，SOA）应用，辅助以应用产品生命周期管理（Product Lifecycle Management，PLM）、制造执行系统（Manufacturing Execution System，MES）、设备、传感器以及控制器搭建起企业内部应用与设备的互联；企业外部将主要运用应用程序编程接口（Application Programming Interface，API）技术，在云平台基础上打造跨供应链和跨行业的产业集群的生态互联 API 经济；内外部之间则是由智能交易与管理平台形成供应链上下游企业的业务互联，让制造业与互联网深度融合，将应用服务与 API 能力服务连接起来，如图 16-9 所示。

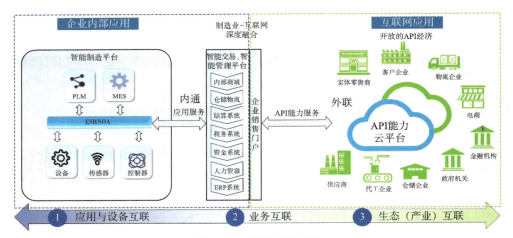

图 16-9　智能交易系统
（资料来源：陈沛、王泽霞、郭佳妮）

16.3.3.2　智能制造

交易的基础是制造出双方需要的东西，智能制造指的是通过工业互联，将原材料、生产设备、管理信息进行连接，并与制造执行管理系统（Manufacturing Execution System，MES）、企业资源计划系统（Enterprise Resource Planning，ERP）等集成实现定制化生产，将传统的生产制造过程转型为智能制造过程，实现传统行业升级，提高产品质量，满足用户个性化需求。这要求企业在投入各种资源时做到装备横向集成，做到智能装备内部自动化与生产系统网络化，将装备与装备、产线与产线、车间与车间之间都建立联网；在转换信息与场地时做到信息的纵向集成，完成信息化与自动化之间的融合，在统一的数据库与软件平台上保证数据与信息自上而下、自下而上的有效流动；最后在智能工厂产出产品与服务，更好地契合客户的个性化要求。

16.3.3.3 智能管理

传统的管控组织架构下，集团在不同的地区分别设立研发中心、生产基地、门店等下层组织，对于资源的分配和指标的考核都无法匹配，控制和风险无法平衡，导致效率与期望大打折扣。未来的智能化管理组织架构要求集团建立智慧物联、智慧工业等多层面业务共享，在互联网模式下为实现目标的驱动赋能，资源配置市场化，"责、权、利"有机匹配，动态平衡，用 IT 系统控制风险的同时激发企业活力。智能管理将运用市场线划小单元、网运线支撑单元、建设线基层单元，合理分配、系统控制、创造价值，如图 16-10 所示。

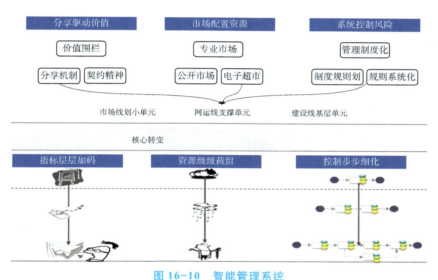

图 16-10　智能管理系统
（资料来源：陈沛、王泽霞、郭佳妮）

智能交易与智能制造拉动智能生态的业务成长，智能管理将内通外联渗入其中，三个主要环节的相互作用带动着其他环节的共同智能化，构建出完整的数字财务智能生态圈。

16.4　数字智能生态系统的价值创造

在这个以连接为特征的信息时代，万物互联打破了原本栅格分明的商业关系，行业边界趋于模糊，企业竞争与合作范围无限扩大，我们进入了一个"无疆界"的竞合时代。在这样的背景下,疏于连接的企业即使核心竞争力再强大,也可能面临被边缘化的危险。要在新的环境下生存和发展,企业须撬动自己所在商业生态圈的价值。

任何投入都要有回报,才能产生源源不断的价值。数字财务的智能生态体系亦是如此,只有让财务在其中创造出超乎体系建设投入的价值,才能吸引更多的投入,进一步发展、融合技术,吸引更多的企事业单位加入其中,共同完善。

16.4.1　智能生态圈的动力机制

只要形成了生态圈的雏形,便能对企业生态圈形成强大的推动力,构成价值吸附效应,吸附周边的游离资源进入生态圈,进而形成良性循环,逐渐壮大。智能生态圈的动力机制主要由三大要素形成:流量效应、金融服务、投资吸收,如图16-11所示。

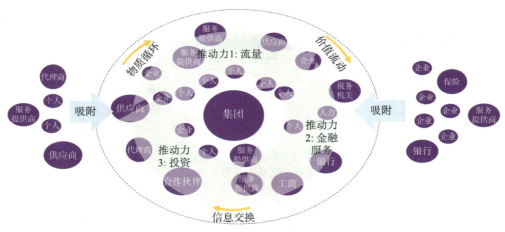

图 16-11　智能生态圈的吸附效应
（资料来源：陈沛、王泽霞、郭佳妮）

16.4.1.1　流量效应

智能生态圈的首要推动力便是规模流量效应。流量经济是指经济领域中各种依靠要素或生产物的流动带来经济效益与发展的经济存在形态的总称。在智能生态圈中,多方面的融合带动了上下游企业、相关服务商的加入,吸附性地将物质循环流动起来,通过推动和促进资金、技术、人才等要素的相互流动，因经济要素或生产物重组、互补等产生经济效益，从而使各区域间协同发展。

16.4.1.2　金融服务

资本的嗅觉更加灵敏，在智能生态圈吸附相关实际经济体的同时，银行、保险等金融机构也都被吸附进来，提供相应的金融服务。在智能化的生态圈中，财务数字化给予了这些金融服务更好的可视化衡量准则，共享化的数据也增加了真实性，保障了监管，从而降低了风险系数。在金融服务的推动作用下，基础的物质循环能够资本化，更加便捷地进行价值流动。

16.4.1.3　投资吸收

在金融机构的加持下，智能生态圈中形成了投资这个最重要的推动力。没有投资，就没有新科技的发展、没有企业的转型与升级，也就没有创造新价值的机会。在信息交换的过程中，投资不断发掘机会，冒险家们的头脑与资金投入推动着数字化、智能化的一步步前进，创造了数字财务的今天与未来。

16.4.2　智能生态系统的发展特征：黏性增长

数字化智能平台带来的快速增长源于对生态利益群体的巨大黏性，这一特征让生态圈能够呈几何倍数快速增长。

对于已有的存量客户与合作伙伴来说，数字财务的智能生态系统将现有的生态圈合作伙伴都整体导入平台，实现了一体化的目标；进而，在寻找客户、寻找供应商等方面大幅降低了交易成本，也更加方便、快捷，提升了交易的效率；下一步业务模式上的创新更是将各项线上线下的专业服务一体化整合为平台，提升了服务品质。成本的降低、效率的提升、业务的创新给整个生态系统带来共同盈利的空间，带动所有合作伙伴共赢、共创。

对于潜在的新客户与未来的合作伙伴来说，数字化平台提供了大量的新商机，帮助对方在平台上找到优质对标的客户，同时也大幅度降低了交易成本，享受平台整合的各类服务的便利、便捷的同时，风险共担模式让企业更加平稳地进行自身价值的快速增长。

黏性增长的发展特征不仅能够形成简单的规模效应，而且是在智能生态系统的模式下做到留存率与活跃度共同持续提升的重要保证。这给生态系统带来了源源不断的生机活力，又反哺着生态圈中的一草一木。

16.4.3 智能转型的企业价值与红利

16.4.3.1 智能转型的企业价值

总的来说,数字化转型、重塑的价值在于让企业在未来先行一步,树立行业的领先地位。具体可以从产业协同、智慧交易、工业智能、商业模式、资源配置与数字运营 6 个角度全方面阐述数字财务智慧生态系统转型的价值所在。

(1) 产业协同共赢。智慧交易体系将促进企业处于生态圈引领地位,打造上下游一体化生态圈,共担风险、共赢收益,用智慧交易体系将给集团带来新增长。

(2) 智慧交易降成本。智慧交易体系将大幅提升决策效率、运营执行效率,降低企业物流、仓储、人力、营销成本;同时,智慧供应链将极大地提升资产周转率,降低库存水平。

(3) 工业智能共创。工业智能实现 C2M 随需而变的工业柔性制造,新技术能使业务创新高速增长,上下游产业也将协同共同制造、共同创新。

(4) 商业模式创新。数字化技术的领先者可以采用体验优先的方法,统筹谋划全局,创新的服务模式可以为产业链更好地提供专业服务,商业模式平台化运营。

(5) 资源配置共享。智慧共享将突破空间壁垒限制,管理流、资金流贯穿在一起,实现资源与服务共享,优化资源配置、驱动企业管理路径和模式集中向本企业战略目标一致性迈进。

(6) 数字运营敏捷。企业运营管理将更加敏捷,提升企业的交易效率、生产效率、管理效率、运营效率、销售效率、创新效率。

16.4.3.2 智能转型的红利

在这些潜在的企业价值体现过程中,数字化转型将与时代的进步、科技的发展一起,创造出巨大的红利。

(1) 创新组织模式红利。改变企业传统的金字塔式管理结构为扁平化竞争结构,让企业更加具有创新力和活力。

(2) 生态化红利。强化低风险、高附加值、轻资产的核心业务能力,生态圈伙伴抱团、一起做大蛋糕,增强企业的竞争力和抗风险能力。

(3) 一体化平台红利。通过平台整合客户、供应商、合作伙伴、相关利益体等生态圈伙伴的物流、商流、信息流、资金流,降低交易成本、生产成本。

（4）新技术红利。AI、云计算、物联网、区块链等新技术，带来人工成本降低，效率大幅提升，现有人力可以转型到更有价值的事务上。

（5）大数据红利。也称为精准红利。大数据时代，企业数据爆炸式增长，运营数据已经能够精准地告诉决策者企业的现状，以规避风险、预测将来。

★ 本章知识点回顾 ★

概念掌握： 企业数字财务、基础云平台、智能生态系统、价值创造

问题思考：

（1）数字财务智能生态系统构建的核心基础是什么？

（2）企业数字生态系统与智能生态系统之间是什么样的关系？

（3）没有价值创造就吸引不来投入，智能生态系统的价值创造是如何诞生的？

实训平台：

中兴新云"智能财务云VR实验室"，这是通过VR技术模拟的全景式互动业财一体化的实验室，以及"智能财务云实操实验室"和"财务机器人操作流程"网络实训课程。

第 4 篇
CHAPTER 4

数字财务典型案例和仿真实训

> 敢想敢做，要勇于走向孤独。不流俗、不平庸，做世界一流企业，这是生命充实激越起来的根本途径。
>
> ——任正非

内容提要： 本篇为数字财务的实战演练，共6章内容。前4章分别以云计算、大数据、AI、区块链四大技术为主线，呈现了各类典型案例，包括海尔集团财务系统中的云计算、360金融：大数据金融反欺诈与风险控制、中国工商银行智能金库：管理、蚂蚁金融双链通：区块链征信等。第21章解密了中兴通讯基于财务云的价值创造之路。第22章为数字财务虚拟仿真实训，包括中兴新云智能财务云借助VR技术，构建全景式互动业财一体化实验课程；知链科技的大数据信贷风控、区块链跨境保理和信用结算以及工业企业会计虚拟核算等；百望公司基于云端数字化的云税务实训平台。这些高度仿真实训集学习、考核、教学于一体，将会使读者身临其境感受数字财务的魅力。

第 17 章
云计算应用案例

本章探讨了云计算在企业财务系统中的应用，重点讲述了三个案例：海尔集团借助基于云计算的会计决策支持系统，在企业整条产业链"自上而下"地推进云计算的应用，探索出一条企业未来整体"上云"的可能路径；大型银行云平台建设方案获奖案例——中国建设银行私有云应用，满足了企业财务系统的上云需求，实现了企业资金周转上的互联互通；针对中小银行如何开展云技术的应用，哈密市商业银行走出了一条可供借鉴之路。

17.1　海尔集团：财务系统中的云计算应用

获取案例内容，请扫描右侧二维码。

17.2　中国建设银行：混合云应用

获取案例内容，请扫描右侧二维码。

17.3　哈密市商业银行：中小银行"上云"之路

获取案例内容，请扫描右侧二维码。

第 18 章
大数据应用案例

本章通过三个案例介绍了大数据在不同行业的典型应用：360 金融大数据案例阐述了互联网金融企业如何通过自身产品形成用户数据库，并应用大数据进行财务风险控制的方法；医渡云案例分析了医院整合电子病历、医疗影像等业务数据，延长业务线、提升运营效率的方法；韩都衣舍案例则主要探讨了大数据在企业预算管理中的应用。

18.1　360 金融：大数据金融反欺诈与风险控制

获取案例内容，请扫描右侧二维码。

18.2　医渡云：大数据助力医疗管理

获取案例内容，请扫描右侧二维码。

18.3　韩都衣舍：大数据预算管理

获取案例内容，请扫描右侧二维码。

第 19 章
AI 应用案例

本章通过德勤的"小勤人"、中国工商银行的智能金库、美国银行的智能投资服务三个典型案例,分别从财务管理的"记录""管理""决策"三个主要功能来分析 AI 对不同层级财务工作的协作能力,阐述了 AI 目前对财务管理工作的协助效果,并展望 AI 未来在数字财务领域更广阔的应用场景。

19.1 德勤的"小勤人":记录

获取案例内容,请扫描右侧二维码。

19.2 中国工商银行的智能金库:管理

获取案例内容,请扫描右侧二维码。

19.3 美国银行的智能投资服务:决策

获取案例内容,请扫描右侧二维码。

第 20 章
区块链应用案例

本章着重分析了区块链技术在电子发票、医疗、供应链金融三个方面的应用：腾讯金融科技首次推出区块链电子发票；微信智慧医院通过线上、线下相结合的方式，为优化现有医疗资源配置、完善医疗服务体系、提升医疗保险覆盖能力等提供了智慧解决方案；蚂蚁金融双链通则是打通了供应链金融最后一公里的典型案例。

20.1　腾讯金融科技：区块链电子发票

获取案例内容，请扫描右侧二维码。

20.2　微信智慧医院：区块链 + 医疗

获取案例内容，请扫描右侧二维码。

20.3　蚂蚁金融双链通：区块链征信

获取案例内容，请扫描右侧二维码。

第 21 章
解密中兴：基于财务云的价值创造之路

本章详细讲述了中兴通讯的财务转型之路。作为第一批"走出去"的中国企业，中兴通讯在全球扩张的过程中，面临着重重的财务困境，分散的财务管理模式无法满足竞争格局对财务管理的需求。中兴通讯的财务人大胆创新、勇于实践，建立了中国第一个财务共享服务中心，进而将财务共享管理模式与云计算、移动互联网、大数据等新技术有效融合，推动财务共享服务进入 2.0 时代，建立了财务云，搭建了"四位一体"的全球财务管理体系。

中兴通讯财务云综合案例，提供了更多的关于企业运营数据、预算管理、业绩分析等方面的决策和支持，促使财务管理从价值守护转向价值创造，不仅促进了中兴通讯全球业务的快速增长，而且为这一跨国企业逐步迈向数字化、智能化管理打下了坚实的基础。

获取案例内容，请扫描右侧二维码。

第 22 章
数字财务仿真实训

　　数字财务是一门理论联系实际的实操性课程，目前各类数字技术在财务会计、金融领域的运用正在不断地落地开花中，读者需要通过实训平台的实际演练才能得以真正地掌握操作技术。

　　本书与中兴新云、知链、百望云等企业合作，引入其以云计算、大数据、AI、区块链等新技术为核心驱动，以培养各院校"新技术＋专业"的业技融合复合型人才为方向，自主研发"新技术＋专业"的实训教学课程体系，具体课程有：智能财务云、信贷风控、跨境保理和信用结算、工业企业会计虚拟核算、云税务实训平台等仿真实训。

　　这些仿真实训课程，借助新技术在行业、企业中的应用，进行场景化与任务化的教学设计，形成课程、项目、实验情景交融的沉浸式学习环境，让本身难以理解的技术知识变得通俗易懂，让商科学生能轻易完成对复杂技术的理解，并使商科学生具备一定的科学素养、新技术应用能力和新技术创新思维 。通过应用场景化、碎片化、任务化的商科教学模式和方法，学生能学习到应用新技术解决实际问题的能力。

22.1 中兴新云仿真实训：智能财务云 VR 实操实验室

获取实训内容，请扫描右侧二维码。

22.2 知链科技仿真实训

获取实训内容，请扫描右侧二维码。

22.2.1 大数据与金融：信贷风控

22.2.2 区块链与金融：跨境保理和信用结算

22.2.3 区块链会计：工业企业会计虚拟核算

22.3 百望公司仿真实训：云税务实训平台

获取实训内容，请扫描右侧二维码。

参考文献

[1] 张庆龙. 下一代财务：数字化与智能化 [J]. 财会月刊，2020（10）：1-2.
[2] 涂杨举. 智慧企业概论 [M]. 北京：科学出版社，2019.
[3] 陈虎，孙彦丛. 财务共享服务 [M]. 第 2 版. 北京：中国财政经济出版社，2018.
[4] 陈虎，孙彦丛，陈东升，等. 财务就是 IT [M]. 北京：中国财政经济出版社，2017.
[5] 曾鸣. 智能商业 [M]. 北京：中信出版社，2018.
[6] 李仪，徐金海. 数字经济的内涵、特征与未来 [N/OL]. 上海金融新闻网，2019-01-07. http：//www.shfinancialnews.com/xww/2009jrb/node5019/node5036/tt/u1ai211063.html.
[7] 中国信息通信研究院. 中国数字经济发展白皮书（2017 年）[R]. 2017.
[8] 梅宏. 大数据：发展现状与未来趋势 [J/OL]. 中国人大网，2019-10-30.http：//www.npc.gov.cn/npc/c30834/201910/653fc6300310412f841c90972528be67.shtml.
[9] 亿欧智库. 2019 年中国云计算行业发展研究报告 [R]. 2019.
[10] 工业和信息化部电信研究院. 云计算发展白皮书（2012 年）[R]. 2012.
[11] 中国信息通信研究院. 云计算发展白皮书（2019 年）[R]. 2019.
[12] 国务院发展研究中心国际技术经济研究所. 中国云计算产业发展白皮书(2019 年)[R]. 2019.
[13] 聂蓉蓉，刘雅琼. 财务云：从共享服务到大数据中心 [N]. 中国会计报，2019-07-26.
[14] 光大证券. SaaS 大潮加速，掘金细分龙头 [R]. 2016.
[15] 民生证券. 国内云计算 SaaS 龙头梳理 [R]. 2020.
[16] 亿欧智库. 2018 中国物联网应用研究报告 [R]. 2018.
[17] 工业和信息化部电信研究院. 移动互联网白皮书（2011 年）[R]. 2011.
[18] 蔡雍怡，肖雪芬. 区块链技术在会计领域的应用研究 [J]. 商业会计，2019（22）：23-26.
[19] 钟卫. 关于粤港澳大湾区发展区块链产业的浅析 [J]. 广东经济，2019（11）：26-31.
[20] 赵建辉. 区块链技术对我国财务管理及审计领域影响的研究 [J]. 中国注册会计师，2019（11）：95-100.
[21] 徐鹤鸣. 区块链技术对会计的影响研究 [J]. 经济研究导刊，2019（30）：98、171.
[22] 李洁，孙鹜，祝子丽. 区块链技术在会计行业的应用研究 [J]. 现代商业，2019（27）：31-32.
[23] 庞琦，涂建明，朱渊媛. 基于区块链框架的会计信息系统重构 [J]. 新会计，2019（9）：6-10.
[24] 何鸣. 区块链技术在企业财务系统中的应用研究 [J]. 产业与科技论坛，2019（18）：70-72.
[25] 贺慧. "区块链 + 会计"的前世、今生与未来 [J]. 会计之友，2019（18）：155-159.

[26] 陈春媚. 基于区块链技术的财务公司财务管理模式探究 [J]. 中国商论, 2019（16）: 200–201.

[27] 刘懿中, 刘建伟, 张宗洋, 等. 区块链共识机制研究综述 [J]. 密码学报, 2019, 6（4）: 395–432.

[28] 刘诗琪. 基于区块链技术的企业财务活动优化路径 [J]. 商业会计, 2019（14）: 66–67、65.

[29] 徐颖. 会计在区块链3.0时代的角色转变研究 [J]. 会计之友, 2019（13）: 157–160.

[30] 丁淑芹. 区块链思维下的财务共享实现路径研究 [J]. 财会月刊, 2019（7）: 171–176.

[31] 柳文娟. 在财务管理中的区块链技术 [J]. 中国科技信息, 2019（6）: 59、61.

[32] 刘永键, 章新蓉. 区块链技术在财务领域的应用 [J]. 商业会计, 2019（5）: 125–126.

[33] 郭梦娜, 程小琴. 区块链技术在企业财务活动中的应用创新 [J]. 商业会计, 2019（5）: 127–129.

[34] 吴丽梅, 丁洁, 王深茏等. 基于区块链技术的财务共享模式架构 [J]. 会计之友, 2019（2）: 149–154.

[35] 刘彧. 财务迎来"区块链"时代 [J]. 中国农业会计, 2019（1）: 59–61.

[36] 任仲文. 区块链——领导干部读本 [M]. 北京: 人民日报出版社, 2018.

[37] 算力智库. 数字经济的区块链金融场景应用报告 [R]. 2020.

[38] 赛迪（青岛）区块链研究院. 2019年上半年中国区块链发展现状与展望 [R]. 2019.

[39] 中国信息通信研究院. 2018金融区块链研究报告 [R]. 2018.

[40] 中国信息通信研究院. 区块链白皮书（2019年）[R]. 2019.

[41] 田高良, 陈虎, 孙彦丛, 等. "大智移云物"背景下的财务转型研究 [J]. 财会月刊, 2019（20）: 3–7.

[42] 中兴新云财务云, 南京大学智能财务研究院, 厦门大学会计系. 财务的自动化、智能化、数字化 [R]. 2020.

[43] 天风证券. 数字农业方兴未艾, 谁将成为关键入口？[R]. 2019.

[44] 国际数据公司（IDC）. 数字化世界——从边缘到核心 [R]. 2018.

[45] 刘维丹, 赵海立. 大数据技术对财务管理的影响 [J]. 中国管理信息化, 2015, 18（16）: 62.

[46] 王兴山. 数字化转型中的企业进化 [M]. 北京: 电子工业出版社, 2019.

[47] 平安证券综合研究所. "互联网"战略将升级至"AI", 国内人工智能再遇风口 [R]. 2018.

[48] 中信建投证券研究发展部. 中信建投人工智能专题研究AI系列报告第一篇: 万物智联, 感知先行 [R]. 2018.

[49] 招商银行研究院. 招商银行人工智能行业报告（上篇）: 中国造AI将崛起, 数据以

及平台类公司前景广阔 [R]. 2019.

[50] 招商银行研究院. 招商银行人工智能行业报告（下篇）：忽如一夜春风来，千树万树梨花开 [R]. 2019.

[51] 陈虎，孙彦丛，郭奕，等. 财务机器人——RPA 的财务应用 [M]. 北京：中国财政经济出版社，2019.

[52] 布莱恩·伯杰伦. 共享财务精要 [M]. 北京：中国人民大学出版社，2004.

[53] 宁爱芹. 基于企业财务管理环境的财务战略管理规划分析 [J]. 纳税，2019（6）：32-35.

[54] 陈虎，孙彦丛，常亮. 企业财务信息系统的发展与架构——以中兴通讯为例 [J]. 财务与会计，2018（5）：62-65.

[55] 张广，陈翔，朱朝华. 会计信息体系结构发展 [J]. 会计研究，2002（10）：10-15.

[56] 华为，牛津经济研究院. 数字溢出，衡量数字经济真正影响力 [R]. 2017.

[57] 刘贵生. 论产权结构与财务主体 [J]. 会计研究，1995（6）：20-21.

[58] 王林. 论企业财务环境 [J]. 会计研究，1995（6）：22-25.

[59] 吴平. 信息时代企业财务管理的创新研究 [J]. 人民论坛，2011（2）：238-239.

[60] 唐俐. 企业集团财务管理模式选择 [J]. 会计之友，2005（2）：59-60.

[61] 王建华. 现代财务管理 [M]. 合肥：安徽人民出版社，2002.

[62] 梁嘉骅，等. 企业生态与企业发展：企业竞争对策 [M]. 北京：科学出版社，2005.

[63] 中国信息通信研究院，云计算与大数据研究所. 数据标准管理实践白皮书（2019 年）[R]. 2019.

[64] 李郁明. 财务管理职能分层论 [J]. 嘉兴学院学报，2010，22（5）：64-68.

[65] 冯建. 财务学原理 [M]. 北京：高等教育出版社，2000.

[66] 胡仁昱，孙士英，褚彦淑. 会计信息化标准体系的演变过程及发展趋势 [C]. 中国会计学会高等工科院校分会. 中国会计学会高等工科院校分会 2008 年学术年会（第十五届年会）暨中央在鄂集团企业财务管理研讨会论文集（下册）. 中国会计学会高等工科院校分会：合肥工业大学管理学院，2008：340-350.

[67] 李海波. 企业财务职能的转变 [J]. 鞍山科技大学学报，2004（5）：398-400.

[68] 王举颖，赵全超. 大数据环境下商业生态系统协同演化研究 [J]. 山东大学学报（哲学社会科学版），2014（5）：132-138.

[69] 王张琦，米建国. 财务决策中的元数据应用 [J]. 会计之友（下旬刊），2006（4）：55-56.

[70] 吕铁. 传统产业数字化转型的趋向与路径 [J]. 人民论坛·学术前沿，2019（18）：13-19.

[71] 葛志鸿. 财务预警系统在高校财务风险防范中的运用 [J]. 财会通讯（理财版），2008（6）：114-115.

[72] 迟文硕. 基于云计算的会计决策支持系统的研究 [D]. 哈尔滨：哈尔滨商业大学，2014.

[73] 张旭. H集团基于云计算的会计决策支持系统建设研究[D]. 哈尔滨：哈尔滨商业大学，2016.

[74] 郭伟. 中国建设银行发展互联网金融的策略研究[D]. 长沙：湖南大学，2013.

[75] 中小银行：中小银行上云白皮书（2018年）[R]. 2018.

[76] 360金融：2018智能反欺诈洞察报告[R]. 2019.

[77] 京东金融：数字金融反欺诈白皮书[R]. 2018.

[78] 亿欧智库：2019中国医疗大数据研究报告[R]. 2019.

[79] 刘婧琳. 大数据背景下服饰类电商企业全面预算管理研究[D]. 济南：山东师范大学，2019.

[80] 陈虎，赵旖旎，党梅梅. 中兴通讯全球财务共享的信息化实践[J]. 财务与会计，2015（15）：45-47.

[81] 田高良，杨娜，陈虎. 解密中兴：基于财务云的价值创造之路[R]. 中国管理案例共享中心案例库，2015.

[82] 邹丽婵. 财务共享服务模式在我国金融保险企业中的应用[D]. 广州：广东财经大学，2018.

[83] 丁雅俊. 财务共享服务中心在我国企业中的应用[D]. 青岛：青岛理工大学，2016.

[84] 王佳琳. 财务共享中心模式在中国平安集团的应用研究[J]. 河北企业，2019（8）：80-81.

参考网站

[1] 资产云协同创新中心 http://www.assetcloud.org.cn
[2] 中兴新云·财务云 http://www.ztessc.com.cn
[3] 用友云平台 https://www.yyuap.com
[4] 金蝶云平台官网 https://cloud.kingdee.com
[5] 浪潮云 https://cloud.inspur.com
[6] 阿里云 https://cn.aliyun.com
[7] 海尔官网 https://www.haier.com
[8] 亿欧智库 https://www.iyiou.com
[9] 建行网官方网站 http://www.ccb.com
[10] 360金融 https://www.360jinrong.net
[11] 中文互联网数据资讯网 http://www.199it.com/archives
[12] 中国工商银行 http://www.icbc.com.cn
[13] 美国银行 https://www.bankofamerica.com
[14] 中国知网 https://www.cnki.net
[15] 医渡云 https://www.yiducloud.com.cn
[16] 百度 https://www.baidu.com
[17] 知链科技 http://www.educhainx.com
[18] 百望云 http://www.baiwang.com

计算机术语

API，Application Programming Interface，应用程序接口
ASP，Application Software Provider，应用软件供应商
B/S，Brower/Server，浏览器/服务器
C/S，Client-Server，客户机/服务器
DDOS，Distributed Denial of Service，分布式拒绝服务攻击
DSS，Decision Support System，决策支持系统
EC2，Amazon Elastic Compute Cloud，亚马逊的弹性计算云
EDPS，Electronic Data Processing System，电子处理系统
ESB，Enterprise Service Bus，企业服务总线
ETL，Extract-Transform-Load，数据抽取、转换、加载的自动化管理过程
FPGA，Field Programmable Gate Array，现场可编程逻辑门阵列
GB\TB\PB\EB\ZB，计算机数据存储单位
GPU，Graphics Processing Unit，图形处理器
IaaS，Infrastructure-as-a-Service，基础设施即服务
ICT，Information and Communications Technology，信息与通信技术
IDC，Internet Data Communications，数据通信网络
IOT，Internet of things，物联网智慧感知技术
ISV，Independent Software Vendor，独立软件开发商
NLP，Natural Language Processing，自然语言处理技术
OCR，Optical Character Recognition，光学字符识别技术
OLAP，Online Analytical Processing，联机分析处理
OLTP，On-Line Transaction Processing，联机事务处理
PaaS，Platform-as-a-Service，平台即服务
RDMS，Relational Data Management System，关系数据库管理系统
RFID，Radio Frequency Identification，射频识别电子标签
SaaS，Software-as-a-Service，软件即服务
SOA，Service Oriented Architecture，面向服务的架构
SQL，Structured Query Language，结构化查询语言
TPS，Transaction Processing System，业务处理系统
UGC，User Generated Content，用户产生内容
UI，User Interface，对话式的用户界面
XBRL，eXtensible Business Reporting Language，可扩展商业报告语言
XML，eXtensible Markup Language，可扩展标记语言

后　记

早在2016年的一次财务转型工作会议上，编委们深感数字技术对财务领域的冲击之巨大，遂倡议编写一本财务变革方面的教材，然而一来我们这些财会专业的老师们学习和掌握这些突飞猛进的信息技术有个艰难的过程，二来日常教学科研任务也很重，很难有大段的时间沉下心来去学习、思考、梳理、提炼。

令人欣慰的是，本书的主编之一，陈虎博士一直鼓励、督促着我们开始这项工作。陈虎博士，南京理工大学博士、清华大学博士后，深圳市中兴新云服务有限公司总裁，典型的"技术+专业"的学者型企业家，他亲历中兴通讯全球财务共享服务系统的整个创建过程，并带领团队将这十几年来对财务转型的探索实践汇编成《财务共享服务》《财务就是IT》《财务机器人》等图书，成为国内财务转型的典范操作指南，同时也是本书写作最重要的参考资料来源。更难能可贵的是，近年来陈虎博士在各大高校的论坛上，不断地向我们传递业界财务转型的迫切需要和对财务跨界人才的渴求。为此，经过多次交流，于2019年暑假酝酿出了《数字财务》的目录大纲。

令人困惑的是，在三个月之后的第一稿汇总讨论时，感觉我们的编委团队对于"数字财务"的认知还处于"盲人摸象"阶段，不知正在茂盛生长的"数字财务"丛林里究竟路在何方？正当编委团队颇感迷茫，又苦于工作、学习、生活各种牵累而无法深入思考的时候，突如其来的新型冠状病毒肺炎疫情在2020年春节前夕爆发了，在不到5个月的时间内迅速肆虐全球，截至完稿，全球已达1 000多万人感染了新型冠状病毒，并且令人担忧的是数字还在不断攀升，病毒给整个人类社会都按下了"暂停"键，敦促人们思考与大自然的和平相处之道。与此同时，在人们被隔离的状态下，各种云办公方式悄然兴起，无纸化、非接触式的电子信息传递方式，维持着社会经济、医疗救护与人民生活的基本运转，这警醒我们要加快财务数字化的研究和推广步伐。同时，也给了我们编委团队大半年正常生活下难有的静心思考、交流讨论、奋笔疾书的宝贵机会。

从近两年的准备到疫情期间的巅峰创作，各位编委辛勤耕耘，跨界交流碰撞，终于在2020年6月底完成了探索版的《数字财务》初稿。在这里，我们除了要感谢陈虎博士的卓越贡献外，还要感谢主编之一——杭州电子科技大学中国财务云服务研究院的首席专家、信息工程学院特聘教授王泽霞教授，王教授作为学术界"财务云"的带头人，与浙江省财政厅资产云协同创新中心合作研究，着力于数字财务的前沿探索和实践，本书第三篇的部分内容就源自王教授的研究。

数字财务的根基是财务元数据的代码构建，本书的另一位主编是来自华东理工大学会计系的胡仁昱教授，胡教授为财政部会计信息化委员会咨询专家，在会计信息标准制定上耕耘了多年，本书第二篇的部分内容就是源于胡教授的研究思想。这里还要感谢上海交通大学安泰经济与管理学院会计系主任夏立军教授，夏教授一直关注财务转型发展趋势和本书的编著工作，他治学严谨，对本书的主要观点、研究思路、资料来源等都提出了很多建设性的意见。

本书初稿近28万字，反复修改10稿，多次、不分昼夜地进行网上分组讨论，工作量巨大。此时，要着重感谢做了最重要基础工作的上海交通大学安泰经济与管理学院会计系本硕博学生团队，感谢颜妍、孙榆思同学对第一篇的贡献；感谢王云卿、朱芸同学对第二篇的贡献以及朱芸同学辛苦的统稿工作；感谢程川、Atif同学对第三篇的贡献；感谢刘佳鑫、闻峥拓、章腾、雷铭航4位同学对第四篇的贡献；感谢微软（中国）Azure云部门工作的程鑫EMBA校友对本书技术部分的指导和修改；感谢杭州电子科技大学的郭佳妮、李飞两位同学对数字财务生态构建方面的贡献；感谢安泰高管教育中心的翟璐璐老师后期的校对和排版工作。

感谢中兴新云的孙彦丛副总裁为本书写序，感谢赵旖旎、郭奕两位副总裁，作为数字财务多年的实践者对本书编写工作的指导。

感谢知链公司、百望云公司提供的数字财务网络实训平台——数字财务场景教学软件。

感谢清华大学出版社编辑对书稿的建设性的编排意见，并提供高质量的编辑和印制工作。

本书的完成只是在广阔的数字财务领域的一个初步探索，目的不仅是培养财务变革下急需的跨界人才，更是希望吸引产学研各界更多的人一起关注数字财务的研究和实践，共同为中国在未来数字经济中决胜千里做出贡献。数字财务的丛林深邃而广阔，本书只是一个初步的探索，欢迎各位同人和广大读者批评指正，以帮助我们不断地向纵深探寻。

"一个人跑得快，一群人才能走得远"，感谢数字财务把我们聚集在了一起。"道阻且长，行则将至"，数字经济时代机遇与挑战并存，我们这群人将会在数字财务的跑道上一直坚持下去，期待各位有识之士与我们为伍，重塑财务的核心能力，无惧变革，直面挑战，向着荣光，砥砺前行。

最后感谢学校各级领导对"数字财务"课程的鼎力支持。未来，集聚高端企业师资、信息技术师资、财务会计师资的慕课和网络直播课程还在计划中，期待你们的关注！

彭娟

于美国佛罗里达州

2020 年 7 月 30 日